Karl Barth

Dogmatik im Grundriß

TVZ

Karl Barth

Dogmatik im Grundriß

TVZ

Theologischer Verlag Zürich

Die Deutsche Bibliothek – Bibliografische Einheitsaufnahme
Die Deutsche Bibliothek verzeichnet diese Publikation in der
Deutschen Nationalbibliografie; detaillierte bibliografische Daten sind
im Internet über http://dnb.dnb.de abrufbar

Umschlaggestaltung
Simone Ackermann, Zürich

Druck
ROSCH-BUCH GmbH, Scheßlitz

ISBN 978-3-290-11030-7
© 1947 Theologischer Verlag Zürich
www.tvz-verlag.ch

13. Auflage 2020

Vorwort

Diese Vorlesungen wurden in den Halbruinen des einst so stattlichen Kurfürstenschlosses in Bonn, in dem sich später die Universität niedergelassen hatte, gehalten: morgens um sieben Uhr, nachdem wir jeweils zu unserer Ermunterung einen Psalm oder ein Kirchenlied gesungen. Um acht Uhr begann sich im Hof der Wiederaufbau durch das Rasseln einer Maschine bemerkbar zu machen, mit der man Trümmer verkleinerte. (Ich darf berichten, dass ich auf meinen neugierigen Wegen durch den Schutt auf eine unversehrte Schleiermacher-Büste stiess, die dann sichergestellt und irgendwo wieder zu Ehren gebracht wurde.) Die Zuhörerschaft bestand zur Hälfte aus Theologen, zur stärkeren andern Hälfte aus Studenten der übrigen Fakultäten. Die meisten Menschen im heutigen Deutschland haben je in ihrer Weise und an ihrem Ort fast über die Massen viel mitgemacht und durchgemacht. Das war auch meinen Bonner Studenten anzumerken. So waren sie mir mit ihren ernsten Gesichtern, die das Lächeln erst wieder lernen mussten, nicht minder eindrucksvoll als ich ihnen als (von allerhand Gerüchten aus älterer Zeit umgebener) Fremder merkwürdig sein musste. Die Situation wird mir unvergesslich bleiben. Es war zufällig mein fünfzigstes Dozentensemester. Und als es vorbei war, stand ich unter dem Eindruck, es sei für mich bis jetzt das schönste gewesen.

Ich habe wirklich gezögert, diese Vorlesungen nun auch als Buch herauszugeben. Zwei Paraphrasen des «apostolischen Glaubensbekenntnisses» von mir liegen ja schon vor: das «Credo» von 1935 und die «Confession de la Foi de l'Eglise» von 1943. Aufmerksame Leser dieses Buches werden in diesem dritten Versuch kaum viel materiell Neues finden und die, die die grösseren Bände der «Kirchlichen Dogmatik» lesen, erst recht nicht. Es kommt dazu, dass ich bei diesem Anlass zum ersten Mal in meinem Leben ohne wortwörtlich festgelegte schriftliche Unterlagen vorgetragen, mich vielmehr über die (hier am Anfang jedes Abschnitts in Kursiv gedruckten) Leitsätze in ziemlicher Freiheit ergangen habe. Die Rückkehr in die Urzustände, in denen ich Deutschland antraf, machte es mir unwiderstehlich nötig, zu «reden» statt zu «lesen». So ist es zu dem gekommen, was hier in einer leicht geglätteten und verbesserten stenographischen Nachschrift vorliegt. Man wird die Präzision, um die ich mich sonst ehrlich bemühe, und natürlich auch hier bemüht habe, in diesen Darlegungen da und dort vermissen. Man wird besonders gegen das Ende hin bemerken, dass ich eilen musste und überdies neben den Vorlesungen mannigfach beschäftigt war. Freunde eines unmittelbaren Wesens mögen diesen Nachteil gerade für einen Vorteil halten. Und als ich die Sache viva voce vortrug, war ich selbst mit Freude dabei. Nun sie gedruckt vorliegt, spüre ich ihre Schwächen und werde keinem Rezensenten grollen, der sie mir ausdrücklich vorhalten will.

Wenn ich dem Druck, unter den mich insbesondere der Leiter des Evangelischen Verlags Zollikon gesetzt hatte, schliesslich doch nachgegeben habe, so tat oder erlitt ich das in der Erwägung, es könnte dies und das, was ich da vorgebracht habe, gerade in dieser mehr aufgelockerten Form zur Erklärung von Dingen dienen, die ich anderwärts strenger und gedrungener, aber eben darum vielleicht weniger bemerkbar und Wenigeren zugänglich gesagt habe. Wieder Andere lesen das kleine Buch vielleicht darum nicht ungern, weil es, obwohl man nicht allzu viel aktuelle Bezugnahmen darin finden wird, gerade in dieser Form etwas von einem Dokument unserer Zeit hat, die aufs neue eine Zeit «zwischen den Zeiten» geworden ist – und das nicht nur in Deutschland. Endlich sagte ich mir auch dies, dass das christliche Bekenntnis es nicht nur erträgt, sondern auch einmal fordern kann, in solcher Tonart und in solchem Tempo erklärt zu werden, wie es nun eben hier geschehen ist.

Wenn ich das Buch Jemandem widmen wollte, so würde ich es meinen Bonner Studenten und Zuhörern vom Sommer 1946 widmen, mit denen ich – das ist unzweideutig sicher – über dieser Vorlesung eine gute Zeit gehabt habe.

Basel, im Februar 1947.

Inhalt

§ 1. Die Aufgabe 9

§ 2. Glauben heisst Vertrauen 16

§ 3. Glauben heisst Erkennen 25

§ 4. Glauben heisst Bekennen 31

§ 5. Gott in der Höhe 39

§ 6. Gott der Vater 47

§ 7. Der allmächtige Gott 52

§ 8. Gott der Schöpfer 57

§ 9. Himmel und Erde 68

§ 10. Jesus Christus 75

§ 11. Der Heiland und Gottesknecht 84

§ 12. Gottes einziger Sohn 96

§ 13. Unser Herr 103

§ 14. Das Geheimnis und das Wunder der Weihnacht . . 111

§ 15. Der gelitten hat... 119

§ 16. Unter Pontius Pilatus 127

§ 17. Gekreuzigt, gestorben, begraben, niedergefahren zur Hölle 134

§ 18. Am dritten Tage wieder auferstanden von den Toten 141

§ 19. Aufgefahren gen Himmel, der sitzt zur Rechten Gottes des Vaters, des Allmächtigen 145

§ 20. Die Zukunft Jesu Christi des Richters 151

§ 21. Ich glaube an den Heiligen Geist 160

§ 22. Die Gemeinde, ihre Einheit, Heiligkeit und Allgemeinheit 165

§ 23. Die Vergebung der Sünden 174

§ 24. Die Auferstehung des Fleisches und das ewige Leben 179
Dreissig Jahre später
Nachwort von Hinrich Stoevesandt 183

§ 1 Die Aufgabe

Dogmatik ist die Wissenschaft, in der sich die Kirche entsprechend dem jeweiligen Stand ihrer Erkenntnis über den Inhalt ihrer Verkündigung kritisch, d. h. am Maßstab der hl. Schrift und nach Anleitung ihrer Bekenntnisse Rechenschaft gibt

Dogmatik ist eine W i s s e n s c h a f t . Was eigentlich Wissenschaft ist, darüber ist schon unendlich viel und zu allen Zeiten nachgedacht, geredet und geschrieben worden. Wir können diese Diskussion hier auch nicht andeutungsweise entfalten. Ich gebe Ihnen einen Begriff von Wissenschaft, der jedenfalls diskutabel ist und als Basis für unsere Darlegungen dienen kann. Ich schlage Ihnen vor, wir verstehen unter Wissenschaft einen auf einen bestimmten Gegenstand und Tätigkeitsbereich bezogenen Versuch des Verstehens und der Darstellung, der Forschung und der Lehre. Kein menschliches Tun kann den Anspruch erheben, mehr zu sein als ein Versuch, auch nicht die Wissenschaft. Indem wir sie als einen Versuch bezeichnen, konstatieren wir ohne weiteres ihre Vorläufigkeit und Begrenztheit. Gerade da, wo die Wissenschaft praktisch ganz ernst genommen wird, gibt man sich keiner Täuschung darüber hin, dass das, was der Mensch tun kann, ein Unternehmen höchster Weisheit und letzter Kunst nicht sein kann, dass es eine sozusagen vom Himmel gefallene, eine absolute Wissenschaft nicht gibt. Ein Versuch ist auch die christliche Dogmatik, ein Versuch des Verstehens und ein Versuch der Darstellung, ein Versuch, bestimmte Tatsachen zu sehen, zu hören, festzustellen und diese Tatsachen zusammenzuschauen, zusammenzuordnen, sie in Gestalt einer Lehre darzubieten. Es handelt sich in jeder Wissenschaft um einen Gegenstand und um einen Tätigkeitsbereich. In keiner Wissenschaft handelt es sich um reine Theorie oder um reine Praxis, sondern es geht einerseits um Theorie, anderseits aber auch um eine von dieser Theorie geleitete Praxis. Wir verstehen also auch unter

Dogmatik dieses Doppelte: Forschung und Lehre in bezug auf einen Gegenstand und Tätigkeitsbereich.

Das Subjekt der Dogmatik ist die christliche Kirche. Subjekt einer Wissenschaft kann nur der sein, dem der betreffende Gegenstand und Tätigkeitsbereich gegenwärtig und vertraut ist. Es kann also keine Einschränkung und keine Schädigung des Begriffs der Dogmatik als Wissenschaft bedeuten, wenn wir konstatieren: das Subjekt dieser Wissenschaft ist die Kirche. Sie ist der Ort, die Gemeinschaft, der der Gegenstand und die Tätigkeit, auf welche die Dogmatik sich bezieht, nämlich die Verkündigung des Evangeliums, aufgetragen ist. Wenn wir die Kirche das Subjekt der Dogmatik nennen, so ist damit gemeint: wo Dogmatik getrieben wird, sei es lernend, sei es lehrend, da befindet man sich im Raum der Kirche. Wer sich mit Dogmatik beschäftigen wollte und sich bewusst ausserhalb der Kirche stellte, der würde damit rechnen müssen, dass ihm der Gegenstand der Dogmatik fremd sein würde und dürfte sich nicht wundern, wenn er nach den ersten Schritten sich nicht zurechtfinden bzw. Verheerungen anrichten würde. Vertrautheit mit dem Gegenstand muss auch in der Dogmatik vorhanden sein, und das heisst eben Vertrautheit mit dem Leben der Kirche. Das kann aber nicht etwa bedeuten, dass in der Dogmatik etwas vorzutragen wäre, was in alter oder neuer Zeit von einer kirchlichen Autorität gesagt worden ist, so dass wir nur zu wiederholen hätten, was sie vorgeschrieben hat. Nicht einmal katholische Dogmatik versteht ihre Aufgabe so. Wenn wir die Kirche das Subjekt der Dogmatik nennen, so ist damit schlechterdings nur das gemeint: dass wer sich mit dieser Wissenschaft befasst, sich lernend oder lehrend verantwortlich auf den Boden der christlichen Kirche und ihres Werkes stellen muss. Das ist die *conditio sine qua non*. Aber wohlverstanden: es geht um eine freie Beteiligung am Leben der Kirche, um die Verantwortung, die der Christ auch in dieser Sache zu übernehmen hat.

Die Kirche gibt sich in der dogmatischen Wissenschaft Rechenschaft entsprechend dem jeweiligen Stand ihrer Erkenntnis. Man könnte sagen: das versteht sich von selbst nach dem vorausgeschickten Begriff von Wissenschaft. Es versteht sich aber nicht von selbst nach gewissen Vorstellungen von Dogmatik, die manche im Kopfe haben. Ich wiederhole: Dogmatik ist nicht eine Sache, die vom Himmel auf die Erde gefallen ist. Und wenn jemand sagen wollte, das wäre doch wunderbar, wenn es eine solche vom Himmel gefallene, absolute Dogmatik gäbe, so kann man nur antworten: Ja, wenn wir Engel wären! Da wir dies aber nach Gottes Willen nicht sind, so wird es gut sein, dass wir auch nur eine menschliche und irdische Dogmatik haben. Die christliche Kirche existiert nicht im Himmel, sondern auf der Erde und in der Zeit. Und obwohl sie eine Gabe Gottes ist, so hat er sie doch in irdische und menschliche Verhältnisse hinein gegeben, und dem entspricht nun schlechterdings alles, was in der Kirche geschieht. Die christliche Kirche lebt auf Erden und sie lebt in der Geschichte, mit dem hohen Gut, das ihr von Gott anvertraut ist. Im Besitz und in der Verwaltung dieses hohen Gutes geht sie durch die Geschichte ihren Weg, in Stärke und in Schwäche, in Treue und in Untreue, in Gehorsam und in Ungehorsam, im Verständnis und im Unverständnis dessen, was ihr gesagt ist. Inmitten der Geschichte, die sich auf Erden abspielt als Naturgeschichte und Kulturgeschichte, als Sittengeschichte und Religionsgeschichte, als Kunstgeschichte und Wissenschaftsgeschichte, als Geschichte der Gesellschaft und des Staates gibt es auch eine Kirchengeschichte. Auch sie ist eine menschliche und irdische Geschichte, und darum kann man es nicht ganz abwehren, wenn Goethe von ihr sagt: sie sei zu allen Zeiten ein Mischmasch von Irrtum und Gewalt gewesen. Wenn wir Christen aufrichtig sind, so müssen wir zugeben, dass das von der Kirchengeschichte nicht weniger gilt als von der Weltgeschichte. Da dem so ist, haben wir Anlass, bescheiden und demütig zu reden von dem, was die Kirche kann und also auch von dem kirchlichen Werk, das wir hier treiben, von der Dogmatik. Dogmatik wird ihre Aufgabe immer nur erfüllen können entsprechend dem jeweiligen Stand der Kirche. Indem die Kirche sich ihrer Schranken bewusst ist, ist sie dem Gut gegenüber, das sie zu verwalten und zu pflegen hat und ist sie dem Guten gegenüber, der ihr dieses Gut anvertraut hat, Rechenschaft und Verantwortung schuldig. Diese wird nie eine vollkommene Sache sein können, sondern christliche Dogmatik wird immer ein relatives und ein irrtumsfähiges Denken, Forschen und Darstellen bleiben. Auch Dogmatik kann nach bestem Wissen und Gewissen immer nur fragen nach dem Besseren und sich dessen bewusst bleiben: es kommen nach uns Andere, Spätere, und wer treu ist in diesem Werk, der wird hoffen, dass diese Anderen, Späteren besser und tiefer denken und sagen, was wir zu denken und zu sagen versuchten. Mit ruhiger Nüchternheit und mit nüchterner Ruhe werden wir so unsere Arbeit tun. Wir dürfen unsere Erkenntnis brauchen, so wie sie uns heute geschenkt ist. Es kann von uns nicht mehr gefordert sein als uns gegeben ist. Und wie einen Knecht, der über Wenigem getreu ist, darf uns dieses Wenige nicht gereuen. Mehr als diese Treue ist von uns nicht verlangt.

Dogmatik gibt sich als Wissenschaft Rechenschaft über den Inhalt der Verkündigung der christlichen Kirche. Es gäbe keine Dogmatik und es gäbe wohl überhaupt keine Theologie, wenn die Aufgabe der Kirche nicht zentral in der Verkündigung des Evangeliums, im Zeugnis des von Gott gesprochenen Wortes bestehen würde. Diese immer wieder sich stellende Aufgabe, dieses Problem, das der Kirche von Anfang an gestellt war, das Problem des Unterrichts, der Lehre, des Zeugnisses, der Verkündigung, steht wahrhaftig nicht nur als die Frage der Theologen, der Pfarrer immer wieder vor der ganzen Kirche: was haben wir als Christen eigentlich zu sagen? Denn zweifellos sollte die Kirche ein Ort sein, wo ein Wort ertönt in die Welt hinein. Da dem so ist, dass die Verkündigung des v o n G o t t g e s p r o c h e n e n W o r t e s, die zugleich doch m e n s c h - l i c h e s W e r k ist, die Aufgabe der Kirche bildet, hat sich von Anfang die Notwendigkeit der Theologie und dessen, was wir heute — etwa seit dem 17. Jahrhundert — Dogmatik nennen, ergeben. Es gibt in der Theologie die Frage nach der Q u e l l e, nach dem W o h e r des Wortes, und die Antwort auf diese erste Frage wird immer wieder zu geben sein in jener Disziplin, die wir E x e g e s e nennen. Auf der anderen Seite aber erhebt sich auch die Frage nach dem W i e, nach der Form und Gestalt der Verkündigung, die der Kirche aufgetragen ist, und dort befinden wir uns auf dem Felde dessen, was man die p r a k t i s c h e T h e o l o g i e nennt. Genau in der Mitte zwischen Exegese und praktischer Theologie steht die D o g m a t i k oder umfassender ausgedrückt: die s y s t e m a t i s c h e T h e o l o g i e. In der Dogmatik fragen wir nicht: Woher stammt — und nicht: Wie gestaltet sich die kirchliche Verkündigung, sondern in der

Dogmatik fragen wir: W a s haben wir zu denken und zu sagen? Wohlverstanden: nachdem wir uns aus der Schrift belehrten, woher wir dieses Was zu schöpfen haben, und im Blick darauf, dass wir nicht nur theoretisch etwas zu sagen haben, sondern etwas in die Welt hinein rufen sollen. Gerade von der Dogmatik aus muss es deutlich sein, dass die ganze Theologie einerseits wirklich nicht eine blosse Historik ist, dass die Geschichte g i l t, aber die Geschichte, die hineingeht in die heutige Gegenwart, *hic et nunc.* Anderseits freilich darf die Predigt nicht entarten zu einer blossen Technik. Gerade in der heutigen Notzeit geht es mehr als je um die Frage: W a s soll der Inhalt der christlichen Verkündigung sein? Bei diesem Was möchte ich Sie etwas festhalten dürfen. Um dieser Frage willen treibt man nicht nur Exegese und nicht nur praktische Theologie, sondern eben Dogmatik. Um die K i r c h e n g e s c h i c h t e nicht ausser acht zu lassen, möchte ich nur anfügen, dass sie eine enzyklopädische Aufgabe hat. Ihre Ehre ist die besondere, dass sie gleichsam überall auf dem Plan sein und darum auch im christlichen Unterricht ihren Ort haben muss.

Die Dogmatik ist eine k r i t i s c h e W i s s e n s c h a f t. Darum kann es also nicht gehen, wie man wohl mitunter meint, als ob es sich hier um ein Feststellen von irgendwelchen alten oder auch neuen Sätzen handle, die man schwarz auf weiss nach Hause tragen kann. Sondern wenn es irgend eine kritische Wissenschaft gibt, die immer wieder mit dem Anfang anzufangen hat, so dürfte das gerade die Dogmatik sein. Sie entsteht ja äusserlich aus der Tatsache, dass die Verkündigung der Kirche in Gefahr ist, zu irren. Dogmatik ist die Prüfung der kirchlichen Lehre und Verkündigung, nicht eine willkürliche Prüfung von einem freigewählten Standpunkt aus, sondern vom Standpunkt der Kirche aus, der hier der allein sachgemässe Standpunkt ist. Das bedeutet konkret: die Dogmatik misst die Verkündigung der Kirche n a c h d e m M a ß s t a b d e r h l. S c h r i f t Alten und Neuen Testamentes. Die hl. Schrift ist das Dokument des Grundes, des innersten Lebens der Kirche, das Dokument der Epiphanie des Wortes Gottes in der Person Jesu Christi. Wir haben kein anderes Dokument dieses Lebensgrundes der Kirche, und wo die Kirche lebendig ist, da wird sie sich selber immer wieder an diesem Maßstab messen müssen. Dogmatik kann nicht getrieben werden, ohne dass dieser Maßstab sichtbar bleibt. Die Frage muss immer wieder gestellt werden: Was ist das Zeugnis? Nicht das Zeugnis meiner Gedanken, meines Herzens, sondern das Zeugnis der Apostel und Propheten als Zeugnis von Gottes Selbstzeugnis. Eine Dogmatik, die diesen Maßstab aus den Augen verlieren würde, wäre eine unsachliche Dogmatik.

Als zweites erwähnten wir im Leitsatz: n a c h A n l e i t u n g i h r e r B e k e n n t n i s s e . Die hl. Schrift und die Bekenntnisse stehen nicht auf der gleichen Ebene. Es ist nicht an dem, dass wir mit der gleichen Ehrfurcht und Liebe die Bibel und die Tradition — auch nicht in ihren ehrwürdigsten Erscheinungen — zu respektieren hätten. Kein Bekenntnis der Reformation oder unserer Tage kann den Anspruch erheben, den Respekt der jeweiligen Kirche in dem Mass in Anspruch zu nehmen, wie die Schrift in ihrer Einzigkeit ihn verdient. Aber das ändert nichts daran, dass in der Kirche das Zeugnis der Väter gehört und respektiert wird. Wir hören in ihm nicht Gotteswort wie bei Jeremia und Paulus, aber es hat für uns dennoch eine hohe und wichtige Bedeutung, und dem Gebot «Ehre Vater und Mutter» gehorsam, werden wir uns nicht weigern, in der Aufgabe der Verkündigung und darum auch in der wissenschaftlichen Aufgabe der Dogmatik zu respektieren, was unsere Väter gesagt haben. Wenn die hl. Schrift v e r b i n d l i c h e Autorität hat, so könnten wir das von den Bekenntnissen nicht sagen, aber es gibt auch eine unverbindliche und dennoch ernst zu nehmende Autorität. Wie unsere leiblichen Eltern nicht wie Gott vor uns stehen und dennoch Autorität für uns haben, so geht es auch hier um eine relative Autorität. — An diesem Maßstab messend und in diesem Sinne kritisch geht die Dogmatik an ihre Aufgabe heran, sich Rechenschaft zu geben über den Inhalt der Verkündigung, über das Verhältnis zwischen der faktischen Verkündigung und dem, was in der Kirche gelten s o l l t e als treue Wiedergabe dessen, was der Kirche gesagt wurde. Das, was in der Kirche gelten sollte als Wiedergabe des Wortes Gottes, nennen wir das D o g m a . Die Kirche fragt sich und muss sich dauernd fragen: Inwiefern entspricht das, was in der kirchlichen Verkündigung geschieht, dem Dogma? Der Zweck ist schlicht, die kirchliche Verkündigung besser zu gestalten. Die Korrektur, die Vertiefung, die Präzision dessen, was in unserer

Kirche gelehrt wird kann nur Gottes eigenes Werk sein, aber nicht ohne menschliches Bemühen. Ein Teil dieser Bemühung ist die Dogmatik.

Wir wollen hier D o g m a t i k i m G r u n d r i s s treiben, das heisst: es kann sich in diesem kurzen Sommersemester nur um eine Skizze handeln. Wir wollen Dogmatik treiben im Anschluss, d. h. nach dem Leitfaden eines klassischen Textes, des a p o s t o l i s c h e n G l a u b e n s b e k e n n t n i s s e s.

Es gibt keine schlechterdings notwendige, keine absolut vorgeschriebene Methode der christlichen Dogmatik, d. h. der Weg, der im einzelnen zu gehen ist, ist dem besten Wissen und Gewissen des jeweils mit dieser Sache Beschäftigten überlassen. Gewiss hat sich im Laufe der Jahrhunderte ein Gang herausgebildet, der sozusagen üblich geworden ist, der Gang, der ungefähr dem Aufriss des christlichen Gottesgedankens folgt: Gott der Vater, der Sohn und der Hl. Geist. Aber in allen Einzelheiten sind da unendlich viele Wege eingeschlagen worden und möglich. Wir wählen den allereinfachsten, das Ihnen allen bekannte Bekenntnis der Kirche, wie es in unseren Gottesdiensten Sonntag für Sonntag gesprochen wird. Nicht die historische Frage beschäftigt uns. Es ist Ihnen ja bekannt, dass der Name a p o - s t o l i s c h e s Glaubensbekenntnis in Anführungszeichen zu setzen ist. Es sind nicht die Apostel gewesen, die dieses Bekenntnis gesprochen haben, sondern in seinem heutigen Wortlaut stammt es wohl aus dem 3. Jahrhundert und geht zurück auf eine Urform, die in der Gemeinde von Rom bekannt und anerkannt war. Sie hat sich dann als die Grundform durchgesetzt in der christlichen Kirche, so dass wir mit Recht sie als eine klassische auswählen dürfen.

§ 2   Glauben heisst Vertrauen

Das Glaubensbekenntnis beginnt mit den bedeutungsvollen
Worten: Ich glaube. Es ist gewiesen, dass wir Alles, was als
Grundlegung zu sagen wäre für die Aufgabe, die vor uns liegt,
anschliessen an diesen einfachen Eingang des Bekenntnisses.
Wir beginnen mit drei Leitsätzen, die das W e s e n   d e s
G l a u b e n s umschreiben.

*Der christliche Glaube ist das Geschenk der Begegnung, in
der Menschen frei werden, das Wort der Gnade, das Gott in Jesus
Christus gesprochen hat, in der Weise zu hören, dass sie sich
allem, was dagegen spricht, zum Trotz ein- für allemal, ausschliesslich und gänzlich an seine Zusage und Weisung halten
dürfen.*

Der christliche Glaube, die kirchliche Verkündigung, die, wie
wir feststellten, der Anlass und Sinngrund der Dogmatik ist, handelt — ja von was handelt er? Davon, dass Christen und wie
Christen glauben? In der Tat, man wird diese Tatsache, die subjektive Form des Glaubens, die *fides qua creditur*, von der Verkündigung unmöglich ganz ausschliessen können. Wo das Evangelium verkündigt wird, da wird notwendig auch die Tatsache,
dass es Menschen gibt, die das Evangelium gehört und angenommen haben, mit-verkündigt werden. Aber der Tatbestand, dass
wir glauben, kann nun doch zum vornherein immer wieder nur
eine zurücktretende, klein und unwichtig werdende Tatsache
sein gegenüber dem Überragenden und Eigentlichen, um das
es in der christlichen Verkündigung geht, gegenüber dem, w a s
der Christ glaubt, was sich als Inhalt und Gegenstand seines
Glaubens zu bewähren hat, w a s wir zu verkündigen haben,
das Objekt, von dem das apostolische Glaubensbekenntnis handelt: Ich glaube an Gott den Vater, den Sohn und den Heiligen
Geist. Volkstümlicherweise nennt man das Bekenntnis den

«Glauben», und unter diesem «Glauben» ist nur zum geringsten die Tatsache zu verstehen, dass wir glauben. Es handelt sich im christlichen Glauben ja entscheidend um eine B e g e g - n u n g. Ich glaube an... so sagt das Bekenntnis, und alles liegt an diesem a n, diesem *eis*, diesem *in*. Das Credo expliziert dieses «an», diesen Gegenstand des Glaubens, von dem unser subjektiver Glaube lebt. Es ist bemerkenswert, dass das Glaubensbekenntnis ausser diesem ersten Wort «ich glaube» von der subjektiven Tatsache des Glaubens schweigt. Und es war keine gute Zeit, wo dieses Verhältnis sich umkehrte, wo die Christen beredt wurden über ihr Tun, über die Erregung und Bewegung des Erlebnisses dieser Sache, das beim Menschen sich ereignete und wo sie stumm wurden über das, w a s wir glauben dürfen. Indem das Bekenntnis vom Subjektiven schweigt und ganz und gar nur vom objektiven Credo redet, redet es auch am besten, am tiefsten und vollkommensten von dem, was dabei mit uns Menschen vorgeht, was wir sein und tun und erleben dürfen. Es gilt auch hier: Wer sein Leben behalten will, der wird es verlieren, wer es aber verliert um Meinetwillen, der wird sein Leben gewinnen. Wer das Subjektive retten und bewahren will, der wird es verlieren, wer es aber hergibt um des Objektiven willen, der wird es erretten. Ich glaube – jawohl, das ist meine, das ist eine menschliche Erfahrung und Tat: eine menschliche Daseinsform. Aber dieses «ich glaube» vollzieht sich ganz und gar in einer Begegnung mit Einem, der nicht der Mensch ist, sondern Gott der Vater, Sohn und Heiliger Geist, und ich sehe mich, indem ich glaube, ganz und gar von diesem Gegenstand meines Glaubens erfüllt und bestimmt. Und was mich interessiert, das bin nicht ich selber mit meinem Glauben, sondern der, an den ich glaube. Und dabei darf ich erfahren, dass, indem ich an ihn denke und auf ihn blicke, aufs beste auch für mich gesorgt ist. Ich glaube a n, *credo in*, das heisst eben: ich bin nicht allein. Wir Menschen in unserer Herrlichkeit und in unserem Elend sind nicht allein. Uns tritt Gott entgegen, und er tritt als unser Herr und Meister ganz und gar für uns ein. Wir sind und wir tun und wir leiden in guten und in bösen Tagen, in unserer Verkehrtheit und in unserer Richtigkeit in dieser Entgegenstellung. Ich bin nicht allein, sondern Gott begegnet mir, ich bin so oder so, unter allen Umständen mit ihm zusammen. Das heisst: ich glaube an Gott den Vater, den Sohn und den Heiligen Geist. Diese Begegnung mit Gott ist die Begegnung mit dem Wort der Gnade, das er in Jesus Christus gesprochen hat. Der Glaube redet von Gott dem Vater, dem Sohn und dem Heiligen Geist als dem, der uns begegnet, als dem Gegenstand des Glaubens, und sagt von diesem Gott, dass er in sich Einer ist, einig geworden ist in sich für uns und aufs neue einig geworden ist in dem ewigen und in der Mitte der Zeit ausgeführten Beschluss seiner freien, seiner ungeschuldeten, seiner bedingungslosen Liebe zum Menschen, zu allen Menschen, im Ratschluss seiner Gnade. Dass Gott uns gnädig ist, das ist es, was das Bekenntnis vom Vater, Sohn und Heiligen Geist sagt. Das schliesst in sich, dass wir es nicht von uns aus schaffen können, geschafft haben und schaffen werden, mit ihm zusammen zu sein, dass wir es nicht verdient haben, dass er unser Gott ist, dass wir keine Verfügung und kein Anrecht auf ihn haben, dass er aber in ungeschuldeter Güte, in der Freiheit seiner Majestät von sich aus des Menschen Gott, unser Gott sein wollte. Dass dem so ist, das s a g t er uns. Dass Gott uns sagt «Ich bin euch gnädig», das ist das Wort Gottes, dieser zentrale Begriff alles christlichen Denkens. Das Wort Gottes ist das Wort seiner Gnade. Und wenn Sie mich fragen: wo hören wir dieses Wort Gottes? so kann ich nur auf ihn selber verweisen, der es uns zu hören gibt, und antworten mit der grossen Mitte des Glaubensbekenntnisses, mit dem zweiten Artikel: das Wort der Gnade Gottes, in dem er uns begegnet, heisst J e s u s C h r i s t u s, der Sohn Gottes und Menschensohn, wahrer Gott und wahrer Mensch, Immanuel, Gott mit uns in diesem Einen. Der christliche Glaube ist die Begegnung mit diesem «Immanuel», die Begegnung mit Jesus Christus und in ihm mit dem lebendigen Wort Gottes. Wenn wir die heilige Schrift das Wort Gottes nennen (und wir nennen sie so, weil sie es ist), so meinen wir damit die heilige Schrift als das Zeugnis der Propheten und der Apostel von diesem einen Wort Gottes, von Jesus, dem Menschen aus Israel, der der Christus Gottes ist, in Ewigkeit unser Herr und König. Und wenn wir das bekennen, wenn wir die Verkündigung der Kirche Wort Gottes zu nennen wagen, so muss darunter die Verkündigung Jesu Christi verstanden sein, dessen, der wahrer Gott und wahrer Mensch ist uns zugute. In ihm begegnet uns Gott. Und wenn wir sagen, ich glaube a n Gott, so heisst das konkret: ich glaube an den Herrn Jesus Christus.

Ich habe diese Begegnung als ein G e s c h e n k bezeichnet. Es ist die Begegnung, in der Menschen f r e i w e r d e n, das Wort Gottes zu hören. Das Geschenk und das Freiwerden gehören zusammen. Das Geschenk ist das Geschenk einer Freiheit: der grossen Freiheit, in der alle anderen Freiheiten inbegriffen sind. Ich wollte wohl, es dürfte mir in diesem Semester gelingen, Ihnen dieses viel missbrauchte und doch edelste Wort Freiheit wieder lieb zu machen, und zwar von diesem Zentrum, von dieser Mitte aus. Freiheit ist das grosse Geschenk Gottes, das Geschenk der Begegnung mit ihm. Warum Geschenk, und warum gerade Geschenk der Freiheit? Es will sagen, dass diese Begegnung, von der das Credo redet, nicht umsonst geschieht. Das beruht nicht auf einer menschlichen Möglichkeit und menschlichen Initiative, das beruht nicht darauf, dass wir Menschen eine Fähigkeit in uns tragen, Gott zu begegnen, sein Wort zu hören. Wenn wir uns Rechenschaft geben würden über das, dessen wir Menschen fähig sind, so würden wir uns vergeblich bemühen, etwas ausfindig zu machen, was gewissermassen eine Disposition für das Wort Gottes genannt werden könnte. Ohne irgend eine Möglichkeit unsererseits tritt die grosse Möglichkeit Gottes auf den Plan und macht möglich, was von uns aus unmöglich ist. Es ist Gottes Geschenk, Gottes freies, von unserer Seite durch nichts vorbereitetes Geschenk, wenn wir ihm begegnen und in der Begegnung mit ihm sein Wort hören dürfen. Das Credo vom Vater, Sohn und Hl. Geist redet in allen drei Artikeln von einem uns Menschen schlechterdings neuen, uns unzugänglichen, unbegreiflichen Wesen und Werk. Und wie dieses Wesen und Werk Gottes des Vaters, des Sohnes und des Hl. Geistes seine freie Gnade ist uns gegenüber, so ist es wiederum noch einmal Gnade, wenn unsere Augen und Ohren für diese Gnade erschlossen werden. Wie es das Geheimnis Gottes ist, von dem das Glaubensbekenntnis redet, so stehen wir mitten im Geheimnis drin, wenn es sich uns erschliesst, wenn wir frei werden es zu erkennen und in ihm zu leben. «Ich glaube, dass ich nicht aus eigener Vernunft noch Kraft an meinen Herrn Jesus glauben oder zu ihm kommen kann» sagt Luther. Ich g l a u b e, es ist also selber eine Glaubenserkenntnis, wenn ich weiss, dass Gott nur durch Gott selber zu erkennen ist. Und wenn wir das im Glauben nachsagen dürfen, so heisst das: ich lobpreise, ich danke angesichts der Tatsache, dass Gott der Vater, der Sohn und der Heilige Geist ist, was er ist und tut, was er tut und sich mir erschlossen und offenbart hat, sich selber für mich und mich für sich selber bestimmt hat. Ich lobpreise und danke angesichts der Tatsache, dass ich erwählt bin, dass ich berufen bin, dass mein Herr mich frei gemacht hat für sich selber. Daraufhin glaube ich. Was ich tue, indem ich glaube, das ist das, was mir übrig bleibt, wozu ich nun eingeladen bin, wozu ich frei gemacht bin durch den, der tun kann, was ich von mir aus weder anfangen noch vollenden kann. Ich mache Gebrauch von dem Geschenk, in welchem Gott sich selber mir gegeben hat. Ich atme, und nun atme ich fröhlich und atme ich frei in der Freiheit, die ich mir nicht genommen habe, die ich nicht gesucht und nicht von mir aus gefunden habe, sondern in der Gott zu mir gekommen ist und sich meiner angenommen hat. Es geht um die Freiheit, das Wort der Gnade in der Weise zu hören, dass der Mensch sich an dieses Wort halten darf. Wenn man sich an ein Wort hält, so heisst das, dieses Wort wird für mich glaubwürdig. Die Welt ist voll von Worten, und wir erleben es heute, was es bedeutet, wenn es zu einer Inflation von Worten kommt, d. h. wenn alle alten Worte ihren Wert verlieren, wenn sie keinen Kurs mehr haben. Wo an das Evangelium geglaubt wird, da hat das Wort Vertrauen gefunden, da hat das Wort sich so hören lassen, dass der Hörende sich ihm nicht entziehen konnte. Da hat das Wort als Wort seinen Sinn bekommen und sich durchgesetzt. Dieses merkwürdige Wort, an das der Glaube glaubt, ist das Wort Gottes, Jesus Christus, in dem Gott sein Wort zum Menschen ein für allemal gesprochen hat. So heisst Glauben Vertrauen. Vertrauen ist der Akt, in dem ein Mensch sich verlassen darf auf die Treue eines anderen, dass dessen Zusage gilt und dass das, was er fordert, notwendig gefordert wird. Ich glaube heisst: ich vertraue. Ich muss nicht mehr mir selber vertrauen wollen, ich habe es nicht mehr nötig, mich selber zu rechtfertigen, mich selber zu entschuldigen, mich selber retten und bewahren zu wollen. Dieses ganze tiefste Bemühen des Menschen, sich an sich selber zu halten, sich selber recht zu geben, ist gegenstandslos geworden. Ich glaube — nicht an mich — ich glaube an Gott den Vater, den Sohn und den Hl. Geist. Und überflüssig und hinfällig geworden ist damit auch das Vertrauen auf irgendwelche Instanzen, die sich mir darbieten möchten als vertrauenswürdig, als Anker, an den ich mich halten soll. Überflüssig und hinfällig geworden ist das Vertrauen zu irgendwelchen Göttern. Das sind die Götter, wie sie von Menschen in alter und neuer Zeit aufgerichtet, verehrt und angebetet worden sind: die Instanzen, auf die man sich verlässt, gleichviel, ob sie die Gestalt von Ideen haben oder von irgendwelchen Schicksalsmächten, gleichviel wie sie heissen mögen. Der Glaube befreit uns vom Vertrauen an solche Götter und damit auch von der Furcht vor diesen Göttern, vor den Enttäuschungen, die sie uns notwendig immer wieder bereiten. Wir dürfen frei sein im Vertrauen zu dem, der unser Vertrauen verdient. Frei sein, indem wir uns halten an den, der im Unterschied zu allen anderen Instanzen treu ist und bleiben wird. Wir selber werden uns nie treu sein. Unser menschlicher Weg als solcher ist ein Weg von einer Untreue zu einer anderen, und so steht es auch mit den Wegen der Götter dieser Welt. Sie halten nicht, was sie versprechen. Da gibt es darum nie eine wirkliche Ruhe und Klarheit. Treue ist allein bei Gott und der Glaube ist das Vertrauen, sich an ihn halten zu dürfen, an seine Zusage und an seine Weisung. Sich an Gott halten heisst: sich darauf verlassen: Gott ist für mich da, und leben in dieser Gewissheit. Das ist die Zusage, die Gott uns gibt: Ich bin für dich da. Aber diese Zusage bedeutet sofort auch Weisung. Ich bin nicht meiner Willkür und meinen Ideen überlassen, sondern ich habe sein Gebot, an das ich mich in allem halten darf, in meiner ganzen irdischen Existenz. Das Credo ist immer gleichzeitig Evangelium, frohe Botschaft Gottes an den Menschen, Botschaft dieses Immanuel, Gott mit uns, an uns, und als solche notwendig auch Gesetz. Evangelium und Gesetz sind nicht zu trennen, sondern sind Eines in der Weise, dass das Evangelium das primäre ist, dass die frohe Botschaft zuerst auf dem Plan ist und als solche das Gesetz enthält. Weil Gott für uns ist, dürfen auch wir für ihn sein. Weil er sich uns geschenkt hat, dürfen auch wir ihm in Dankbarkeit das Geringe geben, das wir zu geben haben. Sich an Gott halten, heisst also immer: Alles ganz und gar von Gott empfangen und so ganz und gar für ihn tätig sein.

Und dies «allem, was dagegen spricht, zum Trotz, ein für allemal, ausschliesslich und gänzlich». In diesen vier Kategorien wird der Glaube als Vertrauen noch einmal charakterisiert. Wenn wir sagen, es geht im Glauben um ein Trotzen ein für allemal, ausschliesslich und gänzlich, so gilt es festzuhalten: es geht im Glauben um ein Dürfen, nicht um ein Müssen. Sobald die Sache zum Idealfall wird, fällt man schon wieder aus der Herrlichkeit des Glaubens heraus. Die Herrlichkeit des Glaubens besteht nicht darin, dass wir aufgerufen sind, etwas zu tun, dass uns etwas auferlegt wird, was unsere Kraft übersteigt. Glauben ist vielmehr eine Freiheit, eine Erlaubnis. Es darf so sein, dass der Glaubende an Gottes Wort sich an dieses Wort in allem halten darf trotz allem, was dagegen spricht. Es ist schon so: man glaubt nie «wegen», nie «auf Grund von», sondern man erwacht zum Glauben allem zum Trotz. Denken Sie an die Menschen in der Bibel. Sie sind nicht auf Grund irgendwelcher Beweise zum Glauben gekommen, sondern eines Tages wurden sie dahin gestellt, dass sie glauben durften und dann auch glauben mussten allem zum Trotz. Gott ist uns ausserhalb seines Wortes verborgen. Er ist uns aber offenbar in Jesus Christus. Sehen wir an ihm vorbei, dann dürfen wir uns nicht wundern, wenn wir Gott nicht finden und Irrtümer und Enttäuschungen erleben, wenn die Welt uns finster scheint. Wir müssen der Verborgenheit Gottes zum Trotz glauben, wenn wir glauben. Diese Verborgenheit Gottes erinnert uns notwendig an unsere menschliche Grenze. Wir glauben nicht aus eigener Vernunft und Kraft. Wer wirklich glaubt, der weiss das. Das grösste Hindernis des Glaubens ist schlicht immer wieder der Hochmut und die Angst unserer menschlichen Herzen. Wir möchten nicht von Gnade leben. Dagegen lehnt sich etwas in uns energisch auf. Wir möchten nicht begnadet sein, sondern im besten Fall uns selber begnaden. Dieses Hin und Her zwischen Hochmut und Angst ist des Menschen Leben. Der Glaube bricht durch beides hindurch. Aus eigener Kraft kann der Mensch das nicht. Wir können uns nicht selber von Hochmut und Lebensangst befreien, sondern es wird sich immer um eine Trotz-Bewegung handeln, nicht zuletzt trotz unserer selbst. Wenn wir alles, was dagegen spricht, zusammenfassen als Macht des Widerspruchs, so ahnt man, was die heilige Schrift mit dem

Teufel meint. «Sollte Gott gesagt haben ...?» Ist Gottes Wort wahr? Wenn man glaubt, so wird man diesem Teufel ein Schnippchen schlagen. Aber es ist keine menschliche Heldentat, zu glauben. Man hüte sich, aus Luther einen Heros machen zu wollen. Luther selber hat sich nicht als einer gefühlt, sondern er wusste: wenn wir trotzen dürfen, so ist das eben ein Dürfen, eine Erlaubnis, eine Freiheit, die man nur in tiefster Demut empfangen kann.

Und es geht im Glauben um eine Entscheidung e i n f ü r a l l e m a l. Glaube ist nicht eine Meinung, die ersetzt werden kann durch eine andere Meinung. Wer auf Zeit glaubt, weiss nicht, was Glauben ist. Glauben meint ein endgültiges Verhältnis. Es geht ja im Glauben um G o t t, um das, was er ein für allemal getan hat für uns. Das schliesst nicht aus, dass es Schwankungen des Glaubens gibt. Aber im Blick auf seinen Gegenstand gesehen ist der Glaube ein endgültiges Ding. Wer einmal glaubt, glaubt ein für allemal. Erschrecken Sie nicht, sondern betrachten Sie auch das als eine Einladung. Man kann gewiss verwirrt sein und man kann zweifeln, aber wer einmal glaubt, der hat so etwas wie einen *character indelebilis*. Er darf sich dessen getrösten, dass er gehalten i s t. Es ist Jedem, der mit dem Unglauben zu ringen hat, zu raten, dass er seinen eigenen Unglauben nicht zu ernst nehmen solle. Nur der Glaube ist ernst zu nehmen, und wenn wir Glauben haben wie ein Senfkorn, so genügt das, dass der Teufel sein Spiel verloren hat.

Und es geht zum dritten um eine Sache, in der wir a u s - s c h l i e s s l i c h .uns an Gott halten dürfen. Ausschliesslich, weil Gott der E i n e ist, der treu ist. Es gibt auch menschliche Treue, eine Treue Gottes, die uns aus seiner Kreatur wieder anschauen und erfreuen und stärken darf; aber wo solche Treue ist, da wird ihr Grund immer wieder die Treue Gottes sein. Glauben ist die Freiheit, ihm ganz allein zu vertrauen, *sola gratia* und *sola fide*. Das bedeutet nicht eine Verarmung des menschlichen Lebens, sondern vielmehr, dass uns der ganze Reichtum Gottes zugeschrieben wird.

Und zum Schluss: wir dürfen uns g ä n z l i c h an Gottes Wort halten. Es geht im Glauben nicht um einen besonderen Bereich. etwa um den religiösen, sondern um das wirkliche Leben in seiner ganzen Totalität, um die äusseren so gut wie um die inneren

Fragen, um das Leibliche wie um das Geistige, um das Helle wie um das Dunkle unseres Lebens. Es geht darum, dass wir uns auf Gott verlassen dürfen im Blick auf uns selber und auch im Blick darauf, was uns für Andere bewegt, für die ganze Menschheit, es geht ums ganze Leben und ums ganze Sterben. Die Freiheit zu diesem so umfassend zu verstehenden Vertrauen ist der Glaube.

§ 3   Glauben heisst Erkennen

*Der christliche Glaube ist die Erleuchtung der Vernunft, in
der Menschen frei werden, in der Wahrheit Jesu Christi zu
leben und eben damit auch des Sinnes ihres eigenen Daseins
und des Grundes und Zieles alles Geschehens gewiss zu werden.*

Vielleicht fällt Ihnen das Hervortreten des Begriffs der V e r -
n u n f t auf. Ich brauche ihn mit Absicht. Die Parole «Verachte
nur Vernunft und Wissenschaft, des Menschen allerhöchste
Kraft» hat nicht ein Prophet, sondern Goethes Mephisto ausgegeben! Die Christenheit und die Theologenschaft war immer
schlecht beraten, wenn sie meinte, aus irgend einem Grund
des Enthusiasmus oder der theologischen Konzeption sich ins
Lager einer Vernunftgegnerschaft begeben zu sollen. Über der
christlichen Kirche als Inbegriff der Offenbarung und des Werkes Gottes, welches ihren Grund bildet, steht das W o r t . «Das
Wort ward Fleisch». Der L o g o s ist Mensch geworden. Kirchliche Verkündigung ist R e d e , und zwar Rede nicht zufälliger,
nicht willkürlicher, nicht chaotischer und unverständlicher Art,
sondern Rede, welche mit dem Anspruch auftritt w a h r zu
sein und sich als Wahrheit gegen die Lüge durchzusetzen. Lassen wir uns von der Klarheit dieser Position nicht abdrängen!
Es geht bei dem Wort, das die Kirche zu verkündigen hat, nicht
in einem vorläufigen, sekundären Sinne um die Wahrheit, sondern im primären Sinn des Wortes selber, es geht um den Logos,
der sich in der menschlichen Vernunft, dem menschlichen Nus
als Logos, d. h. als Sinn, als zu erkennende Wahrheit erweist
und offenbart. Es geht in dem Worte der christlichen Verkündigung um *Ratio*, Vernunft, in welcher sich dann auch die
menschliche *ratio* spiegeln und wiederfinden darf. Kirchliche
Verkündigung, Theologie, ist kein Gerede, kein Lallen, ist keine
Propaganda, die sich nicht behaften lassen darf bei dem Anspruch: Ist es denn auch w a h r , was da gesagt wird, i s t es
wirklich so? Sie haben gewiss auch schon gelitten unter einer

gewissen Art von Predigten und erbaulichen Reden, aus welchen nur zu klar wird, dass da zwar geredet wird, emphatisch und mit viel Aufwand von Rhetorik geredet wird, die aber dieser schlichten Frage nach der Wahrheit des Gesagten nicht standhalten. Das Credo des christlichen Glaubens beruht auf Erkenntnis. Und wo das Credo ausgesprochen und bekannt wird, da soll und will wiederum Erkenntnis geschaffen werden. Der christliche Glaube ist nicht irrational, nicht anti-rational, nicht supra-rational, sondern recht verstanden rational. Die Kirche, die das Credo ausspricht, die mit dem ungeheuren Anspruch auftritt, zu predigen und die frohe Botschaft zu verkündigen, kommt davon her, dass sie etwas v e r n o m m e n hat — Vernunft kommt von Vernehmen — und sie will das Vernommene wieder vernehmen lassen. Es waren immer ungute Zeiten in der christlichen Kirche, wenn die christlichen Dogmatik- und Theologiegeschichten G n o s i s und P i s t i s trennten. Die recht verstandene Pistis i s t Gnosis, der recht verstandene Akt des Glaubens ist auch ein Akt der Erkenntnis. Glauben heisst Erkennen.

Aber nachdem das festgestellt ist, gilt nun freilich die Erklärung: es handelt sich im christlichen Glauben um eine E r l e u c h t u n g der Vernunft. Der christliche Glaube hat es mit dem Gegenstand, hat es mit Gott dem Vater, dem Sohn und dem Hl. Geist zu tun, von dem das Credo redet. Und zu der Art, zu dem Wesen dieses Gegenstandes, zur Natur Gottes des Vaters, des Sohnes und des Hl. Geistes gehört es nun allerdings, dass er n i c h t e r k e n n b a r ist auf Grund des Vermögens des menschlichen Erkennens, sondern vernehmbar ist und vernommen wird allein auf Grund Gottes eigener Freiheit, Entscheidung und Aktion. Was der Mensch aus seiner eigenen Kraft nach Massgabe des natürlichen Vermögens, seines Verstandes, seines Gefühls zu erkennen vermag, das wird im äussersten Falle so etwas wie ein höchstes Sein, ein absolutes Wesen sein, der Inbegriff einer schlechthin freien Macht, eines über allen Dingen stehenden Wesens. Dieses absolute und höchste Wesen, dieses Letzte und Tiefste, dieses «Ding an sich» hat mit Gott nichts zu tun. Es gehört zu den Intuitionen und Grenzmöglichkeiten menschlichen Denkens, menschlichen Konstruierens. Dieses Wesen denken kann der Mensch, aber er hat damit nicht Gott gedacht. Gott wird gedacht und Gott wird erkannt, wenn Gott in

seiner eigenen Freiheit s i c h v e r n e h m b a r m a c h t. Wir
werden von Gott, seinem Wesen und seiner Natur später zu
reden haben, das ist aber schon jetzt zu sagen: Gott ist immer
der, der sich in seiner eigenen Offenbarung dem Menschen bekannt gemacht hat und nicht der, den der Mensch sich ausdenkt
und als Gott bezeichnet. Ganz klar scheiden sich schon in der
Erkenntnisfrage der wahre Gott und die falschen Götter. Gotteserkenntnis ist nicht Sache einer Möglichkeit, die diskutierbar
ist. Gott ist der Inbegriff aller Wirklichkeit, und zwar der sich
selbst uns offenbarenden Wirklichkeit. Erkenntnis Gottes findet
da statt, wo es sich faktisch ereignet, dass Gott spricht, dass er
sich dem Menschen so darstellt, dass dieser ihn nicht übersehen
und überhören kann, wo der Mensch in einer Situation, in der
er sich selber unverständlich wird, die er nicht herbeigeführt
hat, sich vor die Tatsache gestellt sieht, dass er mit Gott und
Gott mit ihm lebt, weil es Gott so gefallen hat. Gotteserkenntnis
findet da statt, wo göttliche Offenbarung, Erleuchtung des Menschen durch Gott, Überführung der menschlichen Erkenntnis.
Belehrung des Menschen durch diesen Lehrer ohnegleichen stattfindet. Wir gingen davon aus, dass der christliche Glaube Sache
einer Begegnung sei. Christlicher Glaube und Erkenntnis des
christlichen Glaubens findet da statt, wo die göttliche Vernunft,
der göttliche Logos im Raume der menschlichen Vernunft sein
Gesetz aufrichtet, dem sich die menschliche, die geschöpfliche
Vernunft fügen muss. Indem das geschieht, kommt der Mensch
zur Erkenntnis, denn indem Gott sein Gesetzt in seinem Denken.
in seinem Sehen und Hören und Fühlen aufrichtet, kommt es
zur Offenbarung der Wahrheit auch des Menschen und seiner
Vernunft, zu der Offenbarung des Menschen, der das selber nicht
herbeiführen kann, was nun eben durch Gott selbst herbeigeführt
wird. K a n n Gott erkannt werden? Ja, Gott kann erkannt werden, indem es faktsich wahr und wirklich ist, dass er durch sich
selber erkennbar wird. Indem das geschieht, wird der Mensch
frei, wird er ermächtigt, wird er fähig — sich selber ein Geheimnis — Gott zu erkennen. Gotteserkenntnis ist eine schlechterdings von ihrem Gegenstand, von Gott her gewirkte, bestimmte Erkenntnis. Aber gerade so ist sie echte Erkenntnis, gerade so ist sie im tiefsten Sinne freie Erkenntnis. Gewiss bleibt
sie eine relative, eine in den Schranken des Geschöpflichen

befangene Erkenntnis. Gewiss gilt gerade von ihr, dass wir einen himmlischen Schatz in i r d e n e n Gefässen tragen. Unsere Begriffe genügen nicht, diesen Schatz zu fassen. Gerade wo diese echte Gotteserkenntnis stattfindet, da wird auch Klarheit darüber herrschen, dass kein Anlass ist für irgend einen Hochmut. Es bleibt immer der ohnmächtige Mensch, die geschöpfliche Vernunft mit ihren Grenzen. Aber in diesem Raum des Geschöpflichen, des Ungenügenden sich zu offenbaren hat es Gott gefallen. Und indem der Mensch auch in dieser Hinsicht töricht ist, wird er weise sein; indem der Mensch klein ist, wird er gross; indem der Mensch nicht genügt, ist Gott genügend. «Lass dir an meiner Gnade genügen! Denn meine Kraft ist in den Schwachen mächtig!» das gilt auch für die Erkenntnisfrage.

Wir sagten im Leitsatz: es handle sich im christlichen Glauben um die Erleuchtung der Vernunft, in der Menschen frei werden, in der Wahrheit Jesu Christi zu l e b e n. Es ist für das Verständnis der christlichen Glaubenserkenntnis wesentlich zu verstehen: die Wahrheit Jesu Christi ist Lebenswahrheit und ihre Erkenntnis ist Lebenserkenntnis. Das will nicht sagen, dass wir nun etwa doch wieder in die Anschauung zurückfallen, als ob es sich im Grunde hier gar nicht um E r k e n n t n i s handle. Es ist nicht an dem, dass der christliche Glaube ein dunkles Gefühl wäre, ein alogisches Fühlen, Erleben und Erfahren. Der Glaube ist Erkenntnis, er bezieht sich auf Gottes Logos und ist darum eine durchaus logische Sache. Die Wahrheit Jesu Christi ist auch im schlichtesten Sinne Tatsachenwahrheit. Ihr Ausgangspunkt, die Auferstehung Jesu Christi von den Toten, ist eine Tatsache, im Raum und in der Zeit geschehen, wie das Neue Testament sie beschreibt. Die Apostel haben sich nicht damit begnügt, eine innerliche Tatsache festzuhalten, sondern sie haben von dem geredet, was sie gesehen und gehört und was sie mit ihren Händen betastet haben. Und die Wahrheit Jesu Christi ist auch Sache eines durchaus klaren und in sich geordneten und gerade in seiner Bindung freien menschlichen Denkens. Aber — man darf die Dinge nicht trennen — es geht um L e b e n s - w a h r h e i t. Der Begriff des Wissens, der *scientia,* genügt nicht, um das zu beschreiben, was christliche Erkenntnis ist. Wir müssen vielmehr zurückgehen auf das, was im Alten Testament die Weisheit genannt wird, was der Grieche *sophia* nannte und der

Lateiner *sapientia,* um das Wissen der Theologie in seiner Fülle zu erfassen. *Sapientia,* unterscheidet sich von dem engeren Begriff *scientia,* Weisheit unterscheidet sich von Wissen nicht dadurch, dass sie nicht auch Wissen in sich enthielte, aber darüber hinaus redet dieser Begriff von einem Wissen, das ein praktisches Wissen ist, das die ganze Existenz des Menschen umfasst. Weisheit ist das Wissen, von dem wir faktisch, praktisch leben dürfen, ist die Empirie und ist die Theorie, welche darin gewaltig ist, dass sie sofort praktisch ist, dass sie das Wissen ist, welches unser Leben beherrscht, welches wirklich ein Licht auf unserem Pfad ist. Nicht ein Licht zum Bestaunen und Betrachten, nicht ein Licht um allerhand Feuerwerke damit anzuzünden — und wenn es auch die tiefsinnigsten philosophischen Spekulationen wären! — sondern das Licht auf unserem W e g , das über unserem Tun und über unserem Reden stehen darf, das Licht in unseren gesunden und in unseren kranken Tagen, in unserer Armut und in unserem Reichtum, das Licht, das nicht nur dann leuchtet, wenn wir Momente der Einsicht zu haben meinen, sondern das uns begleitet auch in unsere Torheit hinein, das nicht verlöscht, wenn alles verlöscht, wenn das Ziel unseres Lebens im Tode sichtbar wird. Von diesem Licht, von dieser Wahrheit leben, das heisst christliches Erkennen. Christliches Erkennen heisst i n d e r W a h r h e i t J e s u C h r i s t i leben. Im Lichte dieser Wahrheit leben, weben und sind wir, Act. 17, um aus ihm, in ihm und zu ihm sein zu dürfen, wie es Röm. 11 heisst. Christliche Erkenntnis ist also im tiefsten Grunde eins mit dem, was wir das Vertrauen des Menschen auf Gottes Wort nannten. Lassen Sie sich nie darauf ein, wenn man Ihnen Trennungen, Scheidungen in dieser Sache beibringen will. Kein wahrhaftiges Vertrauen, kein wirklich haltbares, siegreiches Vertrauen auf Gottes Wort, welches nicht begründet wäre in seiner Wahrheit und anderseits keine Erkenntnis, keine Theologie, kein Bekennen, auch keine Schriftwahrheit, welche nicht sofort den Charakter dieser Lebenswahrheit hätte. Es wird immer das Eine am Andern zu messen und zu prüfen und zu bewähren sein.

Und eben damit, dass wir als Christen in der Wahrheit Jesu Christi und also im Licht der Erkenntnis Gottes und also mit einer erleuchteten Vernunft leben dürfen, werden wir auch des Sinnes unseres eigenen Daseins und des Grundes und des Zieles alles Geschehens gewiss werden. Damit wird noch einmal eine ganz ungeheure Erweiterung des Gesichtsfeldes angedeutet: d i e s e n Gegenstand in seiner Wahrheit erkennen heisst in Wahrheit nicht mehr und nicht weniger als a l l e D i n g e erkennen, auch den Menschen, sich selber, den Kosmos und die Welt. Die Wahrheit Jesu Christi ist nicht eine Wahrheit unter anderen, sie ist d i e Wahrheit, die universelle, alle Wahrheit schaffende Wahrheit, so gewiss sie die Wahrheit Gottes ist, die *prima veritas,* welche auch die *ultima veritas* ist. Denn in Jesus Christus hat Gott a l l e Dinge, hat er uns alle erschaffen. Wir existieren nicht ohne ihn, sondern in ihm, ob wir es wissen oder nicht, und der ganze Kosmos existiert nicht ohne ihn, sondern in ihm, getragen durch ihn, das allmächtige Wort. Ihn erkennen heisst Alles erkennen. Vom Geist in diesem Bereich berührt und ergriffen sein, heisst in a l l e Wahrheit geführt werden. Wer glaubt und Gott erkennt, kann nicht mehr fragen: Was ist der Sinn meines Lebens? sondern indem er glaubt, lebt er ja den Sinn seines Lebens, den S i n n seiner Geschöpflichkeit, seiner Individualität in den G r e n z e n seiner Geschöpflichkeit und seiner Individualität und in der F e h l b a r k e i t seiner Existenz, in der Sünde, in der er steht und deren er sich täglich und stündlich schuldig macht, aber auch mit der H i l f e, die ihm täglich und stündlich zuteil wird damit, dass Gott ihm zum Trotz und unverdienter Weise für ihn eintritt. Er erkennt die A u f g a b e, die ihm gegeben ist in diesem Ganzen und die H o f f n u n g, die ihm in und mit dieser Aufgabe geschenkt ist auf Grund der Gnade, aus der er leben darf, und den Ruhm der H e r r l i c h k e i t, die ihm verheissen ist und von der er heimlich jetzt und hier schon in aller Geringheit umgeben ist. Wer da glaubt, bekennt diesen Sinn seines Daseins. Das christliche Credo redet von Gott als von dem Grund und Ziel alles dessen, was ist. Der Grund und das Ziel des ganzen Kosmos heisst J e s u s C h r i s t u s. Und das Unerhörte darf und muss gesagt werden: wo christlicher Glaube ist, da ist, indem da Gott vertraut wird, auch innerste Vertrautheit mit dem Grund und Ziel alles Geschehens, aller Dinge, da lebt der Mensch trotz alles dessen, was dagegen spricht, in dem Frieden, welcher höher ist als alle Vernunft und welcher gerade so das Licht ist, welches unsere Vernunft erleuchtet.

§ 4   Glauben heisst Bekennen

Der christliche Glaube ist die Entscheidung, in der Menschen die Freiheit haben, ihr Vertrauen auf das Wort Gottes und ihre Erkenntnis der Wahrheit Jesu Christi in der Sprache der Kirche, aber auch in weltlichen Stellungnahmen und vor allem auch in den entsprechenden Taten und Verhaltungsweisen öffentlich zu verantworten.

Der christliche Glaube ist eine E n t s c h e i d u n g . Mit diesem Satz müssen und wollen wir hier anfangen. Der christliche Glaube ist freilich ein Ereignis im Geheimnis zwischen Gott und Mensch; das Ereignis der Freiheit, in welchem Gott diesem Menschen gegenüber handelt und der Freiheit, die Gott diesem Menschen gibt. Aber das schliesst nicht aus, sondern eben ein, dass da, wo im Sinne des christlichen Credo geglaubt wird, G e s c h i c h t e sich ereignet: dass da in der Zeit vom Menschen etwas unternommen, vollbracht und durchgeführt wird. Glaube ist das hervorbrechende Geheimnis Gottes; Glaube ist die Freiheit Gottes und die Freiheit des Menschen in der Aktion. Wo nichts geschehen würde − wohlverstanden, in der Zeit! sichtbar und hörbar geschehen würde − da würde auch nicht geglaubt. Denn der christliche Glaube ist Glaube an Gott, und wenn das christliche Bekenntnis Gott den Vater, den Sohn und den Heiligen Geist nennt, so weist es damit darauf hin, dass Gott selber in seinem inneren Leben und Wesen nicht tot, nicht passiv, nicht untätig ist, sondern dass Gott der Vater, der Sohn und der Heilige Geist in einer inneren Beziehung und Bewegung existiert, welche man sehr wohl als eine Geschichte, als ein Geschehen bezeichnen kann. Gott selber ist nicht übergeschichtlich, sondern geschichtlich. Und dieser Gott hat in sich selber einen Ratschluss gefasst, einen ewigen Ratschluss, auf welchem alles das beruht, wovon das Glaubensbekenntnis spricht. Unsere Väter nannten es das Dekret der Schöpfung und des Bundes und der Erlösung. Dieser Ratschluss Gottes wurde in der Zeit ausgeführt, ein für allemal in dem Werk und in dem Wort Jesu Christi, von dem der 2. Artikel des Glaubensbekenntnisses konkret bezeugt: «welcher gelitten hat unter Pontius Pilatus, gekreuzigt, gestorben und begraben...» Der Glaube ist des Menschen Entsprechung zu diesem geschichtlichen Sein und Wesen und Handeln Gottes. Der Glaube hat es mit dem Gott zu tun, der in sich selber geschichtlich ist und einen Ratschluss gefasst hat, der auf Geschichte zielt und diese Geschichte ins Werk gesetzt und vollendet hat. Christlicher Glaube, der nicht selber Geschichte wäre, wäre nicht christlicher Glaube, nicht Glaube a n... Wo christlich geglaubt wird, da entsteht und wächst eine geschichtliche Gestalt, da entsteht unter Menschen, unter Gleichzeitigen und Ungleichzeitigen eine G e m e i n s c h a f t, ein Zusammensein, eine Bruderschaft. Darüber hinaus aber durch das Mittel dieser Gemeinschaft kommt es da, wo christlich geglaubt wird, notwendig zu einer menschlichen Verkündigung und Botschaft auch an die W e l t ausserhalb dieser Gemeinschaft und Bruderschaft. Da ist ein Licht angezündet, das allen denen leuchtet, die im Hause sind. M. e. W. gesagt: wo christlicher Glaube ist, da entsteht und lebt Gottes Gemeinde in der Welt für die Welt, da sammelt sich Israel abseits von den Völkern der Welt und da sammelt sich die Kirche für sich, die Gemeinschaft der Heiligen und nun doch nicht als Selbstzweck, sondern als die Erscheinung des Knechtes Gottes, den Gott eingesetzt hat für A l l e, der Leib Christi. Und es geschieht diese Geschichte — nun kommt es zu dem menschlichen Werk in Entsprechung zu Gottes Werk und Sein in der Wahl seiner Gnade — in der Entsprechung des G e h o r s a m s. Glaube ist G e h o r s a m, also nicht nur ein passives Sichfügen. Wo gehorcht wird, da wird auch vom Menschen gewählt, der Glaube gewählt statt sein Gegenteil, der Unglaube, das Vertrauen statt des Misstrauens, das Erkennen satt des Nicht-Wissens. Glauben heisst wählen zwischen Glauben und Unglauben, Irrglauben und Aberglauben. Glaube ist die Tat, in welcher der Mensch sich zu Gott so einstellt, wie es Gott entspricht. Denn dieses Werk geschieht in einem Schritt heraus aus der Neutralität Gott gegenüber, heraus aus einem Verhältnis der Unverbindlichkeit unseres Seins und Verhaltens ihm gegenüber, heraus aus der Privatsphäre hinein in die Entschlossenheit, Haftbarkeit und

Öffentlichkeit. Glaube ohne diese Richtung auf die Öffentlichkeit, Glaube, der diese Schwierigkeit vermeidet, ist in sich schon Unglaube, Irrglaube, Aberglaube. Denn der Glaube, der an Gott den Vater, den Sohn und den Hl. Geist glaubt, der kann sich dessen nicht weigern, öffentlich zu werden.

«Der christliche Glaube ist die Entscheidung, in der Menschen die Freiheit haben...» hiess es im Leitsatz. Es geht auch in der öffentlichen Verantwortung um eine dem Menschen gegebene Erlaubnis, um eine offene Türe, und das heisst eben um eine F r e i h e i t. In der Freiheit des Vertrauens und der Freiheit der Erkenntnis tritt nun notwendig die Freiheit der Verantwortung. Eine Freiheit lässt sich hier von der anderen nicht lösen. Wer bloss frei sein wollte, Gott zu vertrauen und dabei auf die Erkenntnis verzichten zu können meint, der würde auch nicht in Wahrheit vertrauen. Und wer alles Vertrauen und alle Erkenntnis hätte und hätte die Freiheit nicht, sein Vertrauen und seine Erkenntnis öffentlich zu verantworten, dem wäre auf den Kopf zuzusagen: Es stimmt auch mit deinem Vertrauen und mit deiner Erkenntnis nicht! Gott selbst ist ja laut dem, was die christliche Kirche von ihm bekennt, der, der nicht verborgen bleiben wollte, der nicht für sich allein Gott sein wollte noch sein will, sondern der in seiner königlichen Majestät aus dem Geheimnis, aus der Höhe seiner göttlichen Existenz heraustritt und herniederkommt in die Niedrigkeit des von ihm geschaffenen Kosmos. Gott selbst ist der, der als Gott offenbar wird. Wer an diesen Gott glaubt, der kann dieses Gottes Gabe, dieses Gottes Liebe, dieses Gottes Trost und Licht, der kann sein Vertrauen auf sein Wort und seine Erkenntnis nich verbergen wollen. Es kann das Wort und das Werk des glaubenden Menschen unmöglich ein neutrales, ein unverbindliches Wort und Werk bleiben. Wo geglaubt wird, da geschieht es notwendig, dass Gottes *doxa, gloria,* Ehre, sein Lichtglanz kund wird auf Erden. Und wo Gottes Ehre nicht so oder so leuchten würde, wenn auch noch so getrübt und gebrochen durch unsere Art und Unart, da wäre auch nicht Glaube, da würde der Trost und das Licht, das wir von Gott empfangen, nicht entgegengenommen sein. Gottes Ehre wird im Kosmos, es wird der Name des Heiligen geheiligt auf Erden, wo Menschen glauben dürfen, wo Gottes Volk, Gottes Gemeinde sich sammelt und in Aktion tritt. Wo

Glaube ist, da hat der Mensch in seiner ganzen Beschränkung und Ohnmacht, in seiner ganzen Verlorenheit und Torheit die Freiheit, die in aller Niedrigkeit königliche Freiheit, dieses Licht der *doxa*, der *gloria*, der Ehre Gottes leuchten zu lassen. Mehr ist nicht von uns verlangt, aber das ist von uns verlangt. Diese öffentliche Verantwortung unseres Vertrauens auf Gottes Wort und unserer Erkenntnis der Wahrheit Jesu Christi ist der Allgemeinbegriff von dem, was im christlichen Sinne B e k e n n - n e n und B e k e n n t n i s zu nennen ist.

Es geht um die öffentliche Verantwortung in der Sprache der Kirche, aber auch in weltlichen Stellungnahmen und vor allem auch in den entsprechenden Taten und Verhaltungsweisen. In diesen drei Bestimmungen des Begriffs der öffentlichen Verantwortung handelt es sich, wenn ich recht sehe, um die drei wiederum voneinander nicht zu trennenden, nicht gegeneinander auszuspielenden, sondern notwendig zusammenzudenkenden Gestalten des christlichen Bekennens, welches seinerseits eine notwendige Wesensform des christlichen Glaubens ist. Die folgenden Ausführungen sind also synthetisch zu verstehen.

1. Im Glauben haben wir die Freiheit, unser Vertrauen und unser Erkennen öffentlich zu verantworten i n d e r S p r a c h e d e r K i r c h e . — Was heisst das? Die Gemeinde Gottes hatte und hat zu allen Zeiten ihre eigene Sprache. Daran ist nichts zu ändern. Sie hat ja in der Geschichte ihre besondere Geschichte, ihren besonderen Weg. Sie redet, wenn sie bekennt, im Blick auf diese ihre besondere Geschichte. Sie steht in dem ganz besonderen konkreten geschichtlichen Zusammenhang, der von jeher ihre Sprache geformt hat und immer formen wird. Die Sprache des Glaubens, die Sprache der öffentlichen Verantwortung, in welcher wir als Christen notwendig sprechen, wird darum unvermeidlich ganz schlicht jedenfalls auch die Sprache der Bibel sein, der hebräischen und der griechischen Bibel und ihrer Übersetzungen und die Sprache der christlichen Tradition, die Sprache in den Formen der Gedanken, Begriffe und Ideen, in welcher die christliche Kirche im Laufe der Jahrhunderte ihre Erkenntnis gewonnen und verteidigt und erklärt hat. Es gibt eine spezifisch kirchliche Sprache. Das ist in Ordnung. Nennen wir es bei dem bekannten Namen: es gibt eine «Sprache Kanaans». Und wenn der Christ seinen Glauben bekennt, wenn es

um dieses Leuchtenlassen des in uns angezündeten Lichtes geht, so wird keiner es vermeiden können und dürfen, in dieser seiner Sprache zu reden. Es ist ja nun doch einmal so: wenn die Dinge des christlichen Glaubens, wenn unser Vertrauen zu Gott und seinem Wort genau ausgesprochen werden soll, sozusagen in seiner Eigentlichkeit – und es ist immer wieder bitter notwendig, dass das geschieht, damit die Dinge klar werden – dann wird es unvermeidlich sein, dass in aller Unverzagtheit die Sprache Kanaans ertönt. Denn gewisse Lichter und Wegweisungen und tröstliche Warnungen lassen sich direkt eben nur in dieser Sprache sagen. Wer da etwa allzu feinfühlig sein wollte und allzu zart mit seiner Seele umgehen wollte – ich glaube, aber mein Glaube ist so tief und innerlich, dass ich die Worte der Bibel nun einmal nicht über meine Lippen bringe, dass es mir schwer fällt, schon den Namen Gottes auszusprechen, geschweige denn den Namen Christi oder gar des Blutes Jesu Christi oder des Heiligen Geistes – wer so reden wollte, dem würde ich sagen: Lieber Freund, du magst ein sehr innerlicher Mensch sein, aber sieh zu, dass du gewürdigt wirst, deinen Glauben öffentlich zu verantworten. Oder sollte deine angebliche Scheu nicht die Scheu sein, herauszutreten aus deiner unverbindlichen Privatsphäre? Frage dich selber! – Das ist sicher, wo die christliche Kirche nicht in ihrer Sprache zu bekennen wagt, da pflegt sie gar nicht zu bekennen. Da wird sie die Gemeinschaft der Stillen, wobei sehr zu hoffen ist, dass sie nicht eine Gemeinde von stummen Hunden sein möchte. Wo geglaubt wird, da stellt sich dringend die Frage, ob da nicht fröhlich und getrost auch und gerade so geredet wird, wie die Bibel gesprochen hat und wie in alter und neuer Zeit die Kirche gesprochen hat und sprechen muss. Wo der Glaube in seiner Freiheit und Freude auf dem Plan ist, da wird das Lob Gottes wahrhaftig auch in dieser Sprache angestimmt und gesungen werden.

2. Aber das kann das ganze Zeugnis noch nicht sein. Es gehört zum vollen Begriff des Bekennens mehr als das. Hüten wir uns wohl vor der Vorstellung, dass das Bekenntnis eine Sache des Glaubens sei, welcher nur im «Raume der Kirche» laut werden dürfe und solle. Und dass es sich beim Bekennen höchstens darum handeln könne, diesen Raum sichtbar zu machen und vielleicht ein wenig zu erweitern in die Welt hinein. Der Raum

der Kirche steht in der W e l t, wie schon äusserlich die Kirche in einem Dorf oder in einer Stadt neben dem Schulhaus, dem Kino und dem Bahnhof steht. Die Sprache der Kirche kann nicht Selbstzweck sein wollen. Es muss sichtbar werden, dass die Kirche für die Welt da zu sein hat, dass das Licht in der Finsternis scheint. Wie Christus nicht gekommen ist, sich selbst dienen zu lassen, so steht es auch den Christen nicht an, in ihrem Glauben zu existieren, als seien sie für sich selber da. Das bedeutet nun aber, dass Glauben notwendig im Zuge dieser Veröffentlichung des Vertrauens und der Erkenntnis b e s t i m m t e w e l t l i c h e S t e l l u n g n a h m e n bedingt. Wo das Bekennen ernst und klar ist, da m u s s es grundsätzlich ü b e r - s e t z b a r sein in die Sprache des Herrn Jedermann, des Mannes und der Frau von der Strasse, in die Sprache derer, die nicht gewohnt sind in der Schrift zu lesen und aus dem Gesangbuch zu singen, sondern die eine ganz andere Terminologie haben und ganz andere Interessengebiete. Das ist die Welt, in die Christus seine Jünger gesandt hat und in der wir alle auch existieren. Es ist keiner von uns nur Christ, sondern wir sind alle auch selber ein Stück Welt. Und so geht es notwendig auch um weltliche Stellungnahmen, um Übersetzungen unserer Verantwortung in diesen Bereich hinein. Denn das Bekenntnis des Glaubens will v o l l z o g e n sein in der Anwendung auf das Leben, das wir alle leben, auf die Probleme unserer tatsächlichen Existenz in den theoretischen und praktischen Fragen unseres Alltags. Wenn unser Glaube real ist, so muss das in unser Leben eingreifen. Das christliche Bekenntnis in seinem kirchlichen Urlaut wird immer dem Missverständnis ausgesetzt sein, dass der Christ das Credo als Gewissens- und Herzenssache ansieht, dass aber hier auf Erden und in der Welt andere Wahrheiten gelten. Die Welt lebt in diesem Missverständnis, sie hält das ganze Christentum für einen freundlichen «Zauber», dem «religiösen Bereich» angehörig, den man respektiert und der unangetastet bleiben soll, und damit ist man dann die Sache los! Aber dieses Missverständnis könnte auch von innen kommen, es könnte ein Christ sehr wohl diesen Bereich für sich haben wollen und den Glauben hüten als Blümchen Rühr-mich-nicht-an! Es ist weithin das Verhältnis von Kirche und Welt als Frage einer Grenzbereinigung aufgefasst worden, bei der jeder sich hinter seiner Grenze sicherte, wenn es auch gelegentlich zu Scharmützeln an der Grenze kam. Von der Kirche aus gesehen kann aber eine solche Grenzbereinigung niemals ihre Aufgabe erschöpfen. Vom Wesen der christlichen Kirche aus gibt es vielmehr nur Eines: das Lautwerden des Bekenntnisses auch in den Bereich der Welt hinein. Nun nicht wiederholt in der Sprache Kanaans, sondern in der ganz nüchternen, in der ganz unerbaulichen Sprache, die da «draussen» geredet wird. Es geht um Übersetzung, z. B. auch in die Sprache der Zeitung. Es gilt in der Welt das Gleiche, was wir in den Formen der Kirchensprache sagen, profan zu sagen. Der Christ wird sich nicht fürchten dürfen, auch «unerbaulich» sprechen zu müssen. Wer das nicht kann, der sehe zu, ob er je wirklich erbaulich auch in der Kirche zu sprechen weiss. Wir kennen diese Kanzel- und Altarsprache, die ausserhalb des Kirchenraumes wie Chinesisch wirkt! Hüten wir uns, stecken zu bleiben und nicht vorwärtsgehen zu wollen zu weltlichen Stellungnahmen. Ein Beispiel: es hat 1933 in Deutschland viel ernstes und tiefes und lebendiges Christentum und Bekenntnis gegeben — Gott sei Lob und Dank! — aber leider ist dieses Glauben und Bekennen der deutschen Kirche stecken geblieben in der Sprache der Kirche und hat dasselbe, was in der Sprache der Kirche ausgezeichnet gesagt wurde, nicht übersetzt in die damals gebotene politische Stellungnahme, in welcher es klar geworden wäre, dass die evangelische Kirche Nein zu sagen hatte zum Nationalsozialismus, und zwar Nein von seiner Wurzel an. Das Bekenntnis der Christenheit ist in dieser Gestalt damals nicht laut geworden. Denken Sie, was geschehen wäre, wenn die evangelische Kirche damals in Gestalt weltlicher politischer Stellungnahme ihre kirchliche Erkenntnis ausgesprochen hätte! Sie war dessen nicht fähig und die Folgen liegen zu Tage. Und als 2. Beispiel: es gibt auch heute ernstes, lebendiges Christentum. Ich bin sicher, dass der Gang der Ereignisse in vielen den Hunger und Durst nach dem Worte Gottes geweckt hat und dass eine grosse Stunde der Kirche angebrochen ist. Möchte es nicht wieder so sein, dass noch einmal bloss der Raum der Kirche aufgerichtet und befestigt wird und die Christen sich unter sich sammeln. Gewiss muss nun mit allem Ernst Theologie getrieben werden. Aber möchte uns dabei vor Augen stehen und besser als vor 12 Jahren, dass das, was in der Kirche zu geschehen hat, hinaus muss in die Gestalt von weltlichen Stellungnahmen. Eine evangelische Kirche, die heute etwa schweigen wollte zu der Frage der Schuld im Blick auf die Ereignisse, von denen wir herkommen, eine Kirche, die diese Frage, auf welche wahrhaftig geantwortet werden muss um der Zukunft willen, überhören wollte, würde sich zum vornherein zur Unfruchtbarkeit verdammen. Eine Kirche, welche sich nicht klar wäre darüber, sie hat eine Aufgabe diesem Volk in Not gegenüber, und zwar nicht nur die Aufgabe christlichen Unterrichts in direkter Form zu geben, sondern sie hat die Aufgabe, diesen christlichen Unterricht sichtbar zu machen in Worten, die eingreifen in die Probleme des Tages, eine Kirche, die nicht erfüllt wäre von der Sorge dieses Wort zu finden, die würde sich zum vornherein in den Winkel eines Friedhofes begeben. Möchte jeder einzelne Christ mit seinem Glauben sich klar sein: solange sein Glaube ein Schneckenhaus ist, in dem es ihm wohl ist, der sich aber um das Leben seines Volkes nicht kümmert, solange dieser Christ also im Dualismus lebt, glaubt er auch noch nicht wirklich. Dieses Schneckenhaus ist kein wünschbarer Aufenthalt. Hier ist nicht gut sein. Der Mensch ist ein Ganzes und kann nur als solches Ganze existieren.

Zum Schluss: das letzte Moment des Leitsatzes lautet: i n d e n e n t s p r e c h e n d e n T a t e n u n d V e r h a l t u n g s - w e i s e n. Ich habe das absichtlich als ein Drittes noch einmal von dem Zweiten unterschieden. Was hülfe es dem Menschen, wenn er in kräftigster Sprache reden und bekennen würde und hätte der Liebe nicht? Bekenntnis ist Lebensbekenntnis. Wer glaubt, der ist aufgerufen, mit seiner Person zu bezahlen, *«payer de sa personne»*. Das ist der Nagel, an dem Alles aufzuhängen ist.

§ 5 Gott in der Höhe

Gott ist der, der laut der heiligen Schrift in dem in Jesus Christus beschlossenen und vollbrachten Werk seiner freien Liebe da ist, lebt, handelt, uns sich bekannt macht: er, der Einzige.

Das Glaubensbekenntnis, das wir dieser Vorlesung zugrunde legen, beginnt mit den Worten: Ich glaube a n G o t t. Wir haben damit die grosse Vokabel ausgesprochen, das Wort, dessen Entfaltung das christliche Credo ist. Gott ist der G e g e n s t a n d des Glaubens, von dem wir in den letzten Stunden gesprochen haben. Gott, das ist zusammenfassend gesehen und ausgesprochen, der Inhalt der Verkündigung der christlichen Gemeinde. Aber nun stehen wir vor der Tatsache, dass diese Vokabel Gott, dass der Gottesbegriff, die Gottesidee eine Wirklichkeit zu sein scheint, welche aller Religions- und Philosophiegeschichte in irgend einer Weise bekannt ist. Und ehe wir weiterfahren, müssen wir einen Augenblick Halt machen und uns fragen: Wie verhält sich dieses Wort «Gott» in dem Sinne, in dem der christliche Glaube es ausspricht, zu dem, was zu allen Zeiten und in allen Völkern in der Religions- und Philosophiegeschichte so genannt wurde? Machen wir uns klar, was ausserhalb des christlichen Glaubens «Gott» zu heissen pflegt. Wenn der Mensch von Gott, von der göttlichen Natur, vom göttlichen Wesen oder von Gott schlechthin redet, dann meint er damit den Gegenstand der allgemein vorhandenen und wirksamen Sehnsucht, den Gegenstand des menschlichen Heimwehs und der menschlichen Hoffnung nach einer Einheit, nach einem Grunde, nach einem Sinn seines Daseins und dem Sinn der Welt, er meint damit die Existenz und die Natur eines Wesens, welches, sei es in diesem oder jenem Zusammenhang mit den von ihm verschiedenen Realitäten, als das höchste, als das alles Seiende bestimmende und beherrschende Wesen zu verstehen wäre. Und wenn wir auf die Geschichte der menschlichen Sehnsucht, der menschlichen Behauptung über dieses Wesen blicken, so ist der erste und stärkste Eindruck, den man empfängt, der einer nach allen Seiten tätigen, die verschiedensten Wege einschlagenden menschlichen Erfindungskunst, aber auch menschlicher Willkür, menschlichen Schaltens und Waltens mit diesem Begriff, mit dieser Idee Gottes. Und von daher das Bild einer unendlichen Verschiedenheit der dem Menschen zuhanden scheinenden Ergebnisse, das Bild einer grossen Unsicherheit, grosser Widersprüche. Wir müssen uns klar machen, wenn wir von Gott reden im Sinne des christlichen Glaubens, so ist der, der hier Gott heisst, nicht zu verstehen als eine Fortsetzung und Bereicherung der Begriffe und Ideen, die sich das religiöse Denken im allgemeinen von Gott zu machen pflegt. Gott im Sinne des christlichen Glaubens befindet sich nicht in der Reihe der Götter. Er befindet sich nicht in dem Pantheon menschlicher Frömmigkeit und religiöser Erfindungskunst. Es ist also nicht an dem, dass es in der Menschheit so etwas gäbe wie eine allgemeine Naturanlage, einen allgemeinen Begriff des Göttlichen, der dann an irgend einer bestimmten Stelle auch das in sich begriffe, was wir Christen Gott nennen und als solchen glauben und bekennen, so dass der christliche Glaube einer unter anderen wäre, ein Fall innerhalb einer allgemeinen Regel. Ein christlicher Kirchenvater hat einmal mit Recht gesagt: *Deus non est in genere,* Gott ist nicht ein Spezialfall innerhalb einer Art! – Wenn wir Christen von «Gott» reden, dann dürfen und müssen wir uns klar machen, dass dieses Wort zum vornherein das grundsätzlich Andere, die grundsätzliche Befreiung von jener ganzen Welt des menschlichen Suchens, Vermutens, Wähnens, Dichtens und Spekulierens bedeutet. Es ist nicht an dem, dass auf dem langen Wege des menschlichen Suchens und Sehnens nach dem Göttlichen zuletzt eine bestimmte Station erreicht worden wäre in der Gestalt des christlichen Glaubensbekenntnisses. Der Gott des christlichen Glaubensbekenntnisses ist im Unterschied zu allen Göttern nicht ein gefundener und erfundener, nicht ein endlich und zuletzt vom Menschen entdeckter Gott, er ist nicht eine Erfüllung, vielleicht die letzte und höchste und beste Erfüllung dessen, was der Mensch ohnehin zu suchen und zu finden im Begriffe war, sondern wir Christen reden von dem, der schlechterdings an die Stelle alles dessen tritt, was sonst «Gott» zu heissen pflegt, und also alles das verdrängt und ausschliesst und allein die Wahrheit zu sein beansprucht. Wo das nicht begriffen wäre, da ist noch nicht begriffen, um was es geht, wenn die christliche Kirche bekennt: ich glaube an Gott. Es geht da um des Menschen Begegnung mit der Wirklichkeit, welche der Mensch nie und nimmer von sich aus gesucht und erst gefunden hat. «Was kein Auge gesehen und kein Ohr gehört, was in keines Menschen Herz gekommen ist, das hat Gott denen gegeben, die ihn lieben», so hat Paulus von dieser Sache geredet. Und man kann nicht anders von ihr reden. Gott im Sinne des christlichen Bekenntnisses ist und existiert in schlechthin anderer Weise als das, was sonst göttlich genannt wird. Und so ist seine Natur, sein Wesen anders als die Natur und das Wesen aller angeblichen Götter. Wir fassen das, was von Gott im Sinne des christlichen Glaubensbekenntnisses zu sagen ist, zusammen in die Worte: G o t t i n d e r H ö h e. Sie wissen alle, wo ich diesen Begriff entnommen habe. Er steht Luk. 2, 14: «Ehre sei Gott in der Höhe». Darum singen wir «Allein Gott in der Höh sei Ehr». Dieses «in der Höhe», *in excelsis,* will ich nun zu erklären versuchen.

Nach dem bisher Gesagten bedeutet dieses « i n d e r H ö h e » ganz schlicht: Er ist der, der ü b e r uns, und auch über unseren höchsten und tiefsten Gefühlen, Strebungen, Intuitionen, über den Produkten des menschlichen Geistes, und wenn diese Produkte die sublimsten wären, steht. Gott in der Höhe, das bedeutet zunächst − im Rückblick auf das Gesagte − der, welcher in keiner Weise eine blosse Entsprechung einer menschlichen Anlage und Möglichkeit ist, sondern welcher in jedem Sinne schlechterdings in sich selbst begründet und so wirklich ist. Und welcher uns Menschen nicht auf Grund unseres Suchens und Findens, Fühlens und Denkens, sondern immer wieder nur durch sich selbst offenbar ist und offenbar wird. Eben dieser Gott in der Höhe hat sich als solcher dem Menschen zugewendet, dem Menschen geschenkt, sich ihm erkennbar gemacht. Gott in der Höhe heisst nicht, ein ganz Anderer, der mit uns nichts zu tun hat, uns nichts angeht, der uns ewig fremd wäre, sondern Gott in der Höhe im Sinn des christlichen Glaubensbekenntnisses heisst: der, der aus der Höhe sich zu uns herniederneigt, der zu uns gekommen, der der unsrige geworden ist. Gott in der Höhe, das ist der Gott, der sich als der wirkliche Gott erweist und also als der, der in keiner Weise in unserer Hand ist und der sich unserer nun dennoch und gerade so angenommen hat. Gott ist der, der allein Gott zu heissen verdient, im Unterschied zu allen Göttern, verschieden von allem, was sonst ist, und doch der, der sich uns verbunden hat. Sagen wir mit dem christlichen Glaubensbekenntnis: Ich glaube an Gott oder ich glaube in Gott, so haben wir es mit D i e s e m zu tun.

Versuchen wir das, was ich damit zunächst bezeichnet habe, in einigen konkreten Umschreibungen näher zu beschreiben. Ich sagte: Gott ist der, welcher l a u t d e r h e i l i g e n S c h r i f t d a i s t, lebt, handelt und sich bekannt macht. Mit dieser Definition geschieht etwas grundsätzlich Anderes, als wenn ich Ihnen begrifflich zusammengesetzte Vorstellungen eines unendlichen höchsten Wesens vor Augen zu stellen versuchen wollte. In diesem Falle würde ich spekulieren. Ich lade Sie aber nicht ein, zu spekulieren, sondern sage Ihnen vielmehr, dass dies ein grundsätzlich falscher Weg ist, der niemals zu Gott, sondern nur zu einer in einem falschen Sinne so zu nennenden Wirklichkeit führen kann. Gott ist der, der da ist im Buch des Alten und Neuen Testamentes, das von ihm redet. Und die christliche Definition Gottes besteht einfach in der Feststellung: da wird von ihm geredet, also lasst uns hören, was da von ihm gesagt wird. Dieser, der da zu sehen und zu hören ist, ist Gott. Beachten Sie wohl: in der ganzen Bibel des Alten und des Neuen Testamentes wird nie der geringste Versuch gemacht, Gott zu b e w e i s e n. Dieser Versuch ist immer nur ausserhalb der biblischen Anschauung von Gott gemacht worden und immer nur da, wo man vergessen hat, mit wem man es zu tun hat, wenn man von Gott redet. Was waren das schon für Versuche, wenn man etwa neben den unvollkommenen Wesen ein vollkommenes zu beweisen versuchte? oder aus der Existenz der Welt deren letzte und höchste Ursache, Gott? oder aus der angeblichen Ordnung der Welt die ordnende Macht? oder etwa der moralische Gottesbeweis aus der Tatsache des menschlichen Gewissens? Ich will nicht eintreten auf diese «Beweise» Gottes. Ich weiss nicht, ob Sie den Humor und die Brüchigkeit dieser Beweise so rasch erkennen können. Diese Beweise mögen taugen für die angeblichen Götter, und wenn es meine Aufgabe wäre, Sie mit diesen angeblich höchsten Wesen bekannt zu machen, so würde ich mich mit den fünf berühmten Gottesbeweisen befassen. In der

Bibel wird nicht so argumentiert, sondern in der Bibel wird schlicht von Gott geredet als von dem der keines Beweises bedarf. Es wird da von einem Gott geredet, welcher auf Schritt und Tritt s i c h s e l b e r b e w e i s t : Da bin ich, und indem ich bin und lebe und handle, wird es überflüssig, dass ich noch bewiesen werde. Auf diesen göttlichen Selbstbeweis hin reden die Propheten und Apostel. Anders kann in der christlichen Kirche nicht von Gott geredet werden. Gott bedarf unserer Beweise in keiner Weise. Der in der heiligen Schrift Gott heisst, ist u n - e r f o r s c h l i c h, d. h. er ist von keinem Menschen entdeckt worden. Sondern wenn von ihm die Rede ist und von ihm gesprochen wird wie von einer bekannten Grösse, die uns bekannter und realer ist als jede andere Wirklichkeit und die uns näher ist als wir uns selber sind, so nicht darum, weil es besonders fromme Menschen gegeben hätte, denen es gelungen wäre, dieses Wesen zu erforschen, sondern daraufhin, dass er, der uns verborgen hat, sich enthüllt hat.

Und damit hängt zusammen: Gott ist nicht nur unbeweisbar und unerforschlich, sondern Gott ist auch u n b e g r e i f l i c h. Es wird in der Bibel kein Versuch gemacht, Gott zu definieren, d. h. Gott in unseren Begriffen zu fassen, sondern Gottes Name wird in der Bibel genannt, nicht wie die Philosophen dies tun, als der Name eines zeitlosen, die Welt überragenden, fremden höchsten Wesens, sondern als der Name eines lebenden, handelnden, wirkenden und sich selbst bekannt machenden Subjektes. Die Bibel erzählt von Gott, sie berichtet seine Taten und die hier auf Erden im menschlichen Bereich geschehende Geschichte dieses Gottes in der Höhe. Die Bibel bekundet die Bedeutung und die Tragweite dieses Wirkens und Handelns, dieser Geschichte Gottes, und so beweist sie Gottes Existenz, bezeichnet sie sein Wesen und seine Natur. Erkenntnis Gottes im Sinne der heiligen Schrift und des Bekenntnisses ist Erkenntnis seines Daseins, seines Lebens, seines Handelns, seiner Offenbarung in seinem Werk. Und so ist die Bibel kein philosophisches Buch, sondern ein Geschichtsbuch: das Buch von den grossen Taten Gottes, in welchen uns Gott erkennbar wird.

Die heilige Schrift beschreibt ein Werk, und zwar 1. als das Werk der S c h ö p f u n g. Gott setzt neben sich ein Anderes, ein von ihm Verschiedenes: das Geschöpf, ohne seiner zu bedürfen, in der Kraft seiner Allmacht, in seiner heiligen überströmenden Liebe. 2. Es wird ein B u n d aufgerichtet zwischen Gott und einem seiner Geschöpfe, zwischen Gott und dem Menschen. Wiederum ein unbegreifliches Faktum: warum gerade zwischen Gott und dem M e n s c h e n , von dem von Anfang an berichtet wird, dass er Gott undankbar gegenübersteht, dass er ein Sünder ist? Dieser Sünde zum Trotz, über sie souverän hinweggehend, ihre Wiedergutmachung sich vorbehaltend, geschieht eine Selbstdahingabe Gottes. Er gibt sich dazu her, der Gott eines kleinen verachteten Volkes in Vorderasien, Israels, zu werden. Er gibt sich dazu her, selber ein Glied dieses Volkes zu werden, ein Kindlein, und dann zu sterben. Und 3. — aber das Ganze ist e i n Werk — geht es um das Werk der E r l ö s u n g , um die Enthüllung der Absicht der freien Liebe Gottes mit dem Menschen und der Welt, um die Vernichtung alles dessen, was diese Absicht hindern will, es geht um die Offenbarung und das Sichtbarwerden des neuen Himmels und der neuen Erde. Dieses Ganze ist ein Weg, der unter dem Zeichen des N a m e n s J e s u C h r i s t i , des Mannes Jesus Christus, in welchem Gott selber auf Erden sichtbar und wirksam geworden ist, welcher zugleich das Ziel der Geschichte des Volkes Israel ist und der Anfang und Ausgangspunkt der Kirche und zugleich die Offenbarung der Erlösung, der Vollendung des Ganzen. Es lebt und webt das ganze Werk Gottes in dieser einen Person. Wer Gott sagt im Sinne der heiligen Schrift, wird notwendig immer wieder Jesus Christus sagen müssen.

Dieses Werk der Schöpfung, des Bundes und der Erlösung ist die Wirklichkeit, in welcher Gott da ist, lebt und handelt und sich bekannt macht. Von diesem Werk darf man nicht abstrahieren, wenn man Gottes Wesen und Existenz erkennen will. Hier, in diesem Werk, ist Gott die Person, die sich selber darstellt und so das Subjekt dieses Werkes ist. Es ist das W e r k d e r f r e i e n L i e b e G o t t e s . Man darf es wagen, die Wirklichkeit, die das Werk darstellt, die Natur und das Wesen Gottes mit diesen zwei Begriffen zu beschreiben: Freiheit, Liebe. Aber es ist Vorsicht geboten, dass wir dabei nicht etwa wieder herausfallen aus dem Konkreten in das Abstrakte, aus der Geschichte in den Bereich der Ideen. Ich würde nicht sagen: Gott ist die Freiheit oder Gott ist die Liebe. Auch wenn die zweite Aussage eine biblische ist. Wir wissen nicht, was Liebe ist und wir wissen nicht, was Freiheit ist, sondern G o t t ist die Liebe und G o t t ist die Freiheit. Was Freiheit und was Liebe ist, das haben wir von ihm zu lernen. Als Prädikat dieses Subjektes mag es gesagt werden: er ist der Gott der freien Liebe. In seinem Werk der Schöpfung, des Bundes und der Erlösung beweist er sich als dieser Gott. D a erfahren wir, was Liebe ist: dieses Begehren des Anderen um seiner selbst willen, so dass der Eine nicht mehr allein ist, sondern ganz und gar mit dem Anderen zusammen. Das ist Liebe, das ist Gottes f r e i e Liebe. Gott ist nicht einsam, auch ohne die Welt nicht. Er bedarf des Anderen nicht und liebt dennoch. Diese Liebe kann ohne die Majestät seiner Freiheit nicht verstanden werden. Das ist Gottes Liebe, dass er, der Vater, den Sohn liebt, der selber Gott ist. Was in seinem Werk sichtbar wird ist eine Aufdeckung dieses Geheimnisses seines inneren Wesens, wo alles Freiheit und alles Liebe ist.

Und nun wird vielleicht die Überschrift verständlich: Gott in der Höhe. Darin, dass Gott dieser ist, der Vater, der Sohn und der Heilige Geist in seinem Werk in Jesus Christus, eben darin ist er i n d e r H ö h e. Er, dessen Natur und Wesen darin besteht, dessen Existenz sich darin erweist, herunterzusteigen in die Tiefe, er, der Barmherzige, der sich dahingibt für sein Geschöpf bis in die ganze Tiefe der Existenz seines Geschöpfs, er ist Gott in der Höhe. Nicht trotzdem, nicht in einem merkwürdigen paradoxen Gegensatz, sondern das ist die Höhe Gottes, dass er so herniedersteigt. Das ist sein erhabenes Wesen, diese seine freie Liebe. Wer in eine andere Höhe blicken wollte, der hätte das ganz Andere in Gott noch nicht verstanden, der wäre immer noch auf den Wegen der Heiden, die Gott in einer Unendlichkeit suchen. Er aber ist ganz anders, als wir uns unsere Götter denken. Er ist der, der den Abraham ruft und der jenes elende Volk durch die Wüste geleitet, der sich nicht irre machen lässt durch jahrhundertelange Untreue und jahrhundertelangen Ungehorsam dieses Volkes, der im Stall von Bethlehem sich gebären lässt als kleines Kind und der stirbt auf Golgatha. Er ist herrlich, er ist göttlich. Verstehen Sie, was Monotheismus im christlichen Glauben heisst? Weiss Gott nicht diese törichte Freude an der Eins! Es geht nicht um die Zahl Eins, sondern es geht um dieses Subjekt in seiner schlechthinigen Einzigkeit und Andersheit allen

Anderen gegenüber, verschieden von allen den lächerlichen Gottheiten, die der Mensch erfindet. Wenn man das einmal gesehen hat, so kann man nur lachen, und es geht durch die Bibel ein Gelächter über diese Figuren. Wo der wahre Gott einmal gesehen wird, da stürzen die Götter in den Staub, da bleibt er der Einzige. «Ich bin der Herr, dein Gott ... du sollst keine anderen Götter neben mir haben.» Dieses «du sollst nicht» hat die Kraft eines «du kannst nicht». Wer sich neben ihm Gott nennt, der wird nur zum Schatten der tollen Sehnsucht des Menschen, die ihre schlimmen Folgen hat. Und auch das 2. Gebot wird dann ganz klar: «Du sollst dir kein Bildnis noch irgend ein Gleichnis machen. Bete sie nicht an und verehre sie nicht!» Auch das ist nicht ein Zeichen israelitischer Denkweise und nicht ein philosophischer Begriff von Unsichtbarkeit steht dahinter. Sondern Gott hat zu seiner Selbstdarstellung bereits selber Alles getan. Wie soll der Mensch ihn abbilden, nachdem er sein Bild selber dargestellt hat? Eine gutgemeinte Sache, dieser ganze «Spektakel» der christlichen Kunst, gutgemeint aber ohnmächtig, da Gott selber sich abgebildet hat. Wer das verstanden hat: Gott in der Höhe, dem wird wohl alles gedankliche wie alles andere Abbildenwollen unmöglich.

§ 6 Gott der Vater

Der eine Gott ist von Natur und in Ewigkeit Vater, der Ur-
sprung seines Sohnes und mit diesem vereint der Ursprung des
Heiligen Geistes. In der Kraft dieser seiner Weise zu sein, ist er
aus Gnade der Vater aller Menschen, die er in der Zeit in seinem
Sohne und durch seinen Geist seine Kinder zu sein beruft.

Der eine Gott, Gott in der Höhe, Gott der Einzige, ist V a t e r .
Indem wir dieses Wort aussprechen, indem wir Vater sagen
mit dem ersten Artikel des Glaubensbekenntnisses, müssen wir
sofort hinüberblicken zum zweiten: Er ist der S o h n , und zum
dritten: Er ist der H e i l i g e G e i s t . Er ist der e i n e Gott,
von dem die drei Artikel des Glaubensbekenntnisses reden. Das
sind keine drei Götter, kein in sich gespaltener und zertrennter
Gott. Die D r e i e i n i g k e i t redet nicht von drei Göttern, sondern gerade die Dreieinigkeit – so hat es die christliche Kirche
immer verstanden, und anders konnte sie es auch in der Schrift
nicht finden – redet noch einmal und erst recht von dem einen,
einzigen Gott. Das ist nicht etwa eine theoretische Angelegenheit, sondern daran hängt vielmehr Alles, dass der Inhalt der
drei Glaubensartikel nicht voneinander zu trennen ist, dass es
sich in dem, was in diesen drei Artikeln gesagt wird, von Gott
dem Schöpfer und von Gott in seinem Handeln in Jesus Christus
und von Gott in seinem Wirken als der Heilige Geist, nicht um
drei göttliche Departemente handelt, mit je einem «Direktor».
Es geht um das e i n e Werk des e i n e n Gottes, aber um das
eine Werk, das in sich bewegt ist. Denn Gott, an den wir Christen glauben dürfen, ist nicht ein toter Gott, und er ist kein ein-
samer Gott, sondern indem er der Einzige ist, ist er in sich
selber, in seiner göttlichen Majestät in der Höhe Einer und doch
nicht allein, und so ist sein Werk, in welchem er uns begegnet
und in welchem wir ihn erkennen dürfen, ein in sich bewegtes,
lebendiges Werk, ist er in sich selber von Natur und in Ewigkeit
und für uns in der Zeit: d e r E i n e i n d r e i W e i s e n

des Seins. Die Sprache der alten Kirche sagt: Gott ist in drei Personen. So wie die alte Kirche den Begriff Person verstanden hat, ist dieser Begriff unanfechtbar. Denn Person meinte im lateinischen und im griechischen Sprachgebrauch genau das, was ich eben mit der «Weise zu sein» bezeichnet habe. Aber wenn wir heute von Person reden, so stellt sich unwillkürlich und fast unwiderstehlich die Vorstellung von so etwas ein, wie wir Menschen Personen sind. Und eben diese Vorstellung ist denkbar schlecht geeignet, das zu beschreiben, was Gott der Vater, der Sohn und der Heilige Geist ist. Calvin hat einmal spöttisch gemeint: Man dürfe sich den dreieinigen Gott nicht vorstellen, wie es die sämtlichen Maler dargestellt haben: drei Männlein, «marmousets». Das ist nicht Dreieinigkeit. Sondern wenn die christliche Kirche vom dreieinigen Gott redet, so meint sie, dass Gott nicht nur in einer Weise ist, sondern dass er sowohl der Vater wie der Sohn wie der Heilige Geist ist. Dreimal der Eine und Derselbe, dreifaltig, aber vor allem drei e i n i g , er, der Vater, der Sohn und der Heilige Geist, in sich selber und in der Höhe und in seiner Offenbarung.

Wir haben also vor allem festzustellen, wenn Gott der «Vater» heisst «Unser Vater», so sagen wir damit etwas von Gott, was gilt, was wahr ist, und zwar wahr in den tiefsten Tiefen seiner Natur, in alle Ewigkeit hinein wahr. Er ist der Vater. Und ganz dasselbe gilt vom Sohn und vom Heiligen Geist. Der Vatername Gottes ist also nicht bloss ein Beiname, den wir Menschen beilegen, so dass die Meinung die wäre: «Der Mensch meint so etwas zu kennen wie Vaterschaft, wie das Verhältnis des Menschen zu seinem leiblichen Vater, und nun überträgt er dieses Verhältnis auf Gott, wobei vorausgesetzt ist, dass sein Wesen letztlich ein ganz anderes ist und mit dem, was wir Vaterschaft nennen, nichts zu tun hat. Dass Gott Vater ist, das gilt im Blick auf seine Offenbarung, im Blick auf uns. In sich, von Natur und in Ewigkeit wissen wir aber nicht, was er ist. Aber aus diesem seinem Geheimnis tritt er heraus und ist dann und so für uns der Vater.» Das genügt aber nicht zur Beschreibung des Sachverhaltes, um den es hier in Wahrheit geht. Wenn die heilige Schrift und mit ihr das Glaubensbekenntnis der Kirche Gott den Vater nennt, so ist sie der Meinung, dass G o t t zuerst Vater ist. Er ist es in sich selber, er ist es von Natur und in Ewigkeit, und dann und darauf hin auch für uns, seine Kreatur. Es ist also nicht an dem, dass es zuerst menschliche Vaterschaft gibt und dann eine sogenannte göttliche Vaterschaft, sondern genau umgekehrt: die wahre, die eigentliche Vaterschaft ist bei Gott, und von dieser Vaterschaft Gottes leitet sich erst her, was wir unter uns Menschen als Vaterschaft kennen. Die göttliche Vaterschaft ist der Ursprung aller natürlichen. Wie es im Epheserbrief heisst: alle Vaterschaft im Himmel und auf Erden ist aus ihm. Wir denken die Wahrheit, und zwar die erste, die eigentliche Wahrheit, wenn wir Gott Vater sehen ins Letzte hinein, wenn wir ihn als Vater erkennen und seine Kinder heissen dürfen.

G o t t   d e r   V a t e r : wir reden damit von Gottes Seinsweise als der Quelle und dem Ursprung einer anderen göttlichen Seinsweise, einer zweiten, die von der ersten verschieden ist und die doch   s e i n e   Seinsweise und also in seiner Gottheit ihm gleich ist. Gott ist in der Weise Gott, dass er Vater ist, Vater s e i n e s   S o h n e s , dass er sich selber setzt und durch sich selber noch einmal Gott ist. Durch sich selber gesetzt, nicht durch sich selber geschaffen — der Sohn ist nicht geschaffen! — Aber dieses Verhältnis von Vater und Sohn erschöpft die Wirklichkeit, die Natur Gottes noch nicht. Es ist nicht an dem, dass dieses Setzen und Gesetztsein Gottes die Einheit Gottes bedrohte. Es sind der Vater und der Sohn   m i t e i n a n d e r , welche die Einheit Gottes ein drittes Mal befestigen im Heiligen Geist. Gott der Vater und Gott der Sohn sind miteinander der Ursprung des Heiligen Geistes. *Spiritus qui procedit a Patre Filioque.* Das ist es, was die armen Leute der Ostkirche nie ganz verstanden haben: dass der Zeugende und der Erzeugte miteinander der Ursprung des Heiligen Geistes sind und so der Ursprung ihrer Einheit. *Vinculum caritatis* hat man den Hl. Geist genannt. Nicht obwohl Gott Vater und Sohn ist, sondern weil Gott Vater und Sohn ist, ist da Einheit. So ist Gott als der, der sich selber setzt, der durch sich selber ist, als Gott in seiner Gottheit, in sich verschieden und doch in sich gleich. Und eben so ist er in sich selber nicht einsam. Er bedarf der Welt nicht. Aller Reichtum des Lebens, alle Fülle der Tat und Gemeinschaft ist in ihm selber, indem er der dreieinige ist. Er ist die Bewegung und er ist die Ruhe. Von daher kann uns einsichtig sein, dass alles, was er für uns ist: dass er der Schöpfer ist, dass er sich in Jesus Christus uns geschenkt hat und dass er im Heiligen Geist uns mit sich vereinigt, seine f r e i e G n a d e ist, Überfluss seiner Fülle. Uns nicht geschuldet, sondern überströmende Barmherzigkeit! Er will das, was er für sich ist, nun doch nicht nur für sich sein, sondern er will der, der er in Ewigkeit ist, auch f ü r u n s sein. Wir haben keinen Griff nach dieser Wahrheit, dass Gott in der Kraft seines ewigen Vaterseins — aus freier Gnade — nicht weil es sein *métier* ist! — auch unser Vater sein will. Weil er das ist, was er ist, kann auch sein Werk nur sein väterliches Werk sein. Dass Gott Schöpfer eines Anderen wird, das im Unterschied zum Sohn von ihm verschieden ist, dass er für dieses Andere da sein will, das bedeutet nichts Anderes als dass er uns Anteil gibt an ihm selber. «Wir werden teilhaftig der göttlichen Natur» (2. Petri 1, 4). Nicht mehr und nicht weniger sagen wir, wenn wir Gott unseren Vater nennen. Wir dürfen ihn nun so nennen, wie er sich selber nennt in seinem Sohn. Der Mensch als solcher ist nicht Gottes Kind, sondern Gottes Geschöpf, *factus* und nicht *genitus!* Dieses Geschöpf Mensch ist, soweit das Auge reicht, in Auflehnung gegen Gott, ist ein Gottloser und trotzdem Gottes Kind. Es ist Gottes freies Werk, seine Herablassung und Barmherzigkeit, dass wir seine Kinder sein dürfen. Wir sind es d e n n o c h , wir sind es, weil er Vater ist und weil er uns dazu macht. Wir sind seine Kinder i n s e i n e m S o h n u n d d u r c h d e n H e i l i g e n G e i s t , also nicht auf Grund einer direkten Beziehung zwischen uns und Gott, sondern auf Grund dessen, dass Gott durch sich selber uns an seiner Natur, an seinem Leben und Wesen teilnehmen lässt. Es ist Gottes guter Wille und Beschluss, dass in seinem Wesen, in seinem Zeugen des Sohnes sein Verhältnis zu uns inbegriffen sein soll. Dass wir in ihm, im Sohn durch den Hl. Geist seine Kinder heissen dürfen, durch dasselbe *vinculum caritatis,* welches den Vater und den Sohn eint. In dieser Seinsweise Gottes als dem Heiligen Geist, und das ist noch einmal das ewige Dekret Gottes — soll unsere Berufung inbegriffen sein. D u bist gemeint, d i r gilt es und kommt es zugute, was Gott in seinem Sohne ist und tut. Und was in Gottes Natur wahr ist, das wird wahr in der Zeit. Also nicht mehr und nicht weniger als eine Wiederholung des göttlichen Lebens, eine Wiederholung, die wir nicht herbeiführen und die wir uns nicht nehmen können, aber die Gott stattfinden lassen will im geschöpflichen Bereich, also ausserhalb der Gottheit. Ehre sei Gott in der Höhe! Das sagen wir als Erstes, wenn wir Gott unseren Vater nennen. Und «Friede auf Erden», weil er nicht Vater ist ohne den Sohn, und weil beide für uns da sind «unter den Menschen des Wohlgefallens».

§ 7   Der allmächtige Gott

*Gottes Macht ist darin von der Ohnmacht verschieden, darin
den anderen Mächten überlegen, darin der ‚Macht an sich' siegreich entgegengesetzt, dass sie die Macht des Rechtes, nämlich
seiner in Jesus Christus betätigten und offenbarten Liebe und so
der Inbegriff, die Bestimmung und die Grenze alles Möglichen
und also die Macht über und in allem Wirklichen ist.*

Das Glaubensbekenntnis nennt mit diesem Begriff «allmächtig»
eine Eigenschaft Gottes, eine Vollkommenheit dessen, der vorher Gott der Vater genannt wurde. Das Glaubensbekenntnis
kennt nur diese eine Eigenschaft. Wenn man später versucht hat,
systematisch von Gott zu reden und sein Wesen zu beschreiben,
so ist man gesprächiger geworden. Man sprach von Gottes
Aseität, seinem Insichbegründetsein, man sprach von der Unendlichkeit Gottes in Raum und Zeit und also von Gottes Ewigkeit. Und man sprach auf der anderen Seite von Gottes Heiligkeit
und Gerechtigkeit, Barmherzigkeit und Geduld. Wir müssen uns
klar machen, was immer man von Gott sagt in solchen menschlichen Begriffen, es kann immer nur ein Hinweis sein auf ihn
selber, es kann kein derartiger Begriff das Wesen Gottes wirklich
begreifen. Gott ist unbegreiflich. Was Güte Gottes und was
Heiligkeit Gottes heisst, das kann nicht bestimmt werden von
irgend einer Ansicht, die wir Menschen von Güte und Heiligkeit
haben, sondern das bestimmt sich von dem her, was Gott ist.
Er ist der Herr, er ist die Wahrheit. Wir können nur ableitend,
nur sekundär sein Wort auf die Lippen zu nehmen wagen. Im
apostolischen Glaubensbekenntnis steht an Stelle aller möglichen
Bezeichnungen des Wesens Gottes dieses eine Wort: Er ist allmächtig, bezeichnenderweise im Zusammenhang mit dem Ausdruck «Vater». Eines dieser Worte interpretiert das andere: der
Vater ist die Allmacht und die Allmacht ist der Vater.

Gott ist allmächtig, das heisst zunächst auch dies: er ist
M a c h t. Und Macht heisst Können, Macht heisst Vermögen,

Möglichkeit im Blick auf eine Wirklichkeit. Wo Wirklichkeit geschaffen, bestimmt und erhalten wird, da besteht eine Möglichkeit, die ihr zugrunde liegt. Und nun wird von Gott ausgesagt: er hat selber Möglichkeit, er hat dieses Können, welches Wirklichkeit begründet, bestimmt und erhält, und zwar Allmacht, d. h. er hat A l l e s , er ist das grundlegende Mass alles Wirklichen und alles Möglichen. Es gibt keine Wirklichkeit, welche nicht auf ihm als seiner Möglichkeit beruht, keine Möglichkeit, keinen Wirklichkeitsgrund, welcher ihn begrenzen und ein Hindernis für ihn bedeuten würde. Er kann, was er will. Man könnte also Gottes Macht auch bezeichnen als Gottes F r e i - h e i t. Gott ist schlechthin frei. Die Begriffe Ewigkeit, Allgegenwart, Unendlichkeit sind darin eingeschlossen. Er hat Macht über Alles, was im Raum und in der Zeit möglich ist, er ist das Mass und der Grund der Zeit und des Raumes, er hat keine Grenze. Aber das Alles klingt reichlich philosophisch und wir sind damit auch von ferne nicht herangekommen an das, was Allmacht als Eigenschaft Gottes besagen will. Es gibt Vieles, was Macht heisst und Allmacht heissen wollen könnte, was mit der Allmacht Gottes gar nichts zu tun hat. Wir werden uns hüten müssen, allgemeine Begriffe zu konstruieren.

Im Leitsatz sind in drei Stufen Grenzen angegeben: Gottes Macht ist verschieden von der Ohnmacht, überlegen den anderen Mächten und siegreich der «Macht an sich» entgegengesetzt.

Die Macht Gottes u n t e r s c h e i d e t s i c h v o n j e d e r O h n m a c h t. Es gibt auch eine Macht der Ohnmacht, eine Möglichkeit des Unmöglichen, und zwar gänzlich oder teilweise. Gott aber ist weder ganz noch teilweise Ohnmacht, sondern er ist wirkliche Macht. Er ist nicht der, der nichts vermöchte und nicht der, der nicht Alles vermöchte, sondern er unterscheidet sich von allen anderen Mächten dadurch, dass er k a n n, was er w i l l. Wo Ohnmacht in Frage kommt, da haben wir es jedenfalls nicht mit Gott zu tun. Wo Gott in irgend einer Abseitigkeit vorgestellt wird, in grosser Ferne, da meint man nicht ihn, sondern ein Wesen, das im Grunde schwach ist. Gott hat nicht die Art eines Schattens, Gott ist jeder Ohnmacht entgegengesetzt.

Gott ist a l l e n a n d e r e n M ä c h t e n ü b e r l e g e n. Diese anderen Mächte drängen sich uns ganz anders auf als Gott.

Sie scheinen das eigentliche Reale zu sein. Gott ist nicht in der Reihe dieser weltlichen Mächte, etwa die höchste von ihnen, sondern er ist allen anderen Mächten überlegen, nicht durch sie begrenzt oder bedingt, sondern er ist der Herr aller Herren, der König aller Könige. So dass alle diese Mächte, die als solche durchaus Mächte sind, zum vornherein der Macht zu Füssen gelegt sind, die die Macht Gottes ist. Sie sind im Verhältnis zu ihm keine ihn konkurrenzierenden Mächte.

Und die letzte Stufe, die die wichtigste ist, weil hier die meisten Verwechslungen drohen: Gott ist n i c h t die «M a c h t a n s i c h». Der Inbegriff aller Macht: Können, Möglichkeit, Freiheit als neutrales Sein, absolute Freiheit, abstraktes Können, Macht an sich, das ist ein berauschender Gedanke. Ist Gott der Inbegriff aller Souveränität, schlechthin *potentia?* Er ist oft so verstanden worden, und es liegt so nahe, sich diese *potentia,* die Macht an sich, als das Göttliche, das Tiefste, Wahrste und Schönste vorzustellen, diese Macht an sich zu bewundern und zu verehren, anzubeten und zu loben als das Geheimnis des Daseins. Sie erinnern sich wohl, wie Hitler, wenn er von Gott zu sprechen pflegte, ihn den «Allmächtigen» nannte. Aber nicht der «Allmächtige» ist Gott, nicht von einem höchsten Inbegriff von Macht aus ist zu verstehen, wer Gott ist. Und wer den «Allmächtigen» Gott nennt, der redet in der furchtbarsten Weise an Gott vorbei. Denn der «Allmächtige» ist böse, wie «Macht an sich» böse ist. Der «Allmächtige», das ist das Chaos, das Übel, das ist der Teufel. Man könnte gerade den Teufel nicht besser bezeichnen und definieren, als indem man diese Vorstellung eines in sich begründeten, freien, souveränen Könnens zu denken versucht. Dieser Rauschgedanke der Macht, das ist das Chaos, das *tohu wabohu,* das Gott in seiner Schöpfung hinter sich gelassen hat, das er nicht gewollt hat, als er den Himmel und die Erde schuf. Das ist der G e g e n s a t z zu Gott, das ist die Gefahr, von der die von Gott geschaffene Welt fortwährend bedroht ist: der Einbruch, die Offensive dieser unmöglichen Möglichkeit der freien Willkür, welche nur *potentia* an sich sein und durchsetzen will und als solche herrschen. Wo die Macht an sich geehrt und verehrt wird, wo die Macht an sich Autorität sein will und Recht setzen will, da haben wir es mit der «Revolution des Nihilismus» zu tun. Macht an sich ist *nihil,* und wenn Macht an sich auf den Plan tritt und herrschen will, dann wird nicht Ordnung geschaffen, sondern da bricht Revolution aus. Macht an sich ist böse, ist das Ende aller Dinge. Die Macht Gottes, die wirkliche Macht, ist dieser Macht an sich entgegengesetzt. Sie ist auch ihr gegenüber eine überlegene Macht, und mehr als das: sie ist ihr Gegensatz. Gott sagt Nein zu dieser Revolution des Nihilismus. Und er ist ihr siegreicher Gegensatz, d. h. in dem Gott auf den Plan tritt, geschieht das, was geschieht, wenn die Sonne durch den Nebel bricht: da fällt und stürzt die Macht dieser Macht an sich. Da wird dieser Begriff enthüllt in seiner Greuelhaftigkeit, da verliert er den Respekt, den man ihm darbringt. Da müssen die Dämonen fliehen. Gott und die Macht an sich schliessen sich aus. Gott ist der Inbegriff des Möglichen, die Macht an sich aber ist der Inbegriff des Unmöglichen.

Inwiefern ist Gottes Macht der Macht an sich entgegengesetzt, inwiefern ist sie allen Mächten überlegen und verschieden von jeder Ohnmacht?

Die heilige Schrift redet von Gottes Macht, ihren Erweisungen und ihren Siegen nie abgelöst vom Begriff des R e c h t e s : Die Macht Gottes ist von Haus aus die Macht des Rechtes. Sie ist nicht blosse *potentia*, sondern *potestas*, also legitime, im Recht begründete Macht.

Was heisst R e c h t ? Wir müssen zurückgreifend uns sagen: Gottes Macht ist darin und so die Macht des Rechtes, dass sie die Allmacht Gottes des Vaters ist. Es ist hier an das zu denken, was als das Leben Gottes des Vaters als Vater seines Sohnes beschrieben wurde, das Leben des Gottes, der in sich selber nicht einsam ist, sondern der lebt und regiert in Ewigkeit als der Vater seines Sohnes, der in seinem innersten Wesen in dieser Gemeinschaft existiert. Gottes Allmacht als Rechtsmacht ist also die Macht des Gottes, der in sich selber die L i e b e ist. Was gegen diese Liebe streitet, was Einsamkeit und einsame Selbstbehauptung ist, das ist als solches Unrecht und darum auch nicht wirkliche Macht. Das ist von Gott verneint. Was aber Gott bejaht, das ist O r d n u n g in dem Sinne, wie in Gott selber, zwischen ihm und seinem Sohne und dem Heiligen Geiste Ordnung besteht. Gottes Macht ist O r d n u n g s m a c h t , die Macht der Ordnung seiner Liebe, die auf Ordnungswegen wirkt und zu Ordnungszielen führt. Gottes Macht ist heilige, gerechte, barmherzige, geduldige, gütige Macht. Das unterscheidet Gottes Macht von der Ohnmacht, dass er der dreieinige Gott ist.

Diese Macht Gott ist die M a c h t s e i n e r f r e i e n L i e b e in Jesus Christus, in ihm betätigt und offenbart. Wir müssen also wieder auf Gottes W e r k schauen als den Inbegriff alles Möglichen und Wirklichen. Was Gott in seiner Gnade ist und wirkt, das ist der Inbegriff alles dessen, was Können, was Freiheit und Möglichkeit heisst. Gottes Macht ist nicht eine charakterlose Macht und darum sind alle jene Kinderfragen: ob Gott etwa machen könne, dass zweimal zwei gleich fünf sei? und ähnliches so gegenstandslos, denn hinter diesen Fragen steht eben ein abstrakter Begriff von «Können». Eine Macht, die lügen könnte, wäre nicht wirkliche Macht. Sie wäre Ohnmacht, eine Nihils-Macht, die alles glaubt behaupten und verfügen zu können. Sie hat mit Gott und also mit wirklicher Macht nichts zu tun. Gottes Macht ist e c h t e Macht, und so steht sie über Allem. «Ich bin der allmächtige Gott, wandle vor mir und sei fromm!» Von diesem Ich aus bestätigt sich, wer der allmächtige Gott und was also Allmacht ist. Oder: « M i r ist gegeben alle Gewalt im Himmel und auf Erden». Ihm, Jesus Christus, ist sie gegeben. In diesem W e r k Gottes wird seine Allmacht sichtbar und lebendig als heilsame und gerechte Macht. So ist Gott der Inbegriff, die Bestimmung, die Grenze alles Möglichen. Und s o steht er über allem Wirklichen als der transzendente Gott und ist er in allem Wirklichen als der immanente Gott — Er, das Subjekt, welches dieses heilige und gute Wort spricht und sein heiliges und gutes Werk treibt.

§ 8 Gott der Schöpfer

Indem Gott Mensch wurde, ist auch das offenbar und glaub-
würdig geworden: Er will nicht nur für sich und also allein sein.
Er gönnt der von ihm verschiedenen Welt ihre eigene Wirklich-
keit, Art und Freiheit. Sein Wort ist die Kraft ihres Seins als
Kreatur. Er schafft, erhält und regiert sie als den Schauplatz —
und in ihrer Mitte den Menschen als den Zeugen seiner Herr-
lichkeit.

Ich glaube an Gott den Vater, den Allmächtigen, S c h ö p f e r
des Himmels und der Erde.

Wenn wir an die Wahrheit herantreten, die die christliche
Kirche mit dem Wort «Schöpfer» bekennt, dann kommt Alles
darauf an, dass wir verstehen, dass wir uns schon da und auch
da im Gegenüber zu dem G e h e i m n i s d e s G l a u b e n s
befinden, angesichts dessen Erkenntnis allein durch Gottes
O f f e n b a r u n g wirklich ist. Der erste Glaubensartikel von
Gott dem Vater und seinem Werk ist nicht etwa so etwas wie
ein «Vorhof» der Heiden, ein Bereich, in dem Christen und
Juden und Heiden, Gläubige und Ungläubige beieinander wären
und gewissermassen miteinander vor einer Wirklichkeit stün-
den, über die man sich dann etwa dahin einigen könnte, sie als
Werk Gottes des Schöpfers zu bezeichnen. Was das heisst: Gott
der Schöpfer und was es ist um das Werk der Schöpfung, das
ist uns Menschen an sich nicht weniger verborgen als alles das,
was das Glaubensbekenntnis sonst enthält. Es liegt uns nicht
etwa näher, an Gott den Schöpfer zu glauben, als daran, dass
Jesus Christus vom Heiligen Geist empfangen und von der
Jungfrau Maria geboren ist. Es steht nicht so, dass uns die Wahrheit von Gott dem Schöpfer direkt zugänglich wäre und nur die
Wahrheit des 2. Artikels einer Offenbarung bedürftig wäre.
Sondern im gleichen Sinne stehen wir hier wie dort vor dem
Geheimnis Gottes und seines Werkes, und auch der Zugang kann
nur einer und derselbe sein.

Denn das Glaubensbekenntnis redet nicht von der Welt, oder jedenfalls nur beiläufig, indem es vom Himmel und von der Erde redet. Es sagt nicht: ich glaube an die geschaffene Welt, ja nicht einmal: ich glaube an das Werk der Schöpfung. Sondern es sagt: Ich glaube an G o t t d e n S c h ö p f e r. Und Alles, was über die Schöpfung gesagt wird, hängt ganz und gar an diesem Subjekt. Es gilt immer die gleiche Regel: alle Prädikate sind bestimmt von ihm. Das gilt auch für die Schöpfung. Es geht hier grundlegend um die Erkenntnis des Schöpfers und dann und von da aus muss sein Werk verstanden werden.

Von Gott dem S c h ö p f e r ist die Rede und also von seinem Werk als der S c h ö p f u n g, der Erschaffung des Himmels und der Erde. Nehmen wir diesen Begriff ernst, so muss es uns ja unmittelbar einleuchten: wir stehen nicht vor einem Bereich, der in irgend einem Sinne menschlicher Anschauung oder auch menschlichem Denken zugänglich sein kann. Es mag uns die Naturwissenschaft beschäftigen mit ihrer Anschauung von der Entfaltung, sie mag uns berichten von den Jahrmillionen, in denen das fortlaufende Werden des Kosmos sich vollzogen hat, aber wann hätte die Naturwissenschaft je zu der Tatsache durchdringen können, d a s s es eine Welt gibt, die diese Entwicklung durchläuft? Etwas ganz Anderes ist die Fortsetzung als dieser schlechthinige Anfang, mit dem es der Begriff der Schöpfung und des Schöpfers zu tun hat. Es beruht darum sicher auf einem grundlegenden Irrtum, wenn man von S c h ö p f u n g s - m y t h e n redet. Ein Mythus kann bestenfalls eine Parallele zur exakten Wissenschaft sein, d. h. der Mythus hat es auch mit der Anschauung dessen zu tun, was immer schon da ist und da sein wird. Im Mythus geht es um das grosse, zu jeder Zeit dem Menschen sich stellende und insofern freilich auch wieder zeitlose Problem des Lebens und des Todes, des Schlafes und des Erwachens, der Geburt und des Sterbens, des Morgens und des Abends, des Tages und der Nacht usw. Das sind die Themen des Mythus. Der Mythus betrachtet die Welt sozusagen von ihrer Grenze her, aber immer die schon vorhandene Welt. Es gibt keinen Schöpfungsmythus, weil die Schöpfung als solche eben dem Mythus nicht zugänglich ist. So wird es beim babylonischen Schöpfungsmythus z. B. ganz klar, dass es sich hier um einen Mythus von Werden und Vergehen handelt, der mit Gen. 1 und 2 grundsätzlich nicht in Beziehung zu setzen ist. Man kann höchstens feststellen, dass dort gewisse mythische Elemente zu finden sind. Aber was die Bibel damit macht, hat keine Parallele im Mythus. Wenn man dem biblischen Bericht schon einen Namen geben will, bzw. ihn in eine Kategorie einordnen will, so in den der S a g e. Die Bibel redet Gen. 1 und 2 von Vorgängen, die ausserhalb unserer historischen Erkenntnis liegen. Aber sie redet davon auf Grund einer E r k e n n t n i s, welche sich auf eine G e s c h i c h t e bezieht. Das ist ja das Merkwürdige der biblischen Schöpfungsgeschichten, dass sie in strengem Zusammenhang mit der G e s c h i c h t e I s r a e l s stehen und also mit der Geschichte des Handelns Gottes im Bunde mit dem Menschen. Diese Geschichte beginnt nach dem Alten Testament schon damit, dass Gott den Himmel und die Erde geschaffen hat. Sowohl der erste wie der zweite Schöpfungsbericht stehen eindeutig in Zusammenhang mit dem Thema des Alten Testamentes: der erste Bericht zeigt den Bund in der Einsetzung des Sabbats als das Z i e l, der zweite Bericht als die F o r t s e t z u n g des Schöpfungswerkes.

Man kann die Erkenntnis Gottes des Schöpfers und seines Werkes nicht trennen von der Erkenntnis des Handelns Gottes mit dem M e n s c h e n. Nur wenn uns vor Augen steht, was der dreieinige Gott für uns Menschen in Jesus Christus getan hat, können wir erkennen, was es um Gott den Schöpfer und sein Werk ist. Schöpfung ist das zeitliche, das ausserhalb Gottes stattfindende Analogon jenes Geschehens in Gott selber, auf Grund dessen Gott der Vater des Sohnes ist. Die Welt ist nicht Gottes Sohn, nicht von Gott «gezeugt», sondern g e s c h a f f e n. Aber was Gott als der Schöpfer tut, das kann im christlichen Sinne nur gesehen und verstanden werden als Abglanz, als ein Widerschein, als eine Abschattung dieses inneren göttlichen Verhältnisses zwischen Gott dem Vater und dem Sohne. Und darum hat es seinen Sinn, dass das Werk der Schöpfung im Glaubensbekenntnis dem V a t e r zugeschrieben wird. Das heisst nicht: er allein ist der Schöpfer, aber wohl dies, dass diese Beziehung besteht zwischen dem Werk der Schöpfung und dem Verhältnis von Vater und Sohn. Schöpfungserkenntnis ist Gotteserkenntnis und darum G l a u b e n s e r k e n n t n i s im tiefsten und letzten Sinn. Sie ist nicht etwa ein Vorhof, in dem die natürliche

Theologie Raum fände. Wie sollten wir dieses Vatersein Gottes erkennen, wenn es uns nicht offenbar wäre im Sohne? Es ist also nicht die Existenz der Welt in ihrer Mannigfaltigkeit, aus der wir es ablesen könnten, dass Gott ihr Schöpfer ist. Die Welt mit ihrem Gram und mit ihrem Glück wird uns immer ein dunkler Spiegel sein, über den wir uns optimistische oder pessimistische Gedanken machen mögen, aber Auskunft über Gott als den Schöpfer gibt sie uns nicht. Sondern immer noch, wenn der Mensch aus Sonne, Mond und Sternen oder aus sich selber die Wahrheit ablesen wollte, war das Ergebnis ein Götzenbild. Wenn aber Gott erkannt und dann in der Welt w i e d e r erkannt worden ist, so dass es zu einem freudigen Lob Gottes in der Kreatur kam, dann darauf hin, dass er dort von uns zu suchen und zu finden ist: in Jesus Christus. Indem Gott in Jesus Christus Mensch wurde, ist auch das offenbar und glaubwürdig geworden, dass er der Schöpfer der Welt ist. Wir haben keine zweite Offenbarungsquelle.

Es geht in dem Artikel von dem Schöpfer und der Schöpfung entscheidend um die Erkenntnis, dass Gott nicht für sich existiert, sondern dass es eine von ihm verschiedene Wirklichkeit gibt, die Welt. W o h e r wissen wir das? Hat nicht Jeder von uns sich schon die Frage gestellt, ob nicht eigentlich diese ganze Welt um uns ein Schein und ein Traum sein möchte? Ist das nicht auch schon über Sie gekommen als ein fundamentaler Zweifel — nicht an Gott, das ist ein dummer Zweifel! aber — an Ihnen selber? Ob der ganze Zauber, in dem wir existieren, wirklich ist? Oder ob nicht das, was wir für Wirklichkeit halten, nur der «Schleier der Maja» und also unwirklich ist? Ist das Einzige, was uns bleibt, dies, dass wir diesen «Traum» möglichst rasch zu Ende träumen, um ins Nirwana einzugehen, aus dem wir herkommen? Der Satz von der Schöpfung steht diesem entsetzlichen Gedanken gegenüber. Woher kann es uns gültig gesagt werden, dass es verkehrt und dass das Leben kein Traum ist, sondern Wirklichkeit, dass ich selber b i n und dass die Welt um mich h e r i s t? Vom christlichen Glaubensbekenntnis her kann es nur eine Antwort geben: Dieses Glaubensbekenntnis sagt uns in seiner Mitte, im zweiten Artikel, dass es Gott gefallen hat, Mensch zu werden: dass wir es in Jesus Christus mit Gott selber zu tun haben, mit Gott dem Schöpfer, der

Geschöpf wurde, der in Raum und Zeit als Geschöpf existiert hat, hier, dort, damals, so wie wir alle existieren. Wenn das wahr ist, und das ist die Voraussetzung, mit der Alles beginnt: Gott war in Christus, dann haben wir einen Ort, wo das Geschöpf uns in der Wirklichkeit entgegentritt und erkennbar wird. Denn wenn der Schöpfer selbst Geschöpf geworden ist: Gott Mensch, wenn das richtig ist — und damit fängt die christliche Erkenntnis an — dann steht uns in Jesus Christus das Geheimnis des Schöpfers und seines Werkes und das Geheimnis seines Geschöpfs offen, dann steht uns der Inhalt des ersten Glaubensartikels vor Augen. Indem Gott Mensch wurde, kann nicht mehr in Frage gestellt werden, dass es ein Geschöpf gibt. Auf Jesus Christus blickend, mit dem wir im gleichen Raum leben, ist uns g e s a g t, als Wort Gottes gesagt: das Wort vom Schöpfer und das Wort von seinem Werk und vom Erstaunlichsten dieses Werkes, vom Menschen.

Das christlich verstandene Geheimnis der Schöpfung ist ja nicht zuerst — das meinen die Toren in ihrem Herzen — das Problem, ob es einen Gott gibt als Urheber der Welt, denn christlich verstanden kann es ja nicht so sein, dass wir zuerst die Wirklichkeit der Welt voraussetzen und dann fragen: ob es auch einen Gott gibt? sondern das Erste, das, mit dem wir beginnen, ist Gott der Vater und der Sohn und der Heilige Geist. Und von daher stellt sich das grosse christliche Problem: Sollte es wirklich so sein, dass Gott nicht nur für sich sein will, sondern dass es ausser ihm die Welt gibt, dass w i r s i n d neben und ausser ihm? D a s ist ein Rätsel. Wer nur ein wenig versucht, Gott anzuschauen, zu begreifen, so wie er sich uns offenbart: Gott im Geheimnis, Gott in der Höhe, Gott der dreieinige und allmächtige, der muss sich wundern darüber, dass es das gibt: uns, die Welt, neben und ausser ihm. Gott bedarf ja unserer nicht, er bedarf der Welt und des Himmels und der Erde nicht. Er ist reich in sich selber. Er hat die Fülle des Lebens, alle Herrlichkeit, alle Schönheit, alle Güte und Heiligkeit ist in Ihm. Er genügt sich selber. Er ist der in sich selber selige Gott. Wozu also die Welt? Hier ist ja A l l e s, hier im lebendigen Gott. Wie kann etwas neben Gott sein, dessen er nicht bedarf? Das ist das Rätsel der Schöpfung. Und darauf antwortet die Lehre von der Schöpfung: dass Gott, der unserer nicht bedarf, den Himmel und die Erde und mich selbst geschaffen «aus lauter väterlicher Güte und Barmherzigkeit ohne all mein Verdienst und Würdigkeit, das Alles ich ihm zu danken und zu loben, dafür zu dienen und gehorsam zu sein schuldig bin, das ist gewisslich wahr.» Spüren Sie in diesen Worten Luthers das Staunen vor der Schöpfung, vor der Güte Gottes, in der Gott nicht allein sein, sondern eine Wirklichkeit neben sich haben will?

Schöpfung ist G n a d e : ein Satz, vor dem man am liebsten Halt machen möchte in Ehrfurcht, Erschrecken und Dankbarkeit. Gott g ö n n t es der von ihm verschiedenen Wirklichkeit d a z u s e i n, e r g ö n n t ihr ihre eigene Wirklichkeit, Art und Freiheit. Die Existenz des Geschöpfs neben Gott, das ist das grosse Rätsel und Wunder, das ist die grosse Frage, auf die wir Antwort geben müssen und geben dürfen, die Antwort, die uns durch Gottes Wort gegeben wird, die e c h t e Existenzfrage, die sich von der auf Irrtum beruhenden Frage: Gibt es einen Gott? wesentlich und grundsätzlich unterscheidet. Dass es eine W e l t gibt, das ist das Unerhörteste, das ist das W u n d e r der Gnade Gottes. Oder ist es nicht so, dass wir, wenn wir dem Sein, nicht zuletzt unserem eigenen Sein, gegenüberstehen, nur staunend feststellen können, dass es wahr und wirklich ist: ich d a r f s e i n, die Welt d a r f s e i n, obwohl sie eine von Gott verschiedene Wirklichkeit ist, obwohl die Welt mit Inbegriff des Menschen und also meiner selbst n i c h t G o t t ist? Gott in der Höhe, der dreieinige Gott, der Vater, der Allmächtige, er ist nicht eigenmächtig, er g ö n n t auch diesem Anderen das Sein, er gönnt es ihm nicht nur, er lässt es ihm nicht nur, er gibt es ihm. Wir sind und Himmel und Erde sind in ihrer ganzen vermeintlichen Unendlichkeit, weil Gott ihnen das Sein gibt. Das ist die grosse Aussage des ersten Artikels.

Das bedeutet nun aber auch dies: da Gott dieser Welt ihr Sein gönnt, ihre eigene Wirklichkeit, Art und Freiheit, so ist damit gesagt, dass diese Welt eben n i c h t G o t t selber ist, wie pantheistische Konfusion immer wieder behaupten will. Es ist nicht an dem, dass wir etwa Gott sind, sondern das kann immer nur unser verderblicher Irrtum sein, dass wir «sein möchten wie Gott». Es ist also nicht an dem, wie alte und neue Gnosis erklärt hat, dass das, was die Bibel Gottes Sohn nennt, im Grunde die geschaffene Welt oder dass die W e l t v o n N a t u r G o tt e s K i n d sei. Es ist auch nicht an dem, dass man etwa die Welt als einen Ausfluss, eine E m a n a t i o n aus Gott zu verstehen hat, als ein Göttliches, das gleich einem Strom aus der Quelle aus Gott hervorquillt. Das wäre nicht in Wahrheit Schöpfung, sondern eine Lebensbewegung Gottes, ein Ausdruck seiner selbst. Schöpfung aber meint etwas Anderes, sie meint eine von Gott v e r s c h i e d e n e Wirklichkeit. Und endlich darf die Welt nicht als eine E r s c h e i n u n g Gottes verstanden werden, so dass Gott gewissermassen die Idee wäre. Gott, der allein wirklich und wesenhaft und frei ist, ist Eines, und ein Anderes Himmel und Erde, der Mensch und der Kosmos, und dieses Andere ist nicht Gott, wohl aber d u r c h Gott. Also nicht in sich selbständig begründet ist dieses Andere, als ob die Welt ihr eigenes Prinzip hätte und also Gott gegenüber selbständig und unabhängig wäre, so dass von ihr her gesehen wohl ein Gott sein könnte, aber ein von ihr ferner, abgeschiedener Gott, es also zwei Reiche und zwei Welten gäbe: hier diese Welt mit ihrer eigenen Wirklichkeit und Gesetzlichkeit und ganz anderswo und anderswie auch noch Gott, sein Reich und seine Welt, vielleicht in sehr schönen und reichen Farben zu schildern, vielleicht auch in eine Beziehung zwischen Diesseits und Jenseits, vielleicht so, dass dem Menschen bewilligt wäre, dass er «unterwegs» sei von hier nach dort. Aber diese Welt wäre nicht durch Gott, von ihm her und also ganz und gar ihm gehörig und in ihm begründet.

Nein, was Gott der Welt g ö n n t, das ist g e s c h ö p f l i c h e Wirklichkeit, g e s c h ö p f l i c h e Art und g e s c h ö p f l i c h e Freiheit. Es ist ein S e i n, was dem Geschöpf Welt eignet. Die Welt ist kein Schein, sie i s t, aber sie ist in der Weise des Geschöpfs. Sie kann, sie darf neben Gott, durch Gott sein. Geschöpfliche Wirklichkeit, das bedeutet Wirklichkeit auf Grund einer *creatio ex nihilo*, einer Schöpfung aus dem Nichts. Da wo nichts ist — auch nicht etwa eine Art Urstoff! — da wurde durch Gott das, was nun verschieden von ihm ist. Und indem nun etwas ist, indem w i r s i n d auf Grund der göttlichen Gnade, dürfen wir keinen Augenblick vergessen, es steht als Grund unseres Seins und des Seins der ganzen Welt jenes göttliche — nicht nur *facere*, sondern — S c h a f f e n dahinter. Alles, was ist ausser Gott, ist konstant von Gott gehalten über dem Nichts. Geschöpfliche A r t bedeutet: Sein in der Zeit und im Raum, Sein, das einen Anfang und ein Ende hat, Sein, das wird, um wieder zu vergehen. Es war einmal noch nicht, und es wird einmal nicht mehr sein. Es ist ferner nicht Eines, sondern Vieles. Wie ein Einst und ein Jetzt, so gibt es ein Hier und ein Dort. Welt heisst in diesem Übergang Zeit und in dieser Getrenntheit Raum. Gott aber ist ewig. Das heisst nicht, dass es nicht auch Zeit gäbe in ihm, aber eine andere Zeit als die unsere, die wir ja im Grunde nie Gegenwart haben und für welche Räumlichkeit ein Auseinander bedeutet. Gottes Zeit und Raum sind frei von den Grenzen, in welchen für uns Raum und Zeit allein denkbar sind. Gott ist der H e r r d e r Z e i t und der H e r r d e s R a u m e s. Indem er der Ursprung auch dieser Formen ist, hat alles in ihm nicht die Einschränkung und Unvollkommenheit, wie es zum geschöpflichen Sein gehört.

Und geschöpfliche F r e i h e i t schliesslich bedeutet: es gibt eine Kontingenz des Seienden, ein «je s o d a sein» des Geschöpfes, und dieses «je so da sein» jedenfalls des menschlichen Geschöpfes bedeutet Entscheidungsfreiheit, bedeutet so oder so können. Aber diese Freiheit kann nur die Freiheit sein, die eben dem Geschöpf eignet, das seine Wirklichkeit nicht aus sich selber und das seine Art in Zeit und Raum hat. Indem sie wirkliche Freiheit ist, ist sie gesetzt und beschränkt durch die Gesetzlichkeit, welche immer wieder wahrnehmbar im Kosmos waltet, ist sie beschränkt durch die Existenz des Mitgeschöpfs und anderseits durch die Souveränität Gottes. Denn wenn wir frei sind, so nur darum, weil unser Schöpfer der unendlich Freie ist. Alle menschliche Freiheit ist nur ein unvollkommenes Spiegelbild der göttlichen Freiheit.

Das Geschöpf ist bedroht von der durch Gott — und nur durch Gott ausgeschlossenen Möglichkeit des N i c h t s und des V e r d e r b e n s. Wenn das Geschöpf i s t, so wird es in seiner Art zu sein nur erhalten, wenn Gott dies will. Wenn er es nicht wollte, so müsste von allen Seiten das Nichts hereinbrechen. Das Geschöpf selbst könnte sich nicht retten und bewahren. Und die menschliche Entscheidungsfreiheit ist nicht, wie sie von Gott dem Menschen gegeben ist, Entscheidungsfreiheit zwischen Gut und Böse. Der Mensch ist nicht geschaffen zum Herkules am Scheidewege. Das Böse liegt nicht in der Möglichkeit des von

Gott geschaffenen Geschöpfs. Entscheidungsfreiheit heisst Entscheidungsfreiheit zu dem Einzigen, wofür Gottes Geschöpf sich entscheiden kann, für die Bejahung dessen, der es geschaffen hat, für den Vollzug seines Willens, und das heisst für den Gehorsam. Aber es geht um Entscheidungs f r e i h e i t. Und hier droht auch die Gefahr. Wenn es geschehen sollte, dass das Geschöpf von seiner Freiheit einen anderen Gebrauch macht als den allein möglichen, wenn das Geschöpf neben seine eigene Wirklichkeit hinaustreten, wenn es sündigen, d. h. sich «sondern» wollte, von Gott und von sich selbst, was kann dann anderes geschehen, als dass es, in Widerspruch geraten mit Gottes Willen, fallen m ü s s t e mit seinem Ungehorsam, mit der Unmöglichkeit dieses Ungehorsams, dieser in der Schöpfung nicht vorgesehenen Möglichkeit? Nun muss es ihm zum Verderben werden, in der Zeit und im Raum zu sein, nun muss ihm dieses Werden und Vergehen, dieses Hier und Dort seiner Existenz Unheil bedeuten. Nun muss der Fall ins *nihil* stattfinden. Könnte es anders sein? Ich rede hier nur davon, um von diesem ganzen Bereich, den wir das Übel nennen: dem Tod, der Sünde, dem Teufel und der Hölle festzustellen: das Alles ist n i c h t Gottes Schöpfung, sondern vielmehr das durch Gottes Schöpfung Ausgeschlossene, das, wozu Gott Nein gesagt hat. Und wenn es eine Realität des Bösen gibt, so kann es nur die Realität dieses Ausgeschlossenen und Verneinten sein, die Realität hinter Gottes Rücken, an der er vorübergegangen ist, indem er die Welt geschaffen und sie gut geschaffen hat. «Und Gott sah an Alles, was er geschaffen hatte, und siehe, es war sehr gut.» Was nicht gut ist, das hat Gott nicht geschaffen, das hat nicht geschöpfliches Sein, sondern wenn ihm überhaupt Sein zuzusprechen ist und wir nicht lieber sagen wollen, dass es das Nicht-Seiende ist, so nur die Macht d e s Seins, das der Wucht des göttlichen Nein entspringt. Wir dürfen nicht in Gott selber die Finsternis suchen. Er ist der Vater des Lichtes. Wenn wir von einem *Deus absconditus* zu reden anfangen, dann reden wir von einem Götzen. Gott der Schöpfer ist der, der dem Geschöpf sein Sein gönnt. Und was seiend, was in Wahrheit wirklich ist, das ist durch diese Gunst Gottes.

Gottes Wort ist die Kraft alles Seins der Kreatur. Gott schafft, regiert und erhält sie als Schauplatz seiner Herrlichkeit. Ich möchte damit hinweisen auf den G r u n d und das Z i e l der Schöpfung, die beide letztlich eines und dasselbe sind.

Der G r u n d der Schöpfung ist Gottes Gnade, und dass es eine Gnade Gottes gibt, das ist wirklich und uns gegenwärtig, lebendig und kräftig in Gottes Wort. Indem Gott sein Wort spricht und sprach in der Geschichte Israels, in Jesus Christus, in der Stiftung der Gemeinde Jesu Christi und bis auf diesen Tag und sprechen wird in alle Zukunft, war und ist das Geschöpf und wird es sein. Was ist, i s t, indem es nicht durch sich selber, sondern durch Gottes Wort ist, um seines Wortes willen, im Sinn und in der Absicht seines Wortes. Hebr 1, 2: Gott trägt alle Dinge, *ta panta,* durch sein Wort. Vgl. Joh 1, 1 f und Kol 1. Das All ist erschaffen durch ihn, um seinetwillen. Das Wort Gottes, das uns in der hl. Schrift bezeugt wird, die Geschichte Israels, Jesu Christi und seiner Gemeinde, das ist das Erste, und die ganze Welt mit ihrem Licht und ihrem Schatten, ihren Tiefen und ihren Höhen ist das Zweite. Durch das Wort ist die Welt. Eine wunderbare Umkehrung unseres ganzen Denkens! Lassen Sie sich nicht beirren durch die Schwierigkeit des Zeitbegriffs, der sich daraus ergeben möchte. Die Welt wurde, sie ist geschaffen und getragen durch das Kindlein, das zu Bethlehem geboren wurde, durch den Mann, der am Kreuz von Golgatha gestorben und am dritten Tage wieder auferstanden ist. D a s ist das Schöpfungswort, durch das alle Dinge geworden sind. Von d a h e r kommt der S i n n der Schöpfung und darum heisst es am Anfang der Bibel: Am Anfang schuf Gott Himmel und Erde u n d G o t t s p r a c h : Es werde... Dieses unerhörte Sprechen Gottes in jenem unheimlichen ersten Kapitel der Bibel! Denken Sie bei diesem Sprechen nicht an ein Zauberwort eines Allmächtigen, der nun die Welt hervorgehen liess, sondern hören Sie: Gott spricht konkret, wie es uns die hl. Schrift bezeugt und indem d a s Gottes Wirklichkeit war von Anfang an, wurde alles, was ist: das Licht und der Himmel und die Erde, die Pflanzen und die Tiere und zuletzt der Mensch.

Und wenn wir nach dem Z i e l der Schöpfung fragen: Wozu das Ganze, wozu Himmel und Erde und alle Kreatur? so wüsste ich nichts Anderes zu sagen: als Schauplatz seiner Herrlichkeit. Das ist der Sinn: dass Gott verherrlicht wird. *Doxa, gloria* meint ganz einfach: offenbar werden. Gott will sichtbar werden in der

Welt und insofern ist Schaffen ein sinnvolles Tun Gottes. «Siehe, es war sehr gut.» Welche Einwände man auch erheben mag gegen die Wirklichkeit der Welt, darin besteht unangreifbar ihre Güte, dass sie der Schauplatz der Herrlichkeit Gottes sein darf, und der Mensch der Zeuge dieser Herrlichkeit. Wir dürfen nicht zum vornherein wissen wollen, was Güte ist und etwa grollen, wenn die Welt dem nicht entspricht. Dazu, wozu Gott die Welt gemacht hat, ist sie auch gut. «Schauplatz seiner Herrlichkeit, *theatrum gloriae Dei*» sagt darum Calvin von ihr. Der Mensch aber ist Zeuge, er, der dabei sein darf, wo Gott verherrlicht wird, nicht bloss passiver Zeuge, sondern aussagen soll der Zeuge, was er gesehen hat. Das ist die Natur des Menschen, dazu ist er fähig, das zu tun, Zeuge der Taten Gottes zu sein. Diese Absicht Gottes «rechtfertigt» ihn als den Schöpfer.

§ 9   Himmel und Erde

*Der Himmel ist die dem Menschen unbegreifliche, die Erde
ist die ihm begreifliche Kreatur. Er selbst ist die Kreatur der
Grenze zwischen Himmel und Erde. Der Bund zwischen Gott
und dem Menschen ist der Sinn und die Ehre, der Grund und
das Ziel des Himmels und der Erde und der ganzen Kreatur.*

«Schöpfer d e s   H i m m e l s   u n d   d e r   E r d e», heisst es im
Glaubensbekenntnis. Man darf und muss wohl sagen, dass uns
in diesen zwei Begriffen: Himmel und Erde, einzeln und in ihrer
Zusammengehörigkeit das vor Augen steht, was man die christliche Lehre vom Geschöpf nennen könnte. Diese zwei Begriffe
bedeuten aber nicht etwa ein Äquivalent zu dem, was wir heute
ein W e l t b i l d zu nennen pflegen, wenn man freilich auch
sagen kann, dass sich in ihnen etwas vom alten Weltbild wider-
spiegelt. Aber es ist weder Sache der heiligen Schrift noch des
christlichen Glaubens, mit dessen Gegenstand wir uns hier zu
befassen haben, ein bestimmtes Weltbild zu vertreten. Der
christliche Glaube ist nicht an ein altes und auch nicht an ein
modernes Weltbild gebunden. Das christliche Bekenntnis ist im
Laufe der Jahrhunderte durch mehr als ein Weltbild hindurch-
geschritten. Und seine Vertreter waren dann immer weniger gut
beraten, wenn sie gemeint haben, dieses oder jenes Weltbild sei
ein adäquater Ausdruck für das, was die Kirche, abgesehen von
der Kreatur, zu denken hat. Der christliche Glaube ist grundsätzlich frei allen Weltbildern gegenüber, d. h. allen Versuchen
gegenüber, das Seiende zu verstehen nach Massgabe und mit
den Mitteln der jeweils herrschenden Wissenschaft. Man darf
sich als Christ nicht fangen lassen, weder von einem alten, noch
von einem jeweils neu auftretenden und zur Herrschaft kommenden Bild dieser Art. Und vor allem darf man die Sache
der Kirche nicht solidarisieren mit dieser oder jener W e l t -
a n s c h a u u n g. Weltanschauung meint noch etwas Umfassen-

deres als Weltbild, indem darin eine sozusagen philosophisch-metaphysische Erfassung des Menschen mitklingt. Man hüte sich als Christ und es hüte sich die Kirche davor, sich auf den Boden irgend einer Weltanschauung zu stellen! Denn Weltanschauung ist ganz in der Nähe von «Religion». Es ist uns aber durch den entscheidenden Inhalt der Bibel, Jesus Christus, in keiner Weise nahegelegt, dass wir uns eine Weltanschauung zu eigen zu machen hätten. Ein Versuch, von uns aus das Seiende zu verstehen, den Dingen auf den Grund zu kommen und mit oder ohne Gott zu einer Gesamtanschauung zu kommen, ist ein Unternehmen, von dem wir Christen ein für allemal dispensiert sind. Ich würde darum raten, wenn Ihnen eine solche Gesamtanschauung begegnet, sie in Klammer zu setzen, auch wenn sie sich c h r i s t l i c h e Weltanschauung nennen sollte! Man muss diese Warnung vielleicht besonders nachdrücklich im d e u t - s c h e n Bereich aussprechen! (Das Wort «Weltanschauung» existiert wie das Wort «Blitzkrieg» nur in der deutschen Sprache, die Engländer müssen es bezeichnenderweise deutsch zitieren, wenn sie es gebrauchen wollen.)

Es ist sehr merkwürdig, dass der Inbegriff des Geschöpfs hier mit Himmel und Erde umschrieben wird. «Am Anfang schuf Gott Himmel und Erde», diesem ersten Satz der Bibel hat das Glaubensbekenntnis diese zwei Begriffe entnommen. Dennoch werden wir uns fragen dürfen, ob und inwiefern gerade diese zwei Begriffe adäquate Begriffe zur Bezeichnung der Kreatur sind. Luther hat in seinem Kleinen Katechismus einen Versuch gemacht über sie hinauszuschreiten, indem er in der Erklärung des ersten Artikels geschrieben hat: «Ich glaube, dass Gott m i c h geschaffen hat samt allen Kreaturen...» Luther hat also an die Stelle von Himmel und Erde den M e n s c h e n gestellt und sogar in dieser ganz konkreten Zuspitzung «mich». Diese Veränderung oder leise Korrektur des Credo hat sicher ihren guten Sinn. Da wird sofort auf die Kreatur hingezeigt, um die es im Glaubensbekenntnis wesentlich geht: auf den Menschen. Warum aber sagt es das Glaubensbekenntnis anders, warum spricht es von Himmel und Erde und gar nicht vom Menschen? Wollen wir uns Luther anschliessen oder wollen wir vielleicht sagen, es habe etwas Majestätisches, wie im Credo der Mensch zunächst einmal ganz übergangen ist, wie er völlig geringfügig erscheint? Oder wollen wir versuchen — und ich möchte das bejahen — in der Weise über die Sache nachzudenken, dass gerade, indem vom Himmel und von der Erde die Rede ist, in unübertrefflicher Weise der O r t bezeichnet wird, an den der M e n s c h gehört? Wird nicht gerade damit, dass von ihm zunächst n i c h t die Rede ist, in sehr ausdrucksvoller Weise indirekt vom M e n s c h e n geredet? Himmel und Erde bezeichnen einen Schauplatz, welcher für ein ganz bestimmtes Geschehen bereit ist, in dessen Mittelpunkt nun allerdings von uns aus gesehen der Mensch steht. Ist nicht gerade das eine Beschreibung der Kreatur, welche ihrem Inhalt nach entscheidend also gerade auf ihn weist? Das ist sicher, dass wir aus dieser Beschreibung erfahren, dass Himmel und Erde keine Wirklichkeit an sich sind, die aus sich zu verstehen und zu erklären wäre, sondern dass sie, mit dem Menschen in der Mitte, als dem Sinn ihrer Existenz, v o n G o t t h e r sind, Gott gehören und dass sie im Sinne des christlichen Glaubensbekenntnisses als Zusammenfassung der Kreatur in diesem ihrem Zusammenhang mit Gott, seinem Willen und seiner Tat gesehen sein wollen. Hier ist der prinzipielle Unterschied aller Weltanschauung und dem, was die hl. Schrift und der Glaube zu sagen haben. In der Weltanschauung geht man vom Seienden aus als dem Sinn, um aus der Tiefe zu dem Begriff eines Gottes aufzusteigen, in der hl. Schrift aber geht es um Himmel und Erde und um den Menschen ganz und gar nur in dem Zusammenhang: ich glaube an Gott, den Schöpfer Himmels und der Erde. In diesem Genetiv wird es offenbar: ich glaube — nicht an die Kreatur, sondern — an Gott, den Schöpfer.

Der H i m m e l ist die dem Menschen u n b e g r e i f l i c h e , die Erde die ihm begreifliche Kreatur. Ich schliesse mich damit der Erklärung von Himmel und Erde an, die im *Nicaeno-Constantinopolitanum* gegeben wird: *visibilia et invisibilia*.

Dieses «Sichtbare» und «Unsichtbare» versuche ich wiederzugeben mit «begreiflich» und «unbegreiflich». Wenn in der hl. Schrift, an deren Sprachgebrauch hier angeknüpft wird, vom Himmel die Rede ist, so wird nicht einfach das darunter verstanden, was wir Himmel zu nennen pflegen, den atmosphärischen oder auch stratosphärischen Himmel, sondern eine geschöpfliche Wirklichkeit, die diesem «Himmel» noch einmal schlechthin überlegen ist. Im Weltbild der Antike, insbesondere in dem des vorderen Orients, dachte man sich die sichtbare Welt als überspannt von einer grossen glockenförmigen Schale, dem sogenannten F i r m a m e n t. Dieses Firmament bildet von uns aus gesehen sozusagen den Anfang des Himmels, eine Wirklichkeit, die man nicht sehen kann. Über dem Firmament kommt ein ungeheurer O z e a n, der durch das Firmament von der Erde getrennt wird. Erst oberhalb dieses Ozeans aber kommt der dritte, der eigentliche Himmel, welcher den T h r o n G o t t e s bildet. Ich sage das nur, um Ihnen zu zeigen, welche Vorstellung weltbildmässig hinter dem biblischen Begriff Himmel steht. Eine Wirklichkeit, welche dem Menschen gegenübersteht, ihm aber auch schlechterdings überlegen ist, aber als g e s c h ö p f l i c h e Wirklichkeit. Dieses ganze Jenseits, das sich dem Menschen entzieht und ihm teils drohend, teils herrlich gegenübersteht, darf ja nicht etwa mit Gott verwechselt werden. Wir sind bei dem uns Unfasslichen nicht bei Gott angelangt, sondern lediglich beim Himmel. Wollten wir die uns unfassliche Wirklichkeit Gott nennen, dann würden wir nicht weniger Kreaturvergötterung treiben, als wenn ein sogenannter «Primitiver» die Sonne anbetet. Sehr viele Philosophen haben sich solcher Kreaturvergötterung schuldig gemacht. Die Grenze unseres Begreifens ist nicht die Grenze, die uns von Gott trennt, sondern lediglich die Grenze, die das Glaubensbekenntnis die Grenze von Himmel und Erde nennt. Es gibt i n n e r h a l b d e r K r e a t u r diese Wirklichkeit, die uns schlechthin G e h e i m n i s ist: die himmlische Wirklichkeit. Das hat mit Gott noch nichts zu tun, aber sehr viel mit der von Gott geschaffenen Kreatur. Wir stehen auch innerhalb der Kreatur vor einem unbegreiflichen Geheimnis, vor Tiefen des Seins, die uns immer wieder erschrecken und erfreuen möchten. Die Philosophen und Dichter, die von diesem Geheimnis gesagt und gesungen haben, hatten nicht Unrecht. Wir dürfen das auch als Christen anerkennen — das Dasein hat seine Tiefen und es hat seine Höhen — wir sind jetzt und hier schon umgeben von Geheimnissen aller Art, und wohl dem Menschen, der das weiss, dass mehr Dinge im Himmel und auf Erden sind, als eure Schulweisheit sich träumen lässt! Die Schöpfung selber hat oben eine himmlische Komponente, aber sie ist nicht als ein Göttliches zu fürchten und zu verehren. Wir sind in einer Welt, die diese himmlische Komponente hat, vielmehr z e i c h e n h a f t durch diese erinnert an die Wirklichkeit, die noch ganz anders als der Himmel ü b e r uns ist, an die überhimmlische Wirklichkeit, an den Schöpfer der Erde und des Himmels. Aber dass wir doch ja nicht das Zeichen verwechseln mit der Sache selber.

Dieser oberen Kreatur steht gegenüber die untere Kreatur, die E r d e, als der Inbegriff der uns begreiflichen Kreatur, als die Kreatur innerhalb der Grenze, innerhalb derer wir im weitesten Sinne zu sehen und zu hören und zu fühlen, zu denken und zu schauen vermögen. Alles, was im Bereich unseres menschlichen, auch unseres geistlichen Vermögens liegt, auch alles das, was wir mit Intuition zu begreifen mögen, ist im Sinne des christlichen Glaubensbekenntnisses die Erde. Zur Erde gehört also durchaus auch das, was der Philosoph die Welt der Vernunft oder die Ideen nennt. Es gibt auch in dieser unteren Welt noch einmal Differenzierungen des Sinnlichen und des Geistigen, die aber Differenzierungen innerhalb der irdischen Welt sind. Innerhalb dieser irdischen Welt hat der Mensch seinen Ursprung: Gott nahm den Menschen von der Erde. Die Welt des Menschen, der Raum für seine Existenz und seine Geschichte, aber zugleich auch des Menschen natürliches Ziel: «zu Erde sollst du werden», das ist die Erde. Wenn der Mensch noch einen anderen Ursprung hat als diesen irdischen und noch ein anderes Ziel als das, wieder zur Erde zu werden, dann auf Grund der Wirklichkeit des B u n d e s zwischen Gott und Mensch. Wir reden dann immer schon von der Gnade Gottes, wenn wir dem Menschen mehr zuschreiben als irdisches Wesen, zu dem es gehört, dass die Erde unter dem Himmel ist. Es gibt keine Menschenwelt *in abstracto*. Es wäre ein Irrtum, wenn der Mensch sich nicht klar machen wollte, dass seine begreifliche Welt begrenzt ist von einer unbegreiflichen. Wohl uns, dass es Kinder gibt und Dichter und wohl auch Philosophen, die uns immer wieder an diese höhere Seite der geschichtlichen Wirklichkeit erinnern. Die irdische Welt ist wirklich nur eine Seite der Schöpfung. Aber in der himmlischen sind wir so wenig wie in der irdischen schon im Bereich Gottes, und darum gilt das 1. und das 2. Gebot: «Du sollst dir kein Bildnis noch irgend ein Gleichnis machen weder des im Himmel noch des auf Erden ist ...»

Es gibt weder auf Erden noch im Himmel göttliche Gewalt, die wir zu lieben und zu fürchten hätten.

Der M e n s c h ist die K r e a t u r d e r G r e n z e zwischen Himmel und Erde, er ist auf der Erde und unter dem Himmel. Er ist das Wesen, das seine Umgebung, den unteren Kosmos begreift, der ihn sehen, hören, verstehen und beherrschen darf: «Du hast ihm alles unter seine Füsse gelegt!» Er ist der Inbegriff des freien Wesens in dieser irdischen Welt. Und dasselbe Geschöpf steht unter dem Himmel und ist angesichts der *invisibilia*, des ihm Unbegreiflichen und ihm Unverfügbaren so gar nicht Herrscher, sondern ganz und gar abhängig. Der Mensch weiss um seine irdische Mitkreatur, indem er der Himmelwelt gegenüber so unwissend ist. An dieser inneren Grenze der Kreatur steht der Mensch, als ob er schon als Kreatur dieses Unten und Oben darzustellen hätte und so schon als Kreatur ein Z e i c h e n seiner Bestimmung in einem Verhältnis, das noch ganz anders in die Höhe und in die Tiefe greift als das von Himmel und Erde. Der Mensch ist der Ort innerhalb der Schöpfung, wo die Kreatur in ihrer Fülle beisammen ist und zugleich über sich hinausgreift: der Ort, da Gott innerhalb der Schöpfung g e - l o b t sein will und gelobt werden darf.

Aber wir hätten das letzte und entscheidende Wort über die Schöpfung noch nicht gesagt, wenn wir nicht hinzufügten: der B u n d zwischen Gott und Menschen ist der Sinn und die Ehre, der Grund und das Ziel des Himmels und der Erde und also der ganzen Kreatur. Wir greifen damit scheinbar, aber doch nur scheinbar hinaus über den Bereich der Erkenntnis und des Bekenntnisses des 1. Artikels. Denn indem wir Bund sagen, sagen wir J e s u s C h r i s t u s. Aber es ist nicht so, dass der Bund zwischen Gott und Mensch sozusagen etwas Zweites, etwas Hinzukommendes wäre, sondern der Bund ist so alt wie die Schöpfung selber. Indem das Sein der Kreatur beginnt, beginnt auch das Handeln Gottes mit dem Menschen. Denn es ist Alles, was ist, insofern auf den Menschen hin geordnet, als Alles, was ist, schon die Absicht Gottes sichtbar macht in der Richtung auf sein Handeln, wie es dann offenbar und wirksam wird in dem Bund mit Jesus Christus. Der Bund ist nicht nur ebenso alt wie die Schöpfung, er ist älter als diese. Ehe die Welt war, ehe Himmel und Erde waren, ist der Beschluss, das Dekret Gottes im Blick auf dieses Geschehen, in welchem Gott mit dem Menschen Gemeinschaft halten wollte, wie es unbegreiflich wahr und wirklich wurde in Jesus Christus. Und wenn wir nach dem Sinn des Daseins und der Kreatur fragen, nach ihrem Grund und nach ihrem Ziel, dann haben wir dieses Bundes zwischen Gott und Mensch zu gedenken.

Und blicken wir nun noch einmal zurück auf diese lapidare Beschreibung des Geschöpfs: Himmel und Erde und der Mensch als die Grenze zwischen beiden, dann dürfen wir jetzt wohl, ohne allzu kühn zu sein und ohne uns einer Spekulation schuldig zu machen, sagen: dass Himmel und Erde sich so verhalten, wie Gott und Mensch im Bunde, so dass schon die Existenz der Schöpfung als solche ein einziges grosses *signum* ist, ein Zeichen des Willens Gottes. Begegnung und Zusammensein von Oben und Unten, des Begreiflichen und des Unbegreiflichen, des Unendlichen und des Begrenzten — wir reden von der Kreatur. Das Alles ist noch die Welt. Aber indem innerhalb dieser Welt ein Oben und ein Unten wirklich sind und sich gegenüberstehen, indem in jedem unserer Atemzüge, in jedem unserer Gedanken, in jeder grossen und kleinen Erfahrung unseres Menschenlebens Himmel und Erde beieinander sind, sich grüssen, sich anziehen und abstossen und doch zusammengehören, sind wir in unserer Existenz, deren Schöpfer Gott ist, ein Zeichen und Hinweis, eine Verheissung auf das, was in der Kreatur und an der Kreatur geschehen soll: der Begegnung, des Zusammenseins, der Gemeinschaft und in Jesus Christus der E i n h e i t von Schöpfer und Geschöpf.

§ 10   Jesus Christus

Der Gegenstand des christlichen Glaubens ist in seiner Mitte das Wort der Tat, in der Gott in Jesus Christus von Ewigkeit her uns zugute Mensch werden wollte, in der Zeit uns zugute Mensch geworden ist und in Ewigkeit uns zugute Mensch sein und bleiben wird. Dieses Werk des Sohnes Gottes schliesst das Werk des Vaters als Voraussetzung und das Werk des Heiligen Geistes als Konsequenz in sich.

Wir treten mit diesem Paragraphen in die grosse M i t t e des christlichen Glaubensbekenntnisses, die ja schon in dessen Text ausgezeichnet ist durch besondere Ausführlichkeit, und die nicht nur äusserlich die Mitte des Ganzen bildet. Schon in unserer Einführung zu dieser Vorlesung, als wir vom Glauben sprachen, und in ihrem ersten Teil, als wir von Gott dem Vater, dem Allmächtigen, Schöpfer Himmels und der Erde sprachen, konnten wir nicht umhin, fortwährend auf diese Mitte hinzuweisen. Wir hätten den ersten Glaubensartikel unmöglich genuin auslegen können, ohne dauernd Vorwegnahmen zu machen und vom zweiten Artikel aus den ersten zu erklären Der zweite Artikel folgt ja nicht nur dem ersten und geht nicht nur dem dritten voran, sondern er ist die Lichtquelle, von der aus die beiden anderen erhellt werden Es lässt sich auch historisch nachweisen, dass das christliche Bekenntnis aus einer kürzeren und wahrscheinlich sogar ganz kurzen Urform erstanden ist, welche nur das enthielt, was wir heute im zweiten Artikel bekennen. Man nimmt an, dass das ursprüngliche christliche Glaubensbekenntnis nur aus den drei Worten bestand: «Herr (ist) Jesus Christus», zu denen erst später der erste und der dritte Artikel hinzukamen. Dieser geschichtliche Vorgang war nicht willkürlich. Es ist auch sachlich bedeutsam zu wissen, dass der zweite Artikel historisch die Quelle des Ganzen ist. Christ ist derjenige, der sich zu Christus bekennt. Und christliches Glaubensbekenntnis ist das Bekenntnis zu Jesus Christus dem Herrn.

Von dieser Mitte des christlichen Glaubensbekenntnisses aus ist das, was es über Gott den Vater und Gott den Heiligen Geist aussagt, als ergänzende Aussage zu verstehen. Wenn die christlichen Theologen abstrakt und direkt eine Theologie Gottes des Schöpfers entwerfen wollten, dann sind sie immer in die irre gegangen, auch wenn sie in grosser Ehrfurcht über diesen hohen Gott zu denken und zu reden versuchten. Und dasselbe geschah, wenn die Theologen zu einer Theologie des dritten Artikels vorstossen wollten, zu einer Geist-Theologie, einer Theologie des Erlebens im Gegensatz zur Theologie vom hohen Gott im ersten Artikel. Dann sind auch sie in die Irre gegangen. Vielleicht könnte und müsste man die ganze moderne Theologie, wie sie durch Schleiermacher bezeichnet wird, dahin verstehen, dass hier die Theologie, vorbereitet durch gewisse Entwicklungen des 17. und 18. Jahrhunderts, zur einseitigen Theologie des dritten Artikels geworden ist, dass sie glaubte, es mit dem Heiligen Geist allein wagen zu können, ohne zu bedenken, dass es sich im dritten Artikel ja nur um die Explikation des zweiten handelt, um die Erklärung dessen, was Jesus Christus unser Herr für uns Menschen bedeutet. Von Jesus Christus aus und n u r von ihm aus ist zu sehen und zu verstehen, was es in christlichem Sinn auf sich hat mit der grossen Relation, auf die wir immer wieder nur staunend hinweisen können und auf die wir notwendig unter schwerster Irrtumsmöglichkeit hinweisen, wenn wir sagen: G o t t   u n d   M e n s c h. Was wir damit sagen, kann genau nur erklärt werden, indem wir bekennen: Jesus Christus. Und was es auf sich hat mit dem Verhältnis: Kreatur, Daseinswirklichkeit auf der einen, und auf der andern Seite Kirche, Erlösung, Gott, das wird nie abzulesen sein aus irgend einer allgemeinen Wahrheit unseres Daseins und auch nie aus der Wirklichkeit der Religionsgeschichte, sondern das können wir allein lernen aus der Relation Jesus-Christus. Hier steht es uns vor Augen, was es heisst: Gott   ü b e r   dem Menschen (erster Artikel) und Gott   m i t   dem Menschen (dritter Artikel). Darum ist der zweite Artikel, ist die Christologie der Prüfstein aller Gotteserkenntnis im christlichen Sinne, der Prüfstein aller Theologie. «Sage mir, wie es mit deiner Christologie steht und ich sage dir, wer du bist.» H i e r gehen die Wege auseinander und   h i e r   wird das Verhältnis von Theologie und Philosophie

und damit das Verhältnis von Gotteserkenntnis und Menschen-
erkenntnis, das Verhältnis von Offenbarung und Vernunft, das
Verhältnis von Evangelium und Gesetz, das Verhältnis von Got-
teswahrheit und Menschenwahrheit, das Verhältnis von Äusse-
rem und Innerem, das Verhältnis von Theologie und Politik
bestimmt. Hier wird Alles klar oder unklar, hell oder dunkel.
Denn hier stehen wir im Zentrum. Und so hoch und geheimnis-
voll und schwer das, was wir nun zu erkennen versuchen wollen, uns erscheinen möchte, so werden wir doch auch sagen
dürfen: es wird gerade hier Alles ganz einfach, ganz schlicht,
ganz kindlich. Gerade hier in dieser Mitte, in der ich Ihnen als
Professor der systematischen Theologie zurufen muss: Auf-
gepasst! Jetzt gilt es! Entweder Wissenschaft oder grösste Un-
weisheit! gerade hier sitze ich vor Ihnen wie ein Lehrer in der
Sonntagsschule vor seinen kleinen Kindern, der etwas zu sagen
hat, was wirklich das vierjährige Kind schon verstehen kann:
«Welt ging verloren, Christ ward geboren, freue dich, o Christenheit!»

Diese Mitte ist das W o r t d e r T a t oder die T a t d e s
W o r t e s. Es liegt mir daran, Ihnen deutlich zu machen, dass in
dieser Mitte des christlichen Glaubens der ganze uns so ge-
läufige Gegensatz von Wort und Werk, Erkennen und Leben
keinen Sinn mehr hat. Sondern das Wort, der Logos, ist eben
auch das Werk, das Ergon, das *Verbum* auch das *Opus*. Wo es
um Gott geht und um diese Mitte unseres Glaubens, da werden
diese Differenzen, die uns so interessant und wichtig scheinen,
nicht nur überflüssig sondern töricht. Es ist die Wahrheit des
Wirklichen oder die Wirklichkeit des Wahren, welche hier auf
den Plan tritt: Gott redet, Gott handelt, Gott ist in der Mitte.
Das Wort selber um das es hier geht, ist eine Tat, diese Tat,
welche als solche Wort, Offenbarung ist.

Wenn wir den Namen Jesus Christus aussprechen, dann reden
wir nicht von einer Idee. Der Name Jesus Christus ist nicht die
durchsichtige Hülle, durch die hindurch wir auf ein Höheres
blickten — für Platonismus ist hier kein Raum! — es geht um
diesen Namen selber und um diesen Titel, es geht um diese
P e r s o n. Nicht etwa um eine z u f ä l l i g e Person, nicht um
eine «zufällige Geschichtswirklichkeit» im Sinne Lessings. Die
«zufällige» Geschichtstatsache i s t ja eben die ewige Ver-

nunftwahrheit! Und dieser Name Jesus Christus bezeichnet auch nicht etwa ein R e s u l t a t d e r m e n s c h l i c h e n G e - s c h i c h t e . Es war immer ein Menschenfündlein, wenn man aufweisen wollte, dass die ganze menschliche Geschichte in Jesus Christus ihren Kulminationspunkt haben musste. Nicht einmal von der Geschichte Israels dürfte man das sagen, geschweige denn von der Weltgeschichte. Gewiss, rückblickend dürfen und müssen wir sagen: hier ist die Geschichte e r - f ü l l t . Aber in einer Wahrheit, welche von allen geschichtlichen Ergebnissen aus betrachtet völlig neu und anstössig ist! Den Griechen eine Torheit, den Juden ein Ärgernis! Und so haben wir es in dem Namen Jesu Christi auch nicht mit dem Ergebnis eines menschlichen P o s t u l a t e s zu tun: mit dem Produkt eines menschlichen Bedürfnisses, der Figur eines Erlösers und Heilandes, die aus der menschlichen Schuld zu erklären und abzuleiten wäre. Auch das kann der Mensch ja nicht aus sich selber erkennen, dass er ein Sünder ist. Das ist vielmehr eine Folge der Erkenntnis Jesu Christi: In seinem Lichte sehen wir das Licht und in diesem Licht unsere eigene Finsternis. Von der Erkenntnis Jesu Christi lebt Alles, was im christlichen Sinne Erkenntnis zu heissen verdient.

Auch vom ersten Artikel aus bedeutet es noch einmal etwas ganz Neues, wenn wir sagen: Ich glaube an Jesus Christus. Gott der Schöpfer Himmels und der Erde, der ewige Gott in seiner Höhe und Verborgenheit, in seiner Unbegreiflichkeit, die die Unbegreiflichkeit der himmlischen Wirklichkeit noch einmal übersteigt, ihn bekennt der erste Artikel. Und nun wird hier im zweiten Artikel das scheinbar Widersprechende, jedenfalls ganz Neue bekannt, was die Höhe und Unbegreiflichkeit Gottes im ersten Artikel erst klar macht und illustriert und uns zugleich vor ein ungeheures Rätsel stellt: Gott hat G e s t a l t . Ein Name ertönt, ein Mensch steht an Stelle Gottes vor uns. Hier scheint der Allmächtige gar nicht allmächtig. Wir hörten von Gottes Ewigkeit und Allgegenwart. Nun hören wir von einem H i e r u n d J e t z t , von einem Geschehen auf einer schmalen Linie mitten in der menschlichen Geschichte, von einer Geschichte am Anfang unserer Zeitrechnung, an einem bestimmten Ort unserer Erde. Wir hörten im ersten Artikel von Gott dem Vater und nun tritt aus der Einheit der Gottheit Gott selber hervor in

Gestalt des S o h n e s. Nun ist Gott dieser Andere in und aus Gott. Den Schöpfer, der sich als solcher von Allem unterscheidet, was ist, und das G e s c h ö p f als der Inbegriff alles Seins, das vom Sein Gottes verschieden ist, umschreibt der erste Artikel und nun heisst es hier im zweiten: der Schöpfer selber wurde Geschöpf. Er, der ewige Gott, wurde — nicht das Geschöpf in seiner Totalität, sondern — e i n Geschöpf.

«Der von Ewigkeit her uns zugute Mensch werden wollte, in der Zeit uns zugute Mensch geworden ist und in Ewigkeit uns zugute Mensch sein und bleiben wird», das ist Jesus Christus. Ich erwähnte schon einmal den Namen der englischen Roman-schriftstellerin Dorothy L. Sayers, die sich neuerdings mit merk-würdigem Interesse der Theologie zugewendet hat. In einer kleinen Schrift hat sie darauf aufmerksam gemacht, wie uner-hört, wie befremdlich, wie «interessant» diese Nachricht sei: Gott ward Mensch. Man stelle sich einmal vor, diese Nachricht stünde eines Tages in der Zeitung! Es ist in der Tat eine sensationelle Nachricht, sensationeller als alles Andere. Und das ist der Mit-telpunkt des Christentums, dieses unendlich Überraschende, noch nie Dagewesene und Unwiederholbare!

Es hat zu allen Zeiten Kombinationen dieser beiden Begriffe, Gott und Mensch, gegeben. Der Mythologie ist die Vorstellung der Inkarnation nicht fremd. Aber was die christliche Botschaft von dieser Vorstellung unterscheidet, ist dies, dass sämtliche Mythen im Grunde nur die Darstellung einer Idee, einer all-gemeinen Wahrheit sind. Der Mythus kreist um das Verhältnis von Tag und Nacht, von Winter und Frühling, von Tod und Leben, er meint immer eine zeitlose Wirklichkeit. Die Botschaft von Jesus Christus aber hat mit diesem Mythus nichts zu tun, sie unterscheidet sich schon formal von ihm dadurch, dass sie diese eigentümliche geschichtliche Konzeption hat: dass von einem historischen Menschen dies ausgesagt wird, dass es in seiner Existenz geschah, dass Gott Mensch wurde, dass sein Da-sein also identisch war mit dem Dasein Gottes. Die christliche Botschaft ist durchaus auch eine historische Botschaft. Und nur wenn man das zusammensieht, Ewigkeit und zugleich Zeit, Gott und zugleich Mensch, nur dann erfasst man, was mit dem Na-men Jesus Christus gesagt wird. Jesus Christus ist die Wirk-lichkeit des B u n d e s zwischen Gott und Mensch. Nur indem wir auf Jesus Christus blicken, kommen wir dazu im Sinne des ersten Artikels von dem Gott in der Höhe zu reden, weil wir hier den Menschen kennen lernen im Bunde mit diesem Gott: in seiner konkreten Gestalt als dieser Mensch. Und wenn wir im dritten Artikel des Glaubensbekenntnisses von Gott im Menschen reden und hören dürfen, von Gott, der mit uns und in uns handelt, so könnte das an sich eine Ideologie, eine Umschreibung des menschlichen Enthusiasmus sein, eine übertriebene Vorstellung von der Bedeutung des menschlichen Innenlebens mit seinen Erregungen und seinen Erlebnissen, eine Projektion dessen, was in uns Menschen vorgeht, in die Höhe einer imaginären Gottheit, die man Heiliger Geist nennt. Wenn wir aber auf den Bund blicken, den Gott mit uns Menschen wirklich geschlossen hat, dann wissen wir, dass dem nicht so ist. Gott in der Höhe ist uns Menschen in der Tiefe wirklich nahe. Gott ist gegenwärtig. Wir dürfen uns getrauen von einer Wirklichkeit des Heiligen Geistes zu reden im Blick auf diesen Bund zwischen Gott und Mensch, in dem Gott Mensch geworden ist, in diesem Einen gültig für alle Anderen.

«Gott ward Mensch dir Mensch zugute, Gottes Kind, das verbindt, sich mit deinem Blute.» Diese Weihnachtswahrheit habe ich in ihren drei Momenten zu umschreiben versucht. Ausgehen müssen wir von der historischen Wirklichkeit: die Zeit, unsere Zeit, hat eine historische Mitte, von der aus sie zu verstehen ist, von der sie mit allen ihren Widersprüchen, mit allen ihren Höhen und Tiefen in einer Beziehung zu Gott steht. Es geschah in der Mitte der Zeit, dass Gott Mensch wurde uns zugute. Bei der Unterstreichung der Einmaligkeit dieses Geschehens haben wir zu bedenken, dass dies kein Zufall war, nicht ein Geschichtsereignis unter anderen. Sondern das war d a s Geschehen, das Gott von Ewigkeit her wollte. Hier greift der zweite Artikel zurück in den Bereich des ersten, hier sind Schöpfung und Erlösung verbunden. Von hier aus ist zu sagen, dass schon die Schöpfung, dass schon die Existenz Gottes vor aller Welt von Ewigkeit her nicht zu denken ist ohne seinen Willen,,wie er in der Zeit erfüllt und offenbar geworden ist. Der ewige Wille Gottes hat diese Gestalt. Es gab von Ewigkeit her keinen anderen Gott, als den Gott, dessen Wille in dieser Tat und in diesem Wort offenbar wurde. Halten Sie das nicht für eine Spekulation. Die Christusbotschaft ist nun einmal nicht eine Wahrheit unter anderen. Sie ist d i e Wahrheit. Indem wir Gott denken, haben wir zum vornherein an den Namen Jesus Christus zu denken. «Und der in Ewigkeit uns zugute Mensch sein und bleiben wird»: die Wahrheit des Bundes, die Einheit von Gott und Mensch, ist, indem sie eine historische Wahrheit ist, die dort und damals wirklich wurde, keine vorübergehende Wahrheit. Jesus Christus ist der König dessen Reich kein Ende hat. «Wie du warst vor aller Zeit, so bleibst du in Ewigkeit.» So stehen wir Gott gegenüber. Gott umgibt uns wirklich und zwar in Jesus Christus «von allen Seiten». Es gibt hier kein Entrinnen. Es gibt hier aber auch kein Fallen ins Nichts. Wir sind, indem wir den Namen Jesus Christus aussprechen, auf einem Weg. «Ich bin der W e g , die Wahrheit und das Leben.» Das ist der Weg durch die Zeit, deren Mitte Er selber ist und dieser Weg hat einen Ursprung, der nicht im Dunkel liegt. Dieser Weg kommt nicht aus der Finsternis heraus, sondern sein Ursprung entspricht diesem Weg. Und er führt einem Ziel entgegen das wiederum nicht dunkel ist, sondern gerade die Zukunft trägt diesen Namen: Jesus Christus. Er ist der, der da war und der da ist und der da kommt, wie es am Ende des zweiten Glaubensartikels heisst: «von dannen er wiederkommen wird zu richten die Lebendigen und die Toten.» Er ist das A und das O, der Anfang und das Ende. Und so auch die Mitte, so auch der Weg. Wir sind von allen Seiten gehalten und wohl aufgehoben, wenn wir im Sinne des Glaubensbekenntnisses diesen Namen Jesus Christus aussprechen.

Und dies Alles «u n s z u g u t e ». Man darf das ja nicht unterdrücken. Es geht bei diesem Bund, bei dieser Offenbarung, wirklich nicht um ein unserer Existenz gegenüber vielleicht interessantes und merkwürdiges Wunder und Geheimnis — gewiss es geht auch um das, aber wir hätten die Sache nicht verstanden, wenn wir sie zum Gegenstand einer blossen intellektuellen Schau machen wollten. Blosse Gnosis wäre — und wenn wir das ganze Neue Testament zum Beleg heranziehen und mit noch so hohen Worten von Christus reden wollten, ein tönendes Erz und eine klingende Schelle. Melanchthon hat recht gehabt mit seinem Wort (Loci von 1521), das in der späteren Theologie so oft missbräuchlich zitiert wurde: *Hoc est Christum cognoscere — bene-*

ficia Christi cognoscere. Der Missbrauch, der mit diesem Wort ganz besonders in der Schule Ritschls getrieben wurde, bestand darin, dass man nichts mehr wissen wollte von dem hohen Geheimnis der Inkarnation, sondern von Christus nur als von einem Wesen sprechen wollte, von dem gewisse Wohltaten auf den Menschen ausgehen, die einen bestimmten «Wert» für ihn haben. Man kann nicht in *abstracto* von den *beneficia Christi* reden. Man muss aber in der Tat seine *beneficia* erkennen, um ihn zu erkennen.

Die Wohltat besteht ganz und gar in dieser Offenbarungswirklichkeit: Gott ward Mensch, mir Mensch zugute. Damit i s t uns geholfen. Das Himmelreich i s t schon da, uns zugute i s t von Gott her schon gehandelt. Den Namen Jesus Christus aussprechen heisst: anerkennen, dass für uns gesorgt i s t, dass wir nicht verloren sind. Jesus Christus ist die Rettung des Menschen unter allen Umständen und Allem gegenüber, was sein Leben verfinstert mit Einschluss des Bösen, das aus ihm selber kommt. Es gibt nichts, was nicht in diesem Geschehen: Gott ward Mensch uns zugute, schon gut gemacht ist. Was noch aussteht, das kann eigentlich immer nur die Entdeckung dieser Tatsache sein. Wir existieren nicht in irgend einer dunklen Problematik, sondern wir existieren durch den Gott, der uns, ehe wir waren, gnädig war. Mag es wahr sein: wir existieren im Widerspruch zu diesem Gott, wir leben in der Ferne von ihm, ja in der Feindschaft gegen ihn; es ist noch wahrer: Gott hat uns die Versöhnung bereitet, ehe wir zum Kampf gegen ihn antraten. Und mag es wahr sein, dass im Zusammenhang mit unserer Gottentfremdung der Mensch nur als ein verlorenes Wesen anzusehen ist; es ist noch viel wahrer, dass Gott uns zugute so gehandelt hat, handelt und handeln wird, dass es für alle Verlorenheit eine Rettung gibt. Das ist es, was zu glauben wir durch die christliche Kirche und im Heiligen Geist aufgerufen sind. Es ist ja doch so, dass Alles, was wir zu beklagen haben und was als notwendige und berechtigte Anklage gegen uns zu erheben ist, dass alles Seufzen und aller Jammer und alle Verzweiflung — und es besteht wahrhaftig Anlass zu all dem — sich erst dadurch von allem mehr oder weniger zufälligen Kummer unterscheidet, dass die Klage und Anklage, die aus der Tiefe der Kreatur immer wieder aufbricht, eben von daher

Kraft hat, dass wir erkennen: wir Menschen sind Gegenstand der göttlichen B a r m h e r z i g k e i t. Aus der Tiefe dessen, was Gott für uns getan hat, allein kann es klar werden, dass wir uns im Elend befinden. Wer weiss denn um das wirkliche Elend des Menschen als der, der um Gottes Barmherzigkeit weiss?

Dieses Werk des Sohnes Gottes schliesst das Werk des Vaters als Voraussetzung und das Werk des Heiligen Geistes als Konsequenz in sich. Der erste Glaubensartikel ist gewissermassen das W o h e r, der dritte das W o h i n unseres Weges. Der zweite Glaubensartikel aber ist der W e g, auf dem wir uns im Glauben befinden. Von da aus dürfen wir die ganze Fülle der Taten Gottes überblicken.

§ 11   Der Heiland und Gottesknecht

Der Name Jesus und der Titel Christus sprechen die Erwählung, die Person und das Werk des Menschen aus, in welchem die prophetische, priesterliche und königliche Sendung des Volkes Israel offenbart und ausgeführt ist.

Wir haben es in den beiden Fremdwörtern, mit denen der zweite Artikel des Glaubensbekenntnisses beginnt und auf die sich dann sein ganzer Inhalt bezieht: J e s u s   C h r i s t u s , mit einem Personennamen und mit einem Titel zu tun, mit dem Namen eines bestimmten Menschen und mit der Bezeichnung seines Amtes. Und wir befinden uns, indem wir diesen Namen und diesen Titel aussprechen: «Jesus, der Christus» zunächst im Raume der   G e s c h i c h t e   und   S p r a c h e   des Volkes I s r a e l . Das ist das besondere Thema, das uns heute beschäftigen muss: Jesus, dieser Mensch aus Israel und in bestimmter Funktion der Mann, der das Wesen und die Sendung Israels offenbar macht und ausführt. Dabei ist freilich die Lage insofern sehr eigentümlich, als zwar der Personenname Jesus in den Bereich der   h e b r ä i s c h e n   Sprache gehört: Jesus ist ein Äquivalent für den Namen, der im Alten Testament öfters vorkommt und einmal sogar bereits in sehr hervorgehobener Weise: Josua. Der Titel aber, Christus, ist   g r i e c h i s c h , wenn auch die griechische Übersetzung eines hebräischen Wortes: Messias, der Gesalbte. Es ist also in diesen zwei Worten gewissermassen eine Historie angezeigt. Ein Jude, ein Israelit, ein Hebräer Jesus, welcher der Christus ist, das umschreibt ein Stück irdischer Geschichte, die geschieht auf dem Weg von Israel zu den Griechen, d. h. zur ganzen Welt. Man kann Jesus Christus nicht trennen und nur eine der beiden Komponenten haben wollen. Jesus Christus wäre nicht, was er ist, wenn er nicht der Christus wäre, der Amtsträger, der aus   I s r a e l   kommt, der der   J u d e   Jesus ist. Aber wiederum wäre dieser Jude Jesus nicht der, der er ist, wenn er nicht Gottes Amtsträger, wenn er nicht Christus wäre, der das, was Israel ist und bedeutet, als L i c h t leuchten lässt in der Völkerwelt und in der ganzen M e n s c h h e i t. Man muss sich, wenn man Jesus Christus sehen und verstehen will, immer wieder mühen, Beides zu verstehen, diesen Anfang und dieses Ziel. Wo das Eine oder das Andere vergessen oder gar verleugnet werden sollte, da hat man es nicht mehr mit Ihm zu tun.

Der Personenname Jesus heisst eigentlich zu deutsch: Jahwe (der Gott Israels) hilft! Der Amtstitel Christus, Messias, bezeichnete im Judentum der Zeit Jesu einen von Israel erwarteten, in der Endzeit kommenden Mann, der Gottes Herrlichkeit offenbaren sollte, Gottes bis dahin verborgene, wenn auch verheissene Herrlichkeit. Er bezeichnete den Menschen, der Israel, das seit Jahrhunderten in Not und Unterdrückung versunken war, befreien und, selber ein Mann aus Israel, über die Völker herrschen sollte. Als Jesus von Nazareth auftrat und predigte und sein Weg aus der Enge von Nazareth zunächst in die Weite der Geschichte seines Volkes führte, die wie von alterher ihre Erfüllung in Jerusalem finden sollte, da war das das Geheimnis dieser Gestalt, dieses Sohnes Josephs von Nazareth, dass er der Messias, dieser in der Endzeit Erwartete war, dass er sich als dieser offenbarte und als dieser erkannt wurde. Der Name Jesus (Gott hilft! Heiland!) war ein bekannter Name und es gab Viele dieses Namens und Einer von diesen Vielen war, weil Gott es so wollte und fügte, der Einzige, in welchem die göttliche Verheissung in Erfüllung ging. Und diese Erfüllung bedeutet zugleich die Erfüllung dessen, was Israel gegeben ist und die Erfüllung und Offenbarung dessen, was dieses Volk für die Geschichte der ganzen Welt, aller Völker, ja der ganzen Menschheit zu sein bestimmt ist. Er wurde nicht Jesus Messias genannt von der ersten Gemeinde sondern J e s u s C h r i s t u s. Darin offenbart, darin öffnet sich die Türe zur Welt hin. Es bleibt aber der jüdische Name J e s u s. Sein Weg in die Weite der Welt führt heraus aus der Enge Israels.

Sie wundern sich vielleicht, dass ich solches Gewicht auf den Namen und Titel lege. Wir müssen uns klar machen, dass in der ganzen Antike und auch in Israel Namen und Titel etwas so Äusserliches und Zufälliges nicht waren, wie es etwa für uns der Fall sein mag. Dieser Name und dieser Titel sprechen etwas

aus und zwar ist das ganz real zu verstehen: sie sind O f f e n -
b a r u n g. Sie sind also nicht etwa eine blosse Bezeichnung oder
Benennung, ein Schmuck, den der Benannte tragen oder auch
nicht tragen könnte. Es war der Engel, der zu Maria sagte: Du
sollst deinen Sohn Jesus heissen, Gott hilft, Heiland, Soter! Und
so ist auch der Christustitel nicht zu verstehen als Ausdruck
einer menschlichen Erwägung, sondern dieser Titel gehört notwendig diesem Menschen. Dieser Titel ist von dem Träger dieses
Namens nicht zu trennen, der Träger dieses Namens ist viel mehr
geboren dazu, diesen Titel zu führen. Da ist kein Dualismus
zwischen Name und Beruf. Schon bei seiner Geburt hat sich
dieser Titel gleichsam wie eine Krone notwendig auf ihn herab-
gesenkt, so dass diese Person nicht ohne dieses Amt und dieses
Amt nicht ohne diese Person existiert. Er ist d e r Josua, d e r
«Gott hilft», darum, weil er erwählt ist zum Werk und Amt d e s
Christus des prophetischen, priesterlichen und königlichen
Gottesknechtes aus Israel.

Wir müssen zunächst einen Augenblick inne halten vor der
Tatsache — denn sie ist wichtig genug — dass es in diesem Jesus
Christus sich um den Mann handelt, in welchem die Sendung
dieses einen Volkes, des Volkes Israel, des Judenvolkes, ausgeführt und offenbart wird. Christus, der aus ihm hervorgegan-
gene Knecht Gottes, die Gestalt des Gottesknechtes für alle
Völker und dieses eine Volk Israel, das sind zwei nicht voneinander zu trennende Wirklichkeiten nicht nur damals sondern
für die ganze Geschichte, ja für alle Ewigkeit. Israel ist nichts
ohne Jesus Christus, aber man wird auch sagen müssen: Jesus
Christus wäre nicht Jesus Christus ohne Israel. Wir müssen also
zuerst einen Augenblick auf dieses Israel blicken, um wirklich
auf Jesus Christus blicken zu können.

Das Volk Israel, das Volk des Alten Testamentes, ist das Volk,
mit dem Gott einen in immer neuen Gestalten im Lauf seiner
Geschichte sich wiederholenden B u n d geschlossen hat. Hier
in Israel hat dieser Begriff des Bundes zwischen Gott und
Mensch seinen Sitz und Ort. Weil und indem der Bund Gottes
mit dem Menschen ein für allemal sein Bund mit dem Volk
Israel ist, darum unterscheidet er sich von einer philosophischen
Idee, von einer allgemein menschlichen Vorstellung. Nicht um
Idee und Vorstellung handelt es sich hier sondern um die Tat-

sache, dass Gott den Abraham aus den Völkern herausgerufen hat und mit ihm und seinem Geschlecht, seinem «Samen», sich verbündet hat. Die ganze Geschichte des Alten Testamentes und also des Volkes Israel ist nichts Anderes als die Geschichte dieses Bundes zwischen Gott und diesem Volk, diesem Volk und Gott, der den Namen Jahwe trägt. Wenn wir erkennen, dass der christliche Glaube und die christliche Botschaft sich an alle Menschen richtet, dass sie den Gott verkündigt, der der Gott der ganzen Welt ist, so dürfen wir nicht übersehen, dass der Weg zu der allgemeinen, universalen, die ganze Welt, alle Menschen umspannende Wahrheit der Weg der Partikularität ist, in der Gott in einer seltsamen und höchst willkürlich anmutenden Weise der Gott Abrahams, Isaaks und Jakobs ist. So dass Alles, was wir vom Handeln Gottes am Menschen erkennen dürfen, immer wieder bezogen ist auf dieses Gegenüber: der Gott Abrahams, Isaaks und Jakobs. Dieses Volk Israel, wie es das Alte Testament uns darstellt, in seiner Erwählung und Berufung, in seiner einzigartigen Auszeichnung, aber auch in seiner Torheit, in seiner Verkehrtheit und Schwachheit, als Gegenstand der immer neuen Liebe und Güte Gottes aber auch als Gegenstand der dieses Volk in unerhörter Weise treffenden Gerichte Gottes ist die geschichtliche Gestalt der freien Gnade Gottes für uns alle. Es geht hier nicht nur um ein historisches Faktum, es geht bei dieser Beziehung der freien Gnade Gottes auf Israel, auf das Judenvolk nicht um eine Angelegenheit, auf die wir Christen aus den Heiden, wir Griechen, Germanen und Gallier etwa zurückweisen könnten als auf etwas, das uns nichts mehr angeht, sodass die Christenheit von heute sich sozusagen auf einer «Freiballonfahrt» befände, gelöst von der Geschichte Israels. Wenn man als Christ meinte, die Kirche und die Synagoge gingen sich nichts mehr an, so wäre geradezu Alles verloren. Und wo diese Trennung zwischen Gemeinde und Judenvolk vollzogen worden ist, da hat sich das gerade an der christlichen Gemeinde gerächt. Die ganze Realität der Offenbarung Gottes ist da heimlich schon geleugnet und es konnte darum auch nicht fehlen, dass da die Philosophie und Ideologie überhand nahmen und man sich ein Christentum erfand nach griechischer oder germanischer oder sonstwie frei gewählter Art. (Ich weiss schon: es hat zu allen Zeiten auch so etwas wie ein helvetisches Christentum gegeben, das dann sicher nicht besser war und ist als das germanische!)

Kennen Sie die Anekdote, in der die Bedeutung des Judenvolkes am Besten zusammengefasst wird? Friedrich der Grosse fragte einmal seinen Leibarzt Zimmermann aus Brugg im Aargau: «Zimmermann, können Sie mir einen einzigen Beweis für die Existenz Gottes nennen?» und Zimmermann antwortet: «Majestät, die Juden!» Er wollte damit sagen: w e n n man schon nach einem Gottesbeweis fragen wollte, nach etwas Sichtbarem und Greifbarem, das niemand bestreiten kann, was vor den Augen aller Menschen sich abspielt, dann muss man sich an die Juden halten. Sie sind ganz schlicht bis auf diesen Tag da. Hunderte von kleinen Völkern des vorderen Orients sind verschwunden, alle anderen semitischen Stämme von damals sind aufgelöst und aufgegangen in dem grossen Völkermeer und dieses eine, kleine Volk hat sich erhalten. Und wenn man heute von Semitismus oder Antisemitismus spricht, so meint man dieses kleine Volk, das merkwürdigerweise immer noch auf dem Plan, immer noch erkennbar ist, physisch und geistig, so, dass man immer wieder feststellen kann: das ist ein «Nicht-Arier» oder auch: das ist ein halb oder viertel «Nicht-Arier». In der Tat, wenn schon nach einem Gottesbeweis gefragt wird, dann braucht man bloss auf dieses schlichte historische Faktum zu verweisen. Denn in der Person des Juden steht der Z e u g e uns vor Augen, der Zeuge des Bundes Gottes mit Abraham, Isaak und Jakob und so mit uns Allen! Auch wer die Heilige Schrift nicht versteht, kann diese Erinnerung s e h e n.

Und sehen Sie, das ist die merkwürdige, theologische Wichtigkeit, das ist die ausserordentliche geistige und geistliche Bedeutung des nun hinter uns liegenden Nationalsozialismus, dass er von seiner Wurzel aus antisemitisch war, dass in dieser Bewegung mit einer geradezu dämonischen Klarheit erkannt wurde: d e r Feind ist d e r Jude. Ja, d e r Feind d i e s e r Sache musste der Jude sein. In diesem Judenvolk lebt wirklich bis auf diesen Tag das Ausserordentliche der Offenbarung Gottes.

Jesus, der Christus, der Heiland und Gottesknecht, ist der, der die Sendung des Volkes Israel ausführt und offenbar macht, er ist der, der den zwischen Gott und Abraham geschlossenen Bund erfüllt. Wenn die christliche Kirche Jesus Christus bekennt als

Heiland und Gottesknecht für uns, für alle Menschen, also auch für die übergrosse Mehrzahl derer, welche mit dem Volk Israel keinen direkten Zusammenhang haben, dann spricht sie dieses Bekenntnis zu diesem Jesus Christus nicht etwa aus, o b w o h l Jesus ein Jude war (wie wenn dieses Judesein Jesu ein *pudendum* wäre, über das man hinwegsehen könnte und müsste!). Die Meinung kann auch nicht die sein, dass wir an Jesus Christus glauben, der nun eben z u f ä l l i g ein Israelit war, der aber ebenso gut auch einem anderen Volk hätte entstammen können. Nein, hier muss man ganz streng denken: Jesus Christus, an den wir glauben, den wir Christen aus den Heiden unseren Heiland nennen und als den Vollbringer des Gotteswerkes für uns preisen, er war n o t w e n d i g J u d e. An dieser Tatsache ist nicht vorbeizusehen, sondern sie gehört zu der konkreten Wirklichkeit des Werkes Gottes und seiner Offenbarung. Denn Jesus Christus ist die Erfüllung des von Gott mit Abraham, Isaak und Jakob geschlossenen Bundes, und es ist die Realität d i e s e s Bundes — nicht die Idee irgend eines Bundes — welche der Grund, der Sinn, das Ziel der Schöpfung sind, d. h. alles dessen, was in Unterschiedenheit von Gott wirklich ist. Das Problem Israel ist, indem das Problem Christus von ihm nicht zu trennen ist, das Problem des Seins überhaupt. Wer sich Israels schämt, der schämt sich Jesu Christi und damit seiner eigenen Existenz.

Ich habe mir erlaubt, die aktuelle Anwendung zu machen im Blick auf den antisemitischen Kern des Nationalsozialismus. Das war nun eben keine zufällige und irgendwie leicht zu nehmende Sache, dass hier in Deutschland die Parole ausgegeben worden ist: Juda ist d e r Feind! Man kann diese Parole schon ausgeben und unter Umständen m u s s man sie ausgeben, aber man sehe wohl zu, was man damit tut. Der Angriff auf Juda bedeutet den Angriff auf den Felsen des Werkes und der Offenbarung Gottes, neben welchem Werk und welcher Offenbarung es keine andere gibt. Das ganze göttliche Werk und die ganze göttliche Offenbarung sind unmittelbar und zwar nicht nur im Bereich der Ideen und Theorien sondern im natürlich geschichtlichen Bereich, also im Bereich des zeitlichen Geschehens, in Frage gestellt worden durch das, was da geschehen ist, durch diesen grundsätzlichen Antisemitismus des in Deutschland so lange herrschenden Systems. Man kann wohl sagen, es m u s s t e vielleicht zu diesem Zusammenstoss kommen, man darf sich dann aber auch darüber nicht wundern, dass dieser Zusammenstoss so enden musste. Ein Volk, welches — und das war die andere Seite des Nationalsozialismus — sich selbst erwählt und zum Grund und Masstab aller Dinge macht, ein solches Volk m u s s früher oder später mit dem in Wahrheit erwählten Volk Gottes zusammenstossen. Es liegt schon in der Proklamation der Idee eines solchen erwählten Volkstums, noch ehe der Antisemitismus ausgesprochen ist, eine grundsätzliche Verneinung Israels und damit eine Verneinung Jesu Christi und damit letztlich Gottes selber. Antisemitismus ist die Gestalt der Gottlosigkeit, neben der das, was man gewöhnlich Atheismus nennt, so wie er etwa aus Russland bekannt ist, eine Harmlosigkeit ist. Denn in der antisemitischen Gottlosigkeit geht es um Realitäten, ganz gleich, ob die, die diese Sache erfanden und betrieben, darum wussten oder nicht. Hier geht es um den Zusammenstoss mit Christus. Theologisch gesehen — ich rede jetzt nicht politisch — m u s s t e dieses Unternehmen scheitern und zusammenbrechen. An diesem Felsen zerbricht der Ansturm des Menschen und wenn er noch so gewaltig unternommen wird. Denn die Sendung, die prophetische, priesterliche und königliche Sendung des Volkes Israel ist identisch mit Gottes Willen und Werk so gewiss sie in Jesus Christus ausgeführt und offenbart worden ist.

Was heisst das: I s r a e l s S e n d u n g? Wenn die Bibel von einer Erwählung Israels und einer Ungleichheit dieses Volkes mit den anderen Völkern redet, wenn wir also im Alten Testament eine Sonderexistenz Israels wahrnehmen, so handelt es sich dabei um eine Sendung, eine Mission, einen Apostolat. Es geht in der Existenz Israels darum, dass ein von Gott dazu bestimmter Mensch an der Stelle Gottes für die anderen Menschen da ist. Das ist Israels Wirklichkeit, ein Mensch oder eine Gemeinschaft, ein Volk im Dienste Gottes. Nicht zu seiner eigenen Ehre wird dieses Volk ausgezeichnet, nicht im Sinne eines nationalen Anspruches, sondern für die anderen Völker und insofern als Knecht aller Völker. Dieses Volk ist Beauftragter Gottes. Es hat sein Wort zu verkündigen; das ist seine prophetische Sendung. Es hat mit seiner Existenz Zeuge zu sein, dass Gott nicht nur spricht, sondern in seiner Person sich einsetzt und hingibt bis zum Tode; das ist seine priesterliche Sendung. Und es hat endlich, gerade in seiner politischen Ohnmacht, als Zeuge unter den anderen Völkern die Herrschaft Gottes über die Menschen anzuzeigen; das ist seine königliche Sendung. Diesen prophetischen, priesterlichen und königlichen Dienst hat die Menschheit nötig. Diese Sendung Israels will das Alte Testament sichtbar machen in seiner ganzen Wirklichkeit, wenn es immer wieder dem dankbaren Lobpreis Gottes für die wunderbare Errettung und Erhaltung dieses kleinen Volkes Ausdruck gibt. Es wird die prophetische Sendung Israels im besonderen sichtbar im Auftreten bestimmter Personen, deren Urtyp neben Abraham vor allem Mose ist als Begründer der israelitischen Volkseinheit und nach ihm die Propheten, die mit den verschiedensten Gestalten immer wieder aufgetreten sind. Eine andere, zweite Linie wird sichtbar in dem, was im Alten Testament mit der Stiftshütte, dem Tempel und den Opfern zusammenhängt. Und die königliche Mission schliesslich wird einmalig dargestellt im Reich des David mit seinem merkwürdigen Horizont im Reich des Salomos. Es ist dieses Reich des David, in welchem das Ziel der Gnade Gottes: Israel als Repräsentant der Gottesherrschaft auf Erden, exemplarisch sichtbar wird. Endlich und zuletzt aber — und das geht uns an — wird diese Sendung Israels e r f ü l l t in der Erscheinung und dem Hervorgehen des Menschen Jesus von Nazareth aus diesem Volk, in seiner nicht in Frage zu stellenden Zugehörigkeit zu diesem Volk.

Die Sendung Israels muss verstanden werden als in J e s u s C h r i s t u s erfüllte, offenbarte und vollzogene Sendung. Sie ist also z u n ä c h s t v e r b o r g e n und u n w i r k s a m. In der Tat, wenn man das Alte Testament liest, wie es selber spricht, dann kann man sich auf den ersten Blick fast auf jeder Seite davon überzeugen, dass gerade dieses Zeugnis gar nicht daran denkt, Israel als solches, diese Nation oder gar «Rasse» zu rühmen. Das Bild, das das Alte Testament selber vom israelitischen Menschen gibt, ist ja in geradezu erschütternder Weise das des Menschen, welcher sich seiner Erwählung und also der ihm gegebenen Sendung w i d e r s e t z t , welcher sich dieser Sendung als unwürdig und unfähig erweist, und welcher darum, indem er der Gegenstand der Gnade Gottes ist, dauernd geschlagen und zerschlagen wird vom Gericht, das ihn notwendig treffen muss.

weil er eben der Gnade sich entzieht. Was für ein problematisches Volk dieses Volk Israel in allen Stadien seiner Geschichte ist, davon redet fast jedes Buch des Alten Testamentes. Es geht von Katastrophe zu Katastrophe und immer darum, weil es seinem Gott untreu ist. Diese Untreue m u s s Unheil und Verderben bedeuten, wie es die Propheten immer wieder anzeigen oder als hereingebrochen schildern. Was ist das Ergebnis dieser Geschichte? Dass die P r o p h e t i e schliesslich verstummt und allein das geschriebene tote Gesetz übrig bleibt. Und was ist aus dem Tempel geworden und aus Israels P r i e s t e r t u m ? Der Tempel des Salomo, einst die grösste Hoffnung Israels, sinkt in Schutt und Asche. Und wo ist das K ö n i g t u m Israels hingekommen, das Reich Davids? Es ist ein Jammer für alle Israeliten, daran zu denken, was Israel einst war und was nun aus ihm geworden ist unter den Schlägen Gottes, der es so sehr geliebt und dem es seine Liebe so schlecht vergolten hat. Und als die Hoffnung endlich in Erfüllung geht und der Messias erscheint, da bestätigt Israel seine ganze vorhergehende Geschichte in der Kreuzigung. Es bestätigt sie damit, dass es gerade ihn verwirft, nicht zufällig, sondern als Lästerer Gottes und dass es ihn ausstösst zu den Heiden und dem Pilatus übergibt zur Tötung und Aufhängung am Galgen. D a s ist Israel, dieses erwählte Volk, das mit seiner Sendung und Erwählung s o umgeht, dass es sich damit selbst sein Urteil spricht. Der ganze Antisemitismus kommt zu spät. Das Urteil ist längst gesprochen und neben d i e s e m Urteil sind alle anderen Urteile läppisch.

Ist die Sendung Israels damit erledigt? Nein, vielmehr hält das Alte Testament durch alles hindurch immer wieder daran fest: die Erwählung Gottes gilt und wird gelten in alle Ewigkeit. Dieser Mensch, der sich so darstellt wie er sich in Israel darstellt, ist und bleibt der von Gott erwählte Mensch und der darum mit dieser Sendung beauftragte Mensch. Wo der Mensch versagt, da triumphiert die Treue Gottes. Und so wird Israel, das e i n e grosse Demonstration für die Unwürdigkeit des Menschen ist, als solches zugleich zur Demonstration der f r e i e n Gnade Gottes, die nicht nach dem Verhalten des Menschen fragt, sondern souverän über den Menschen ein Dennoch spricht, durch das er gehalten ist. Der Mensch ist ganz und gar nur Gegenstand des göttlichen Erbarmens und wo er mehr sein wollte, da muss er sich notwendig auflehnen gegen diese Israel-Existenz. Israel ist ganz und gar auf Gott geworfen und ganz und gar auf ihn angewiesen. Lesen Sie die Psalmen: «Du allein...»! Der Mensch erscheint ganz und ganz nur als Hörer des göttlichen Wortes, der unter Gottes Herrschaft steht und bleibt, auch wenn er wieder und wieder versucht sich ihr zu entziehen. Und in der Erfüllung seiner Sendung, in dem gekreuzigten Jesus von Nazareth, wird erst recht noch einmal sichtbar, was es um Israel ist. Der am Galgen hängende Jesus, was ist er anderes als noch einmal dieses Israel mit seiner Sünde und Gottlosigkeit? Ja, dieser Gotteslästerer ist Israel. Und dieses Israel heisst nun Jesus von Nazareth. Und wenn wir weiterblicken in die jüdische Geschichte hinein und die ganze Wunderlichkeit und Absurdheit des Juden sehen, seine Anstössigkeit, die ihn immer wieder unter den Völkern hassenswert gemacht hat — nun mögen Sie die ganzen antisemitischen Register spielen lassen — was bedeutet das Anderes als die Bestätigung dieses verworfenen Israels, das am Kreuz von Gott sichtbar gemacht wird, a b e r auch des Israels, dem Gott die Treue hält durch alle Etappen seiner Wanderung hindurch?

Woher wissen wir das? Weil er ihm Treue gehalten hat am K r e u z v o n G o l g a t h a. Wann war Gott ihm näher als dort und wo ist Gott durch das Volk Israel der ganzen Menschheit stärker und tröstlicher zur Seite gestanden als gerade dort? Glauben Sie, es liege an uns, den Juden auszuschliessen von dieser Treue Gottes? Glauben Sie wirklich, wir können und dürfen sie ihm absprechen? Die Treue Gottes in der Wirklichkeit Israels ist ja gerade die Garantie seiner Treue auch uns, auch allen Menschen gegenüber.

Wir haben aber nun das Blatt zu wenden. J e s u s C h r i s t u s ist der Vollzug und ist die Erfüllung Israels. Wir blicken wieder in das Alte Testament und finden dort dauernd a u c h Spuren, dass diese widerspenstigen und verlorenen Menschen — erstaunlich genug! — in gewissen Situationen auch ihre Erwählung bestätigen dürfen. Wenn das geschieht, wenn es da so etwas wie eine fromme, gerechte Kontinuität gibt, so kommt das nicht aus der Natur Israels, sondern ist das vielmehr Gottes immer erneute Gnade. Aber wo Gnade ist, da kann es nicht anders sein, als dass Menschen *contre cœur* ihre Stimme erheben müssen zum

Lobe Gottes und bezeugen, dass da, wo Gottes Licht hineinfällt in das Leben dieser Menschen, unvermeidlicherweise ein Widerschein dieses Lichtes in ihnen Antwort gibt. Es gibt eine Gnade Gottes mitten im Gericht. Und davon redet das Alte Testament auch, nicht als von einem Kontinuum des israelitischen Menschen, sondern als von einem D e n n o c h Gottes. D e n n o c h gibt es in der Geschichte dieses Volkes immer wieder Zeugnisse, die beginnen mit den Worten: «So spricht der Herr...» Als Antwort solcher Hörender, als Echo also auf das Dennoch der Treue Gottes ertönen sie. Das Alte Testament weiss um einen «Rest». Nicht um bessere, nicht um moralischere Menschen handelt es sich hier, sondern um solche, die ausgezeichnet sind dadurch, dass sie gerufen sind. Von Gottes Gnade gehaltene Sünder, *peccatores iusti,* sind die, die diesen Rest bilden.

Die Offenbarung gipfelt in der Existenz Jesu von Nazareth. Er geht hervor aus Israel, geboren aus Maria der Jungfrau und doch von oben, und so in seiner Herrlichkeit Offenbarer und Vollender des Bundes. Nicht ein Kranker, der genesen durfte, ist Israel, sondern ein von den Toten Auferstandener. Indem Er erscheint, wird gegenüber dem Urteil, das der Mensch sich selber spricht, Gottes Urteil als Aufhebung aller menschlichen Selbstverurteilung sichtbar. Gottes Treue triumphiert in diesem Meer von Sünde und Elend. Er erbarmt sich des Menschen. Er ist mit seinem Innersten beteiligt an diesem Menschen. Er hat nie aufgehört, dieses Volk, das sich ihm gegenüber wie eine Dirne benommen hat, an Seilen der Liebe zu leiten. Es bleibt dabei, dass dieser israelitische Mensch Gott gehört und dann auch immer wieder nicht aus Natur, aber durch das Wunder der Gnade Gott n e u gehören darf, errettet aus dem Tode, erhöht zur Rechten Gottes!

Israel ist wirklich die Darstellung der freien G n a d e Gottes. So wird ja Gott im Verhältnis zum Menschen sichtbar: in dem Ereignis, in welchem Jesus Christus zum Ziel kommt, in seiner A u f e r s t e h u n g v o n d e n T o t e n. Hier erscheint der Mensch umgeben vom Licht der Herrlichkeit Gottes. Das heisst Gnade, das ist Gottes Zuwendung zum Menschen. Und das wird an dem Mann aus Israel sichtbar. In der Folge dieses Ereignisses kommt es nun — und noch einmal wird hier die Gnade positiv sichtbar — zu jener erstaunlichen Erweiterung des Abraham-

Bundes, weit hinaus über die, die seines Blutes sind: «Gehet hin in alle Welt und verkündiget das Evangelium aller Kreatur!» Das ist Gnade: aus der Enge heraus in die Weite. Aber eben indem das Heil von den Juden kommt, wird das Judenvolk nicht nur gerichtet, sondern auch begnadigt. Diese Begnadigung Israels als seine Erwählung und Berufung, die unverändert gilt, wird bis heute sichtbar in der Kirche, welche ja wesentlich eine Kirche aus Juden und Heiden ist. Röm. 9—11 legt Paulus höchstes Gewicht darauf, dass es nicht eine Kirche der Juden und eine Kirche der Heiden gibt, sondern dass die Kirche die eine Gemeinde derer ist, welche aus Israel zum Glauben kommen zusammen mit denen, die aus den Heiden zur Gemeinde berufen sind. Es ist der christlichen Kirche wesentlich, beides zu sein und weit entfernt davon, dass sie sich dessen jemals hätte schämen müssen, durfte sie verstehen, dass das ihr Ehrentitel ist, dass der Same Abrahams auch in ihr lebt. Die Existenz des Judenchristen ist das sichtbare Unterpfand der Einheit des e i n e n Volkes Gottes, das von seiner einen Seite gesehen Israel heisst und von seiner andern Kirche. Und wenn es neben der Kirche noch immer eine S y n a g o g e gibt, existierend von der Ablehnung Jesu Christi und von einer ohnmächtigen Fortsetzung der israelitischen Geschichte, welche längst in Erfüllung gegangen ist, so haben wir zu bedenken: wenn es Gottes Wille ist — und der Apostel Paulus stand auch rätselnd vor dieser Frage — dass es dieses abgelöste Israel noch gibt, so werden wir die Synagoge nur als Schattenbild der Kirche erkennen können, das sie durch die Jahrhunderte begleitet und welches, ob die Juden das wissen oder nicht, faktisch und real teilnimmt am Zeugnis der Offenbarung Gottes in der Welt. Der gute Weinstock ist nicht verdorrt. Denn dass Gott ihn gepflanzt, was Gott an ihm getan und ihm gegeben hat, ist das Entscheidende und ist in Jesus Christus, dem Manne aus Israel, offenbar geworden.

§ 12   Gottes einziger Sohn

*Gottes Offenbarung in dem Menschen Jesus Christus ist darum
zwingend und ausschliesslich, und Gottes Werk in ihm ist darum
hilfreich und genügend, weil dieser Mensch kein von Gott verschiedenes Wesen, sondern der einzige Sohn des Vaters, d. h.
der einzigartig durch und aus sich lebende Gott selber, Gottes
Allmacht, Gnade und Wahrheit in Person und so der authen-
tische Mittler zwischen Gott und allen anderen Menschen ist.*

Wir kommen zu der Frage, die keine Frage ist, weil die Antwort zum vornherein auf dem Plane steht: zu der Aussage von
der w a h r e n   G o t t h e i t Jesu Christi. Versuchen wir uns
klar zu machen, wie man zu dieser Aussage kommt, bzw. welche
Frage zu ihr führt.

Wir sind durchgehend in unseren Darlegungen auf den Begriff
der O f f e n b a r u n g oder des W o r t e s G o t t e s gestossen,
d. h. auf die Kundgebung Gottes, die von ihm selber ausgehende
Botschaft. Es gibt vielerlei Offenbarungen und vielerlei Worte
und Botschaften, die schon an die Menschen ergangen sind und
noch ergehen und die auch den Anspruch erheben, Wort und
Botschaft Gottes zu sein. Es erhebt sich also die Frage und wir
haben zu ihr Stellung zu nehmen, inwiefern das, was hier als
Gottes Offenbarung bezeichnet wird, zwingend als solche zu anerkennen und als d i e Offenbarung anzunehmen ist? Daran
kann ja kein Zweifel sein, dass es im Grossen und Kleinen, in der
Geschichte der Menschheit im Ganzen und im Leben jedes Einzelnen genug Anlässe und Gelegenheiten gibt, an denen uns
irgendetwas in hohem Grade einleuchtend, wichtig und über-
zeugend wird, an denen uns etwas «überwältigt» und gefangen
nimmt und in seinen Bann zieht. Das Menschenleben ist sowohl
im Mikrokosmos wie im Makrokosmos voll von solchen Ereig-
nissen. Es gibt «Offenbarungen» der Macht, der Schönheit, der
Liebe im Leben der Menschen. Warum also ist gerade das, was
hier Gottes Offenbarung genannt wird, das Geschehen in der

Existenz Jesu Christi, in hervorgehobener, in e i n m a l i g e r Weise Offenbarung? — Die allgemeine Antwort, die auf diese Frage (nach der «Absolutheit» des Christentums, Troeltsch!) zunächst zu geben ist, lautet dahin: Es ist zuzugeben, wir sind umgeben von weithin zwingenden und weithin mit Recht anspruchsvollen anderen «Offenbarungen». Wir werden aber vom christlichen Glauben aus zu diesen Offenbarungen sagen müssen: es fehlt ihnen eine letzte, schlechthin bindende A u t o r i - t ä t. Man kann durch diese Welt der Offenbarungen hindurchgehen, man kann hier erleuchtet und dort überzeugt und dort überwältigt werden, aber die Gewalt eines Ersten und Letzten, das den Menschen hindern würde, sich an solchen Offenbarungen zu erfreuen und zu berauschen und dann doch weiter zu gehen wie ein Mann, der sein Angesicht in einem Spiegel beschaut und weitergeht und vergisst, was er gesehen hat, haben sie nicht. Mit allen diesen Offenbarungen steht es notorisch so, dass ihnen eine letzte bindende Kraft fehlt. Nicht darum, weil sie nicht gewaltig, nicht darum, weil sie nicht sinnvoll und ergreifend wären, aber weil es sich in ihnen allen, so werden wir vom christlichen Glauben aus bekennen müssen, doch nur um Offenbarungen der Grösse, der Gewalt, der Güte, der Schönheit der von Gott geschaffenen E r d e handelt. Die Erde ist voller Wunder und Herrlichkeit. Sie müsste nicht Gottes G e s c h ö p f sein und der uns von Gott zugewiesene Raum unseres Daseins, wenn sie nicht voller Offenbarungen wäre. Die Philosophen und die Dichter, die Musiker und die Propheten aller Zeiten wissen es. Aber diesen Offenbarungen der Erde und des irdischen Geistes fehlt die Autorität, die den Menschen endgültig binden könnte. Durch diese Welt kann der Mensch hindurchgehen, ohne letztlich gebunden zu sein. — Es könnte sich ja aber auch um h i m m - l i s c h e Offenbarungen handeln, also um Offenbarungen jener unsichtbaren und unbegreiflichen Wirklichkeit der Kreatur, von der wir umgeben sind. Auch diese Welt des Ungreifbaren und Unsichtbaren ist ja in fortwährender Bewegung zu uns hin begriffen. Anlässe zum Staunen gibt es wahrhaftig auch da und gerade da. Was wäre der Mensch ohne die Begegnung mit dem Himmel und der himmlischen Welt? Aber diese himmlischen Offenbarungen haben auch den Charakter einer letzten Autorität nicht, auch sie sind ja kreatürliche Offenbarungen. Auch sie bleiben also eine letzte Antwort schuldig. Alles Himmlische ist wie alles Irdische letztlich selber bedingt. Es kann uns begegnen wie der Bote eines grossen Königs, den wir als grossen und mächtigen Mann bestaunen mögen, dem gegenüber wir aber doch wissen: er ist nicht der König selber, er ist nur sein Bote. So sind wir allen Gewalten des Himmels und der Erde und allen ihren Offenbarungen gegenüber dran. Wir wissen: es gibt noch ein Höheres. Und mögen diese Gewalten noch so gewaltig sein, mögen sie meinetwegen die Enormität einer Atombombe erreichen, sie zwingen uns nicht letztlich und darum imponieren sie uns auch nicht letztlich. «Wenn der Erdkreis zerbricht, so werden den Unverzagten nur die Trümmer treffen.» Ist es nicht so, wenn man die Menschheit ansieht, wie sie durch diese Kriegsjahre hindurchging, hat sie nicht mit erstaunlicher Zähigkeit bewiesen, dass sie das Alles im Grunde nichts anging? Man hat die ungeheuerlichsten Dinge erlebt, aber der Mensch ist nicht zu brechen von den Herren, die nicht d e r Herr sind. Unverzagt geht er durch die Trümmer und behauptet er sich den irdischen Gewalten gegenüber.

Wenn in der christlichen Kirche von Offenbarung gesprochen wird, dann ist eben nicht von solchen irdischen oder himmlischen Offenbarungen die Rede, sondern von der Macht, die über allen Mächten ist, dann handelt es sich nicht um die Offenbarung eines göttlichen Oben oder Unten, sondern um die O f f e n b a r u n g   G o t t e s   s e l b e r. Darum ist die Wirklichkeit, von der wir jetzt sprechen, Gottes Offenbarung in Jesus Christus, zwingend und ausschliessend, hilfreich und genügend, weil wir es hier nicht zu tun haben mit einer von Gott verschiedenen Wirklichkeit, nicht mit einer jener irdischen oder auch himmlischen Realitäten, sondern mit Gott selber, mit Gott in der Höhe, mit dem Schöpfer Himmels und der Erde, von dem wir im ersten Artikel gehört haben. Wenn das Neue Testament an unzähligen Stellen von Jesus von Nazareth, den die Gemeinde erkannt und bekannt hat als Jesus, den Christus, als dem Kyrios redet, so gebraucht es damit das gleiche Wort, welches das Alte Testament mit «Jahve» ausspricht. Dieser Jesus von Nazareth, der durch die Dörfer und Städte von Galiläa geht und nach Jerusalem wandert, der dort angeklagt und verurteilt und gekreuzigt wird, dieser Mensch ist der Jahve des Alten Testamentes, ist der

Schöpfer, ist Gott selber. Ein Mensch wie wir in Raum und Zeit, der alle Eigenschaften Gottes hat und doch nicht aufhört ein Mensch und also ganz und gar auch Geschöpf zu sein. Der Schöpfer selber wird, ohne Beeinträchtigung seiner Gottheit, nicht ein Halbgott, nicht ein Engel, sondern sehr nüchtern, sehr real ein Mensch. Das ist der Sinn der Aussage des christlichen Bekenntnisses über Jesus Christus: dass er Gottes einziger oder Gottes eingeborener S o h n ist. Er ist Gottes Sohn, also Gott in jenem Sinn göttlicher Wirklichkeit, in welchem G o t t d u r c h s i c h s e l b e r g e s e t z t ist. Dieser durch sich selber gesetzte Gott, der eine Sohn Gottes, er ist d i e s e r M e n s c h, Jesus von Nazareth. Indem Gott nicht nur der Vater ist sondern auch der Sohn, indem in Gottes innerem Leben dieses Geschehen fort und fort stattfindet (er ist Gott aber in der T a t seines Gottseins, er ist Vater u n d Sohn) ist er befähigt, der Schöpfer, aber auch das Geschöpf zu sein. Dieses unerhörte «aber auch» hat seine innere Entsprechung eben in dem Vater u n d S o h n. Und indem dieses Werk, diese Offenbarung Gottes, das Werk des ewigen Sohnes ist, steht es legitim der ganzen Geschöpfwelt gegenüber, ausgezeichnet ohnegleichen. Indem es hier um Gott selber geht, indem dieses Geschöpf sein Sohn ist, unterscheidet sich das Geschehen in Jesus Christus in Wahrheit als zwingend und ausschliessend, als hilfreich und genügend von allem andern, was gewiss auch durch Gottes Willen und Anordnung um uns her geschieht. Gottes Offenbarung und Gottes Werk in Jesus Christus ist ja nicht irgend ein Geschehen auf Grund des Willens Gottes, sondern ist Gott selber, der in der Geschöpfwelt zu Worte kommt.

Wir sind jetzt so weit, dass ich das Wort des Bekenntnisses der alten Kirche, gesprochen auf dem Hintergrund der Auseinandersetzungen über die Frage der Gottheit Christi, zu Ihnen reden lassen kann: «Der Eingeborene, der vom Vater vor allen Zeiten Gezeugte, Licht vom Licht, wahrer Gott vom wahren Gott, gezeugt nicht geschaffen, gleichen Wesens mit dem Vater, durch welchen das All geschaffen wurde, welcher um unserer, der Menschen und um unseres Heils willen vom Himmel herabgestiegen ist» *(Nic. Const. 381)*. Man hat viel geklagt und gescholten über diese Formel und wahrscheinlich werden Sie früher oder später in Ihrem Studium auf Literaten und auch Lehrer stossen, die das auch tun und es schrecklich finden, dass diese Sache auf diese Formel gebracht wurde. Ich wollte wohl, dass Ihnen, wenn Sie auf solche Seufzer stossen, diese Kollegstunde in Erinnerung kommen und eine kleine Hemmung bei Ihnen auslösen möchte. Dieses Aufbegehren gegen die sogenannte «Orthodoxie» ist nämlich wirklich ein «Wolfsgeheul», das man schon als gebildeter Mensch nicht mitmachen sollte. Denn es liegt etwas Barbarisches in diesem Schelten über die Väter. Ich würde denken, selbst wenn man nicht Christ ist, müsste man so viel Respekt haben, zu erkennen, dass das Problem hier in einer grossartigen Weise umschrieben worden ist. Man hat von der nicaenokonstantinopolitanischen Formel gesagt, sie stünde so nicht in der Bibel. Aber es steht noch Vieles, was wahr und notwendig und zu erkennen ist, nicht wörtlich in der Bibel. Die Bibel ist kein Zettelkasten, sondern die Bibel ist das grosse Dokument der Offenbarung Gottes. Diese Offenbarung soll zu uns sprechen daraufhin, dass wir selber begreifen. Die Kirche musste zu allen Zeiten antworten auf das, was in der Bibel gesagt wird. Sie musste antworten in anderen Sprachen als der griechischen oder der hebräischen und in anderen Worten als denen, die da standen. Eine solche Antwort ist diese Formel, die sich bewährt hat, als die Sache angegriffen wurde. Es m u s s t e wirklich um das Jota gestritten werden: entweder Gott selber oder ein himmlisches oder irdisches Wesen. Das war nicht eine gleichgültige Frage, es ging in diesem Jota um das Ganze des Evangeliums. Entweder wir haben es in Jesus Christus mit Gott zu tun oder aber mit einer Kreatur. Gottähnliche Wesen hat es in der Religionsgeschichte immer wieder gegeben. Wenn die alte Theologie hier bis aufs Blut gestritten hat, so wusste sie warum. Gewiss ist es manchmal recht menschlich zugegangen dabei. Aber das ist gar nicht so interessant, auch Christen sind keine Engel. Wo es um eine wichtige S a c h e geht, da darf man nicht kommen und «Friede, Friede, liebe Kindlein!» rufen, sondern da will der Streit mit aller Unerbittlichkeit zu Ende geführt sein. Ich würde sagen: Gott sei Dank haben die Väter damals in aller Torheit und Schwachheit und mit aller ihrer griechischen Gelehrsamkeit sich nicht gescheut, zu kämpfen. Alle die Formeln sagen ja nur das Eine: der Eingeborene, der vom Vater vor aller Zeit Gezeugte, der Sohn, Licht vom Lichte, wahrer Gott vom wahren Gott, also nicht Kreatur sondern Gott selber, g l e i c h e n Wesens mit dem Vater nicht nur ähnlichen Wesens, G o t t i n P e r s o n. «Durch welchen das All geschaffen wurde und welcher um unseretwillen vom Himmel, von oben herabgestiegen ist.» Herab zu uns: dieser ist Christus. So hat die alte Kirche Jesus Christus gesehen, so stand ihr seine Wirklichkeit vor Augen, so hat sie sich zu ihm bekannt in ihrem christlichen Glaubensbekenntnis, das eine Aufforderung an uns ist, dass wir es auch so zu sehen versuchen. Wer das begreift, warum soll der nicht einstimmen in den grossen Consensus der Kirche? Was ist es für eine Kinderei, angesichts dieser Sache über Orthodoxie und griechische Theologie zu seufzen! Das hat mit der Sache nichts zu tun. Und wenn es bei der Entstehung problematisch zugegangen sein mag, so wollen wir eben zugeben, dass alles, was wir Menschen tun, problematisch, beschämend und unerfreulich ist und dass es dann je und je dennoch so laufen darf, dass die Dinge genau so herauskommen, wie es notwendig und recht ist. *Dei providentia et hominum confusione!* — Es geht in diesem Bekenntnis ganz schlicht und ganz praktisch darum, dass wir unserer Sache sicher sein dürfen: In diesem Bekenntnis zu Gottes Sohn unterscheidet sich ja der christliche Glaube von allem, was man Religion nennt. Wir haben es mit Gott selber zu tun, nicht mit irgendwelchen Göttern. Es geht im christlichen Glauben darum, dass «wir teilhaftig werden der göttlichen Natur». Um nicht mehr und nicht weniger geht es in der Tat: die göttliche Natur selber ist uns nahe getreten und im Glauben werden wir ihrer teilhaftig so wie sie uns in dem Einen begegnet. So ist Jesus Christus der Mittler zwischen Gott und Menschen. Alles ist auf diesem Hintergrund zu verstehen. Weniger wollte Gott nicht für uns tun. Wir können die ganze Tiefe unserer menschlichen Sünde und Not daran erkennen, dass dieses Unermessliche geschehen musste und geschehen ist. Die Kirche und die ganze Christenheit blickt mit ihrer Botschaft auf dieses Unermessliche und Unergründliche, dass Gott sich selber für uns gegeben hat. Und darum ist in jeder wirklich christlichen Rede etwas von Absolutheit wie es keiner anderen nicht christlichen Rede eignen kann. Die Kirche «meint» nicht, sie hat nicht «Ansichten», Überzeugungen, sie ist nicht begeistert: sie g l a u b t und sie b e k e n n t, d. h. sie redet und handelt auf Grund der in Gott selber in Christus begründeten Botschaft. Und darum ist alles christliche Lehren, Trösten und Mahnen ein prinzipielles und abschliessendes Trösten und Mahnen in der Kraft dessen, was seinen Inhalt bildet: des grossen Handelns G o t t e s, das darin besteht, dass e r f ü r u n s sein will in seinem eingeborenen Sohn Jesus Christus.

§ 13   Unser Herr

Das Dasein des Menschen Jesus Christus ist in der Kraft seiner Gottheit die souveräne Entscheidung über das Dasein jedes Menschen. Sie ist darin begründet, dass dieser Eine nach Gottes Verfügung für Alle steht und also Alle diesem Einen verbunden und verpflichtet sind. Das weiss seine Gemeinde. Das hat sie der Welt bekannt zu machen.

Ich habe mich gefragt, ob ich nicht statt dieses Satzes einfach Martin Luthers Erklärung des zweiten Glaubensartikels hierher setzen solle: «Ich glaube, dass Jesus Christus wahrhaftiger Gott, vom Vater in Ewigkeit geboren, und auch wahrhaftiger Mensch, von der Jungfrau Maria geboren, s e i   m e i n   H e r r ...» In diesen Worten hat Luther den ganzen Inhalt des zweiten Artikels ausgesprochen. Wenn man auf den Text blickt, ist das vielleicht exegetisch ein Willkürakt, aber sicher ein genialer Willkürakt. Denn schliesslich hat Luther ja nichts Anderes getan, als dass er zurückgriff auf den ursprünglichsten und einfachsten Wortlaut des *Credo:* «*Kyrios Jesus Christos*», Herr (ist) Jesus Christus. Er hat Alles, was sonst noch im zweiten Artikel gesagt wird, zusammengefasst und auf diesen Nenner gebracht. Die wahre Gottheit und die wahre Menschheit werden in seiner Formulierung zum Prädikat dieses Subjektes. Das ganze Werk Christi ist das Werk des H e r r n. Der ganze Anspruch, den dieser Herr an uns ergehen lässt, ist der, dass wir sein eigen seien: «dass ich in seinem Reich unter ihm lebe und ihm diene», und zwar darum, weil er mein Herr ist, der «mich verlornen und verdammten Menschen erlöset hat, erworben, gewonnen von allen Sünden, vom Tod und von der Gewalt des Teufels...» und die ganze christliche Verheissung lautet dahin: «dass ich ihm diene in ewiger Gerechtigkeit, Unschuld und Seligkeit» entsprechend seiner Herrlichkeit. Das Ganze wird zu einer Analogie der Erhöhung Christi.

Ich wollte die Erklärung dieses Teils des *Credo* nicht begonnen haben, ohne Sie nachdrücklich auf diesen Text Luthers aufmerksam gemacht zu haben. Aber versuchen wir der Sache in unserem eigenen Gedankengang näher zu kommen.

Was heisst das, dass J e s u s C h r i s t u s u n s e r H e r r i s t ? Ich habe es mit den Worten umschrieben: Das Dasein Jesu Christi ist die s o u v e r ä n e E n t s c h e i d u n g über das Dasein jedes Menschen. Es ist eine souveräne Entscheidung über uns Menschen gefällt. Ob wir sie erkennen und ihr gerecht werden, das ist eine zweite Frage. Wir haben es zu hören: sie ist gefällt. Diese Entscheidung hat nichts zu tun mit einem Schicksal, einer neutralen und objektiven Bestimmung des Menschen, die irgendwie abzulesen wäre aus des Menschen Natur oder Geschichte, sondern diese souveräne Entscheidung über das Dasein jedes Menschen besteht im Dasein des Menschen Jesus Christus. Indem E r da ist, da war und da sein wird, ist diese souveräne Entscheidung über a l l e Menschen gefällt. Sie erinnern sich, dass wir im Anfang unserer Vorlesung, als wir den Begriff des Glaubens interpretierten, feststellten, dass der christliche Glaube schlechterdings als menschliche Entscheidung verstanden werden muss, die im Blick auf eine göttliche Entscheidung zu treffen ist. Hier sehen wir nun die konkrete Gestalt dieser göttlichen Entscheidung. Wenn wir sagen, dass Gott unser Herr und Meister ist, dann denken wir Christen eben nicht in der Weise aller Mystik an ein undefinierbares und letztlich unbekanntes göttliches Etwas, das als Gewalt über uns steht und uns beherrscht, sondern wir denken an diese konkrete Gestalt, an den Menschen Jesus Christus. Er ist unser Herr. Indem er da ist, ist Gott unser Herr. Allem menschlichen Dasein geht als «*Apriori*» voran das Dasein Jesu Christi. Das sagt das christliche Glaubensbekenntnis. Was heisst das: es geht ihm voran? Lassen Sie die Vorstellung eines zeitlichen Vorangehens zurücktreten — es bedeutet auch ein zeitliches Vorangehen, es bedeutet auch: es i s t vollbracht, also auch jenes grosse historische Perfektum, in dem die Herrschaft über uns aufgerichtet wurde, im Jahre 1—30 in Palästina — aber das ist jetzt nicht das Entscheidende. Wenn das zeitliche Vorangehen dieses Gewicht bekommt, so darum, weil das Dasein dieses Menschen unserem Dasein vorangeht vermöge seiner unvergleichlichen W ü r d e . Es geht unserem Dasein voran vermöge seiner Autorität über unser Dasein, in der Kraft seiner Gottheit.

Wir blicken zurück auf das, was wir in der letzten Vorlesung sagten. Jetzt wird es sichtbar, was das bedeutet, dass das Dasein dieses Menschen ganz schlicht das D a s e i n G o t t e s s e l b e r ist. Das macht die Würde dieses Menschen aus, das ist der Gehalt seines Lebens, das seine Gewalt über uns. Weil Jesus Christus Gottes eingeborener Sohn ist, «mit dem Vater gleichen Wesens», darum ist auch seine menschliche Natur, sein Menschsein ein Ereignis, in welchem souveräne Entscheidung sich vollzieht. Seine Humanität ist d i e Humanität, der Inbegriff aller *humanitas.* Nicht als Begriff oder Idee, sondern als Entscheidung, als Geschichte. Jesus Christus ist d e r Mensch und also das Mass, die Bestimmung und Begrenzung alles Menschseins. Er ist die Entscheidung darüber, was Gottes Absicht und was Gottes Ziel nicht nur mit Ihm selber, sondern mit jedem Menschen ist. In diesem Sinne nennt das christliche Glaubensbekenntnis Jesus Christus «unseren Herrn».

Diese souveräne königliche Entscheidung in Jesus Christus ist darin b e g r ü n d e t, dass d i e s e r E i n e nach Gottes Verfügung f ü r A l l e steht. Sie ist b e g r ü n d e t: also diese souveräne Entscheidung Gottes, die Herrschaft Jesu Christi, ist uns Menschen gegenüber und in sich selber nicht eine blinde Macht-Tatsache. Sie erinnern sich, wie wir von der Allmacht Gottes sprachen und wie ich den Satz unterstrichen habe: Macht an sich ist böse, Macht um der Macht willen ist der Teufel. Die Herrschaft Jesu Christi ist nicht Macht um der Macht willen. Und wenn die christliche Gemeinde bekennt: «Ich glaube, dass Jesus Christus sei mein Herr», dann denkt sie nicht an ein blindes und drohend über uns stehendes Gesetz, nicht an eine Geschichtsmacht, nicht an ein Schicksal oder Fatum, dem der Mensch wehrlos ausgesetzt ist und dem gegenüber seine letzte Einsicht nur darin bestehen könnte, es als solches anzuerkennen, dann denkt sie an die rechtmässige Herrschaft ihres Herrn. Seine Herrschaft ist eben nicht nur *potentia,* sondern sie ist *potestas.* Sie wird uns erkennbar als Ordnung nicht einfach eines unerforschlichen Willens, sondern als O r d n u n g d e r W e i s - h e i t. Gott hat recht und Gott weiss, warum er es tut, wenn er unser Herr ist und als solcher von uns erkannt und anerkannt sein will. Gewiss, dieser Grund der Herrschaft Christi führt uns erst recht hinein in das G e h e i m n i s. Es geht hier um ein

Objektives, um eine Ordnung, die hoch über uns und ohne uns aufgerichtet ist, um eine Ordnung, der der Mensch sich unterwerfen muss, die er anerkennen muss, von der er nur hören kann, um ihr dann g e h o r s a m zu sein. Wie könnte es anders sein, da ja eben die Herrschaft Christi in der Kraft seiner Gottheit aufgerichtet worden ist und besteht? Wo Gott regiert, da kann der Mensch nur niederfallen und anbeten. Aber eben anbeten vor der Weisheit Gottes, vor seiner Gerechtigkeit und Heiligkeit, vor dem Geheimnis seiner Barmherzigkeit. Das ist die christliche Ehrfurcht vor Gott und das christliche Lob Gottes, der christliche Dienst und Gehorsam. Gehorsam beruht auf H ö r e n und Hören heisst ein W o r t entgegennehmen.

Ich möchte versuchen diesen Grund der Herrschaft Christi ganz kurz und zusammenfassend aufzuzeigen. Im Leitsatz heisst es: die souveräne Entscheidung ist darin begründet, dass d i e - s e r E i n e n a c h G o t t e s V e r f ü g u n g f ü r A l l e steht. Das ist das Geheimnis Gottes und damit das Jesu Christi, dass Er, dieser Eine, dieser Mensch, indem Er Einer ist — nicht eine Idee. sondern Einer ganz konkret damals und dort, ein Mensch, der einen Namen trägt und von einem Ort herkommt, der in der Zeit eine Lebensgeschichte hat wie wir alle! — nicht nur für sich ist, sondern dass er dieser Eine für Alle ist. Sie müssen einmal das Neue Testament zu lesen versuchen unter dem Gesichtspunkt dieses «für uns». Denn die ganze Existenz Dieses, der in der Mitte steht, ist dadurch bestimmt, dass sie eine Menschenexistenz ist, vollzogen und vollstreckt nicht nur in ihrem eigenen Rahmen und mit ihrem eigenen Sinn in sich selber, sondern für alle Anderen. In diesem einen Menschen sieht Gott Jeden, uns Alle, wie durch ein Glas hindurch. Durch dieses Medium, durch diesen M i t t l e r hindurch kennt und sieht uns Gott. Und wir dürfen und sollen uns selber als die in Ihm, in diesem Menschen von Gott Gesehenen verstehen, als die ihm s o Bekannten. In Ihm, in diesem Einen, hat Gott die Menschen, jeden Menschen, von Ewigkeit her vor Augen und nicht nur vor Augen, sondern geliebt und erwählt und berufen und zu seinem Eigentum gemacht! In Ihm hat er sich mit Jedem, mit Allen von Ewigkeit her verbündet. Das gilt auf der ganzen Linie: von der Geschöpflichkeit des Menschen über das Elend des Menschen bis hin zu der dem Menschen verheissenen Herrlichkeit. Es ist

Alles in Ihm, in diesem einen Menschen, über uns beschlossen. Es ist das Bild dieses Einen, das Gottesbild, nach welchem der Mensch als Mensch geschaffen ist. Es trägt dieser Eine in seiner Erniedrigung die Sünde, die Bosheit und Torheit und dann auch das Elend und den Tod Aller. Und es ist die Herrlichkeit dieses Einen d i e Herrlichkeit, die uns Allen zugedacht ist. Uns ist zugedacht, dass wir Ihm dienen dürfen in ewiger Gerechtigkeit, Unschuld und Seligkeit, gleich wie Er auferstanden ist vom Tod, lebt und regiert in Ewigkeit. Das ist Gottes weise Verfügung, dieser Zusammenhang jedes Menschen, aller Menschen, mit diesem Einen. Und das ist sozusagen von oben gesehen der Grund der Herrschaft Jesu Christi.

Und nun dasselbe vom Menschen her gesehen: Da diese Verfügung Gottes besteht, da wir in diesem Zusammenhang stehen, da Jesus Christus dieser eine Mensch ist und vor Gott für uns steht und wir in ihm von Gott geliebt, gehalten, geführt und getragen sind, sind wir Jesu Christi Eigentum, sind wir ihm, diesem Eigentümer, verbunden und verpflichtet. Bemerken Sie wohl: diese Feststellung, dass wir sein Eigentum sind, diese Beziehung von uns her zu ihm hin hat nicht in erster Linie so etwas wie eine m o r a l i s c h e oder auch r e l i g i ö s e Qualität, sondern sie beruht auf einem Sachverhalt, auf einer o b - j e k t i v e n O r d n u n g. Das Moralische und Religiöse ist *cura posterior*. Es wird sich wohl notwendig auch etwas Moralisches und Religiöses ergeben, aber zunächst i s t es einfach einmal so, dass wir ihm gehören. Laut der Verfügung Gottes ist der Mensch nicht trotz, sondern in seiner Freiheit Christi Eigentum. Denn was der Mensch als seine Freiheit erkennt und lebt, das lebt er eben in der Freiheit, die ihm dadurch gegeben und geschaffen ist, dass Christus für ihn eintritt vor Gott. Es ist also die grosse W o h l t a t Gottes, die damit bezeichnet ist, dass Jesus Christus der Herr ist. Es ist die Göttlichkeit dieser Wohltat, die Göttlichkeit der ewigen Barmherzigkeit, die, ehe wir waren und ehe wir seiner gedacht, uns gesucht und gefunden hat in ihm. Es ist diese göttliche Barmherzigkeit, welche die Herrschaft Christi auch für uns begründet und uns von allen anderen Herrschaften befreit. Es ist diese göttliche Barmherzigkeit, die das Mitspracherecht aller anderen Herren ausschliesst und es unmöglich macht, eine andere Instanz neben dieser Instanz und einen anderen Herren neben diesen Herren zu stellen und ihm zu gehorchen. Und es ist diese ewige Barmherzigkeit Gottes, in welcher diese Verfügung über uns beschlossen ist, die es unmöglich macht, an dem Herrn Jesus Christus vorbei nun vielleicht doch wieder an einen anderen Herrn zu appellieren und vielleicht doch wieder mit dem Schicksal oder der Geschichte oder der Natur zu rechnen als mit dem, was uns eigentlich beherrscht. Wenn man einmal gesehen hat, dass Christi *potestas* in der Barmherzigkeit, Güte und Liebe Gottes begründet ist, dann erst gibt man alle Vorbehalte auf. Dann fällt die Einteilung in eine religiöse Sphäre und in andere Sphären dahin. Dann trennt man nicht mehr zwischen Leib und Seele und auch nicht mehr zwischen Gottesdienst und Politik. Alle diese Trennungen hören dann auf, denn der Mensch ist einer und als solcher der Herschaft Christi unterstellt.

Dass Jesus Christus unser Herr ist, das w e i s s die Gemeinde, das w e i s s man in der Kirche. Die Wahrheit «Unser Herr» hängt aber nicht daran, dass wir sie wissen und anerkennen und dass es eine Gemeinde gibt, wo sie eingesehen und ausgesprochen wird, sondern weil Jesus Christus unser Herr i s t, darum kann er als solcher e r k a n n t und v e r k ü n d i g t werden. Aber dass das so ist, dass alle Menschen in Ihm ihren Herren haben, das weiss niemand selbstverständlich. Dieses Wissen ist Sache unserer Erwählung und Berufung, Sache der durch sein Wort versammelten Gemeinde, Sache der Kirche.

Ich habe Luthers Auslegung des zweiten Artikels zitiert. Man könnte und kann gegen diese Auslegung den Einwand erheben, dass Luther aus dem «unser» ein «mein» Herr gemacht hat. Ich würde mich freilich nicht getrauen, Luther hieraus einen Vorwurf zu machen, denn gerade mit dieser Konzentration auf den Einzelnen hat Luthers Auslegung eine ganz ausserordentliche Wucht und Eindringlichkeit bekommen. «M e i n Herr»: damit bekommt das Ganze eine unerhörte Aktualität und Existentialität. Aber wir dürfen nicht aus dem Auge verlieren, dass das Bekenntnis in Übereinstimmung mit dem gebräuchlichen Ausdruck des Neuen Testamentes sagt: «U n s e r Herr». Genau so wie wir im Unser Vater in der Mehrzahl beten, nicht als Masse aber als Gemeinschaft. Das Bekenntnis «Unser Herr» ist das Bekenntnis derer, die berufen sind in seiner Gemeinde Brüder und Schwestern zu sein, mit einem gemeinsamen Auftrag der Welt gegenüber zu treten. Sie sind es, welche Jesus Christus erkennen und bekennen als den, der Er ist. Sie nennen ihn «unser» Herr. Aber wir müssen sofort, wenn wir uns klar machen, dass es einen solchen Ort der Erkenntnis und des Bekenntnisses gibt, wieder hinausblicken ins Weite und dürfen das «unser Herr» nicht einschränkend verstehen, so dass die christliche Gemeinde zwar ihren Herrn in Jesus Christus hätte, andere Versammlungen und Gemeinschaften aber hätten andere Herren. Das Neue Testament hat keinen Zweifel darüber gelassen, dass es nur e i n e n Herrn gibt und dieser Herr ist der Herr der W e l t, Jesus Christus. Das hat die Gemeinde der Welt zu verkündigen. Die Wahrheit und Wirklichkeit der Kirche gehört in den dritten Glaubensartikel. Aber so viel ist schon hier und gerade hier zu sagen: Die Gemeinde Jesu Christi ist nicht eine Wirklichkeit, welche um ihrer selbst willen existiert, sondern sie existiert, indem sie einen A u f t r a g hat. Was sie w e i s s, das hat sie der W e l t zu sagen. «Lasset euer Licht leuchten vor den Leuten.» Indem sie das tut, indem sie, wie es von Anfang an geschehen ist, eine einzige lebendige Anzeige ist der Welt gegenüber, die Anzeige der Existenz des Herrn, erhebt sie also keinen falschen Anspruch für sich selber, für ihren Glauben und ihr Wissen: Nein, Jesus Christus ist d e r Herr!

Das nicaenische Glaubensbekenntnis hat darum auch hier eine gute kleine Erweiterung dem *Apostolicum* gegenüber gegeben: *unicum dominum,* der e i n z i g e Herr. D a s auszusprechen und anzuzeigen ist der Auftrag der Kirche. Man sollte unter Christen und in der Gemeinde das, was man die «Welt» nennt, zum vornherein nicht anders sehen als den Bereich, als diejenigen Menschen, die eben das — und zwar von u n s — zu h ö r e n bekommen sollen. Alles Andere, was wir von der Welt sonst zu wissen meinen, alle Feststellungen ihrer Gottlosigkeit sind sekundäre Bestimmungen und gehen uns im Grunde nichts an. Was uns Christen interessiert und angeht, ist nicht das, dass die Welt nicht da steht, wo wir stehen, dass sie ihr Herz und ihren Kopf dem Glauben verschliesst, sondern nur das, dass sie, dass diese Menschen die sind, die ihn von uns zu h ö r e n bekommen sollen, denen wir den Herrn a n z e i g e n dürfen.

Ich möchte hier beiläufig auch eine Frage beantworten, die mir ein paar Mal in diesen Wochen gestellt worden ist: «Wissen

Sie nicht, dass Viele in dieser Vorlesung sitzen, die keine Christen sind?» Ich habe dann immer gelacht und gesagt: «das ist mir gleichgültig». Es wäre ja furchtbar, wenn der Christenglaube den Menschen trennen und absondern wollte von den Anderen. Er ist ja doch das stärkste Motiv, das Menschen zusammenführen und verbinden kann. Und das Verbindende ist ganz schlicht und anspruchsvoll zugleich der Auftrag, den die Gemeinde hat, ihre Botschaft auszurichten. — Wenn wir die Sache noch einmal von der G e m e i n d e aus betrachten, d. h. von denen aus, die mit Ernst Christen sein wollen — «Ich glaube, lieber Herr, hilf meinem Unglauben!» — so müssen wir uns vor Augen halten, dass Alles darauf ankommen wird, dass die Christen den Nicht-Christen in Wort und Werk nicht etwa ein B i l d des Herrn, nicht eine I d e e von Christus vor Augen malen, sondern dass es ihnen gelingt mit ihren menschlichen Worten und Vorstellungen hinzuweisen auf Christus selber. Denn nicht die Vorstellung von ihm, nicht das Dogma von Christus ist der wirkliche Herr, sondern der, der im Wort der Apostel bezeugt ist. Das sei denen gesagt, die sich zu den Glaubenden zählen: Möchte es uns gegeben sein, kein Bild aufzurichten, wenn wir von Christus reden, kein christliches Götzenbild, sondern in aller unserer Schwachheit zu zeigen auf den, der der Herr ist und so in der Kraft seiner Gottheit die souveräne Entscheidung über das Dasein j e d e s Menschen.

§ 14 Das Geheimnis und das Wunder der Weihnacht

Die Wahrheit der Empfängnis Jesu Christi vom Heiligen Geiste und von seiner Geburt aus der Jungfrau Maria ist zugleich der Hinweis auf die in seiner geschichtlichen Erscheinung vollzogene wahre Menschwerdung des wahren Gottes und die Erinnerung an die besondere Form, durch die dieser Anfang der in Jesus Christus geschehenen göttlichen Gnaden- und Offenbarungstat vor anderen menschlichen Geschehnissen ausgezeichnet war.

Wir kommen nun zu einer der Stellen und vielleicht sogar an d i e Stelle, an der man von jeher und weithin auch innerhalb der christlichen Gemeinde Anstoss genommen hat. Und vielleicht geht es Ihnen auch so, dass Sie bereit waren bis hieher der gegebenen Erklärung zu folgen, wenn auch dann und wann mit dem unheimlichen Gefühl: Wohin führt das noch? und dass Sie nun bei dem was jetzt folgt – und was nicht meine Erfindung, sondern das Bekenntnis der Kirche ist! – stocken. Wir wollen es aber nicht mit der Angst bekommen, sondern wenn wir bis dahin unseren Weg in verhältnismässiger Ruhe gegangen sind, so wollen wir mit der gleichen Ruhe und Sachlichkeit auch an diesen Abschnitt herantreten: «empfangen vom Heiligen Geist, geboren aus Maria der Jungfrau». Es soll uns auch hier ganz und gar um die W a h r h e i t gehen, wir wollen aber auch hier mit Ehrfurcht uns nähern, so dass die beklommene Frage: M u s s man das glauben? nicht das Letzte bleibt, sondern dass wir in Freudigkeit vielleicht auch hier Ja sagen dürfen.

Es handelt sich um den Anfang einer ganzen Reihe von Aussagen über Jesus Christus. Was wir bisher hörten, war die Bezeichnung des Subjektes. Nun hören wir eine Anzahl von Bestimmungen: empfangen, geboren, gelitten, gekreuzigt, begraben, niedergefahren, wieder auferstanden, sitzend zur Rechten Gottes, von dannen er wiederkommen wird . . . , die eine Handlung oder ein Geschehen bezeichnen. Es handelt sich um eine Lebensgeschichte, anfangend mit Zeugung und Geburt wie jedes Menschenleben und dann ein Lebenswerk in merkwürdiger Zusammendrängung auf das eine Wörtlein «gelitten», eine Passionsgeschichte und schliesslich die göttliche Bestätigung dieses Lebens in seiner Auferstehung, seiner Himmelfahrt und dem noch ausstehenden Abschluss: von dannen er wiederkommen wird zu richten die Lebendigen und die Toten. Der da handelt und lebt, ist Jesus Christus, Gottes einziger Sohn, unser Herr.

Wenn man verstehen will, was das heisst: «empfangen vom Heiligen Geist und geboren aus der Jungfrau Maria», dann muss man vor allem zu sehen versuchen, dass diese beiden merkwürdigen Aussagen dies besagen, dass G o t t aus freier Gnade Mensch, wirklicher M e n s c h, wurde. Das ewige Wort wurde Fleisch. Das ist das Wunder der Existenz Jesu Christi, dieses Herabsteigen Gottes von oben nach unten: Heiliger Geist und Jungfrau Maria. Das ist das Geheimnis der Weihnacht, das Geheimnis der I n k a r n a t i o n. Die katholische Gemeinde schlägt an dieser Stelle des Glaubensbekenntnisses das Kreuz. Und in den verschiedensten Vertonungen haben die Komponisten versucht, dieses *«et incarnatus est»* wiederzugeben. Dieses Wunder feiern wir alljährlich, wenn wir Weihnacht feiern. «Wenn ich dies Wunder fassen will, so steht mein Geist vor Ehrfurcht still.» Das ist Gottes Offenbarung *in nuce,* die wir nur begreifen, nur hören können als den Anfang aller Dinge.

Aber darüber hinaus geht es hier nicht um Empfängnis und Geburt im allgemeinen, sondern um eine ganz bestimmte Empfängnis und eine ganz bestimmte Geburt. Warum Empfängnis vom Heiligen Geist und warum Geburt aus Maria der Jungfrau? Warum dieses besondere Wunder, das in diesen zwei Begriffen ausgedrückt werden soll, neben dem grossen Wunder der Inkarnation? Warum tritt neben das Geheimnis der Inkarnation das Wunder der Weihnacht? Es wird hier neben die ontische Aussage sozusagen eine noetische gestellt. Haben wir es in der Inkarnation mit der S a c h e zu tun, so hier mit dem Z e i c h e n. Beides darf nicht verwechselt werden. Die Sache, um die es an der Weihnacht geht ist an und für sich wahr. Aber das z e i g t sich, das enthüllt sich im W u n d e r der Weihnacht. Es wäre aber falsch, nun daraus zu folgern, dass es also «nur» um ein

Zeichen gehe, das man also vielleicht auch vom Geheimnis subtrahieren könne. Ich möchte davor warnen. Selten ist es so im Leben, dass man Form und Inhalt trennen kann.

«Wahrer Gott und wahrer Mensch.» Betrachten wir diese christliche Grundwahrheit zunächst im Lichte des « e m p f a n - g e n   v o m   H e i l i g e n   G e i s t », so tritt uns die Wahrheit vor Augen: der Mensch Jesus Christus hat seinen Ursprung schlechterdings in Gott, d. h. er hat seinen Anfang in der Geschichte darin, dass Gott in Person Mensch wurde. Das bedeutet: Jesus Christus ist wohl Mensch, w a h r e r   M e n s c h, aber er ist nicht nur Mensch, nicht nur ein etwas ausserordentlich begabter oder besonders geführter Mensch, geschweige denn ein Übermensch, sondern er ist, indem er Mensch ist, Gott selber. Gott ist e i n s mit ihm. Seine Existenz fängt an mit Gottes besonderer Handlung, er ist als Mensch in Gott begründet, er ist w a h r e r G o t t. Das Subjekt der Geschichte Jesu Christi ist also Gott selber, so wahr da ein Mensch lebt und leidet und handelt. Und so gewiss es in diesem Leben um menschliche Initiative geht, so gewiss hat diese menschliche Initiative ihren Grund darin, dass Gott in ihm und durch ihn die Initiative ergriffen hat. Unter diesem Gesichtspunkt wird man nicht umhin können zu sagen: die Menschwerdung Jesu Christi ist ein Analogon zur Schöpfung. Noch einmal handelt Gott als Schöpfer, aber nun nicht als Schöpfer aus dem Nichts, sondern Gott tritt auf den Plan und schafft innerhalb der Schöpfung einen neuen Anfang, einen neuen Anfang in der Geschichte und zwar in der Geschichte Israels. In der Kontinuität der menschlichen Geschichte wird jetzt ein Punkt sichtbar, wo Gott selber dem Geschöpf zu Hilfe eilt und mit ihm eins wird. Gott wird Mensch. So beginnt diese Geschichte.

Und nun haben wir das Blatt zu wenden und kommen zu dem Zweiten was damit ausgesprochen wird, wenn wir sagen: « g e b o r e n   a u s   M a r i a   d e r   J u n g f r a u ». Nun wird dies unterstrichen: wir befinden uns auf Erden. Da ist ein Menschenkind, die Jungfrau Maria und wie von Gott, so kommt Jesus auch von diesem Menschen her. Gott gibt sich — das heisst «geboren aus Maria der Jungfrau» — einen irdischen, einen menschlichen Ursprung. Jesus Christus ist nicht «nur» wahrer Gott: das wäre nicht wirkliche Menschwerdung — er ist aber auch nicht

113

ein Mittelwesen sondern er ist Mensch wie wir alle, Mensch ohne Vorbehalt. Er ist uns Menschen nicht nur ähnlich, sondern er ist uns gleich. Wie Gott im Leben Jesu Christi Subjekt ist, so ist der Mensch das Objekt in dieser Geschichte, aber nicht im Sinne eines Gegenstandes, an dem gehandelt wird, sondern eines Menschen, der handelnd auf dem Plane ist. Der Mensch wird nicht zur Marionette in dieser Begegnung mit Gott, sondern wenn es echte Humanität gibt, so hier, wo Gott selber sich zum Menschen macht.

Das wäre der eine Kreis, der hier zu sehen ist: wahre Gottheit und wahre Menschheit in schlechthiniger Einheit. Im Konzil von Chalcedon 451 hat die Kirche versucht, diese Einheit klar abzugrenzen gegen alle Missverständnisse: gegen die monophysitische Vereinerleiung, die auf den sogenannten Doketismus hinauslief, der im Grunde keine wahre Menschheit Christi kennt – Gott ist nur scheinbar Mensch geworden – und gegen die nestorianische Distanzierung von Gott und Mensch, die hier schlechterdings trennen wollte und nach der die Gottheit Christi jeden Augenblick als abgelöst von seiner Menschheit gedacht werden kann. Auch diese Lehre geht auf einen älteren Irrtum, den der sogenannten Ebioniten zurück. Von diesen Ebioniten konnte der Weg zu den Arianern führen, welche Christus nur als ein besonders hervorgehobenes Geschöpf verstehen wollten. Das Konzil von Chalcedon hat die These formuliert, dass die Einheit «unvermischt, unverwandelt, ununterschieden und unzertrennt» sei. Vielleicht sind Sie geneigt das als ein «Theologenfündlein» zu bezeichnen oder gar als «Pfaffengezänk». Aber bei solchen Streitigkeiten ist es nie darum gegangen, das Geheimnis zu beseitigen, als wollte man mit solchen Formeln die Sache rationalistisch auflösen, sondern das Bemühen der alten Kirche war dies – und darum lohnt es sich, auch heute noch auf sie zu hören – den Blick der Christen gerade in der rechten Weise auf dieses Geheimnis zu lenken. Alle anderen Versuche waren Versuche, das Geheimnis in eine menschliche Verständlichkeit aufzulösen. Gott für sich und ein geheimnisvoller Mensch, das ist fassbar, und auch das einzigartige Zusammentreffen dieses Gottes und dieses Menschen in der Gestalt Jesu kann man noch erklären. Aber diesen Theorien, gegen die die alte Kirche sich wendet, fehlt der Blick auf das Geheimnis. Den alten Orthodoxen aber war daran gelegen, die Menschen um dieses Zentrum zu sammeln: Wer nicht glauben will, der soll es lassen, aber hier darf nichts abgeschwächt, dieses Salz darf nicht dumm werden. Darum der grosse Aufwand von Mühe der alten Konzilien und Theologen. Es ist immer ein wenig pöbelhaft, wenn man heute aus unserer im Ganzen etwas barbarischen Geistigkeit heraus sagt, sie seien damals «zu weit» gegangen, statt dankbar zu sein dafür, dass damals so gründlich gearbeitet worden ist. Sie brauchen ja nicht auf die Kanzel zu steigen und diese Formeln rezitieren, aber die Sache sollten Sie sich gründlich durch den Kopf gehen lassen. Die Christenheit hat einmal gesehen und hat es einmal festgestellt, um was es geht in dem Wunder der Weihnacht: um die *unio hypostatica,* um die echte Einheit des w a h - r e n Gottes und des w a h r e n Menschen in dem einen Jesus Christus. Und wir sind aufgefordert, das festzuhalten.

Aber nun merken Sie sicher alle, dass in diesen Wendungen «empfangen vom Heiligen Geist» und «geboren aus Maria der Jungfrau» noch etwas Spezielles ausgesagt wird. Von einer ungewöhnlichen Erzeugung und von einer ungewöhnlichen Geburt ist da die Rede. Man nennt diese Sache die *nativitas Jesu Christi.* Auf das G e h e i m n i s der wahren Gottheit und der wahren Menschheit z e i g t ein W u n d e r : das Wunder dieser Erzeugung und dieser Geburt.

Was heisst « e m p f a n g e n v o m H e i l i g e n G e i s t » ? Das heisst nicht, dass der Heilige Geist sozusagen der Vater Jesu Christi sei, sondern damit ist streng genommen nur die Negation ausgesagt: der Mensch Jesus Christus hat keinen Vater. Es ist bei seiner Erzeugung nicht so zugegangen wie es zugeht, wenn eine menschliche Existenz ihren Anfang nimmt, sondern diese menschliche Existenz beginnt in der Freiheit Gottes selber, in der Freiheit, in der Vater und Sohn e i n e s sind im Band der Liebe, im Heiligen Geist. Wir sollen also, wenn wir auf den Anfang der Existenz Jesu blicken, hineinblicken in diese letzte Tiefe der Gottheit, in der Vater und Sohn eins sind. Das ist die Freiheit des inneren Lebens Gottes und in dieser Freiheit beginnt die Existenz dieses Menschen *anno Domini 1.* Indem dies geschieht, indem Gott selber hier ganz konkret mit sich selber anfängt, darf dieser Mensch, der dazu von sich aus weder dessen fähig noch willig ist, das Wort Gottes nicht nur verkünden, sondern das

Wort Gottes selber s e i n. Es beginnt inmitten der alten die neue Menschheit. Das ist das Wunder der Weihnacht, das Wunder der vaterlosen Erzeugung Jesu Christi. Das hat nichts zu tun mit den auch sonst in der Religionsgeschichte erzählten Mythen der Erzeugung von Menschen durch Götter. Um eine solche Erzeugung geht es hier nicht. Gott selber tritt als Schöpfer auf den Plan und nicht als Partner dieser Jungfrau gegenüber. Die christliche Kunst früherer Zeiten hat versucht, dies wiederzugeben, dass es sich hier nicht um einen sexuellen Vorgang handelte. Und man hat wohl gesagt, dass diese Erzeugung vielmehr durch das Ohr der Maria realisiert wurde, das das Wort Gottes hörte.

«G e b o r e n   a u s   M a r i a   d e r   J u n g f r a u» : Noch einmal und nun vom Menschen aus gesehen wird hier der Mann ausgeschlossen. Der Mann hat mit dieser Geburt nichts zu schaffen. Es handelt sich hier, wenn man so will, um einen göttlichen Gerichtsakt. Zu dem, was hier beginnen soll, soll der Mensch mit seiner Aktion und seiner Initiative nichts beitragen. Der Mensch wird nicht einfach ausgeschlossen: die Jungfrau ist ja dabei. Der Mann aber als der spezifische Träger der menschlichen Aktion und Geschichte, mit seiner Verantwortung für die Führung des menschlichen Geschlechtes, er muss jetzt als die ohnmächtige Gestalt des Joseph in den Hintergrund treten. Das ist d i e christliche Antwort auf die Frauenfrage: hier steht die Frau schlechterdings im Vordergrund, und zwar die *virgo*, die Jungfrau Maria. Gott hat nicht den Menschen in seinem Stolz und in seinem Trotz erwählt, sondern in seiner Schwachheit und Demut, nicht den Menschen in seiner geschichtlichen Rolle, sondern den Menschen in der Schwachheit seiner Natur, wie sie durch die Frau repräsentiert wird, den Menschen, der Gott nur mit den Worten: «Siehe, ich bin des Herrn Magd; mir geschehe, wie du gesagt hast!» gegenüberstehen kann. Das ist die Mitwirkung des Menschen in dieser Sache, das und nur das! Wir dürfen aus dieser Magd-Existenz des Menschen nicht wieder ein Verdienst machen wollen und nicht der Kreatur doch wieder eine Potenz zuzuschreiben versuchen. Es kann sich nur darum handeln, dass Gott den Menschen in seiner Ohnmacht und in seiner Demut angesehen hat, und dass Maria ausspricht, was die Kreatur in diesem Gegenüber allein aussprechen kann. Dass Maria das tut und damit die Kreatur Ja sagt zu Gott, das gehört selber zum grossen Ausgenommenwerden, das dem Menschen von Gott widerfährt.

Es ist das Wunder der Weihnacht die f a k t i s c h e F o r m des Geheimnisses der persönlichen Vereinigung von Gott und Mensch, der *unio hypostatica*. Die christliche Kirche und Theologie hat immer wieder festgestellt, man könne nicht postulieren, dass die Wirklichkeit der Inkarnation, das Geheimnis der Weihnacht mit absoluter Notwendigkeit gerade diese Form dieses Wunders haben m u s s t e. Die wahre Gottheit und die wahre Menschheit Jesu Christi in ihrer Einheit hängen nicht daran, dass Christus vom Heiligen Geist empfangen und von der Jungfrau Maria geboren ist. Sondern man wird nur dies sagen können, dass es Gott gefallen hat, das Geheimnis in dieser Form und Gestalt wirklich sein und offenbar werden zu lassen. Wiederum kann das aber nicht bedeuten, dass wir dieser faktischen Form des Wunders gegenüber sozusagen frei sind, sie zu bejahen oder auch nicht zu bejahen, so dass wir etwa an dieser Stelle eine Subtraktion vornehmen und sagen könnten: Wir haben gehört, behalten uns aber vor, dass diese Sache auch in einer anderen Gestalt für uns zu haben sein könnte. Man versteht das Verhältnis von Sache und Form, das hier vorliegt, vielleicht am besten mit einem Blick auf die Ihnen allen bekannte Geschichte von der Heilung des Gichtbrüchigen (Mark. 2): «Auf dass ihr w i s s e t, dass des Menschen Sohn Macht hat Sünden zu vergeben: Steh auf, nimm dein Bett und wandle.» «Auf dass ihr wisset...» so ist auch das Wunder der Jungfrauengeburt zu verstehen. Es handelt sich um das Geheimnis der Inkarnation, als dessen sichtbare Gestalt das Wunder geschieht. Man würde Mark. 2 schlecht verstanden haben, wenn man die Stelle so lesen wollte, als sei das Hauptwunder die Sündenvergebung und die leibliche Heilung eine Nebensache. Eines gehört hier offenbar notwendig zum anderen. Und so wäre auch zu warnen davor, das Wunder der *nativitas* einklammern und sich an das Geheimnis als solches halten zu wollen. Eines darf mit Bestimmtheit gesagt werden: dass immer da, wo man sich vor diesem Wunder flüchten wollte, eine Theologie am Werke war, die faktisch auch das Geheimnis nicht mehr verstanden und gewürdigt hat, sondern die versuchte, das Geheimnis der Einheit von Gott und Mensch in Jesus Christus, das Geheimnis der freien Gnade Gottes, zu

117

eskamotieren. Und andererseits: wo dieses Geheimnis verstanden worden ist und man jedem Versuch natürlicher Theologie aus dem Wege ging, weil man ihn nicht nötig hatte, da wurde das Wunder dankbar und freudig anerkannt. Es wurde sozusagen innerlich notwendig an dieser Stelle.

§ 15   Der gelitten hat...

*Das Leben Jesu Christi ist nicht Triumph, sondern Erniedri-
gung, nicht Erfolg, sondern Misserfolg, nicht Freude, sondern
Leiden. Eben damit enthüllt es den menschlichen Aufruhr gegen
Gott und den ihm notwendig folgenden Zorn Gottes über den
Menschen, aber auch die Barmherzigkeit, in der Gott sich die
Sache des Menschen und also dessen Erniedrigung, Misserfolg
und Leiden zu eigen gemacht hat, damit sie die Sache des Men-
schen nicht mehr sein müsse.*

Im Katechismus C a l v i n s kann man zu dieser Stelle die
merkwürdige Feststellung lesen, es sei im Glaubensbekenntnis
das Leben Jesu bis zur Passion hin ü b e r g a n g e n, weil das,
was in diesem Leben bis zur Passion hin geschehen sei, nicht
zum «Substantiellen unserer Erlösung» gehöre. Ich erlaube mir,
dazu zu sagen: hier irrt Calvin. Wie darf man sagen, dass das
übrige Leben Jesu nicht substantiell sei für unsere Erlösung?
Was würde und sollte es dann bedeuten? Eine blosse überflüssige
Historie? Ich würde denken, es handle sich im g a n z e n Leben Jesu um das, was mit dem Artikel: «er hat gelitten ...» seinen Anfang nimmt. Wir haben bei Calvin ein erfreuliches Exem-
pel vor Augen, dass die Schüler auch eines grossen Meisters
manchmal besser sehen als dieser: im Heidelberger Katechismus,
den Calvins Schüler Olevian und Ursinus verfassten, heisst es:
Fr. 37 «Was verstehst du unter dem Wörtlein ‹ ,gelitten'?» «Dass
er an Leib und Seele d i e g a n z e Z e i t s e i n e s L e b e n s
a u f E r d e n, sonderlich aber am Ende desselben, den Zorn
Gottes wider die Sünde des ganzen menschlichen Geschlechtes
getragen hat.» Man könnte für die Meinung Calvins freilich an-
führen, dass Paulus und überhaupt die Episteln des Neuen Testamentes auf diese «ganze Zeit» des Lebens Christi kaum Bezug
nehmen, und dass sich die Apostel auch nach der Apostel-
geschichte merkwürdig wenig dafür interessiert zu haben scheinen. Ihnen steht scheinbar nur das Eine vor Augen, dass er von

den Juden verraten den Heiden ausgeliefert worden, ans Kreuz gebracht, und von den Toten auferstanden ist. Aber wenn die urchristliche Gemeinde ihren Blick so völlig auf den Gekreuzigten und Auferstandenen konzentriert hat, so ist das nicht exklusiv zu verstehen, sondern inklusiv: dass Christus gestorben und auferstanden ist, das ist eine Reduzierung des g a n z e n Lebens Jesu, aber man muss eben darin auch seine Entfaltung sehen. Es gehört das ganze Leben Jesu unter dieses Wort «gelitten».

Das ist eine höchst erstaunliche Tastache, auf die wir aus dem bisherigen nicht ohne weiteres vorbereitet sind. Jesus Christus, Gottes einziger Sohn, unser Herr, empfangen vom Heiligen Geist, geboren aus Maria der Jungfrau, der wahre Gottessohn und der wahre Menschensohn: wie verhält sich dazu die Explikation seines ganzen Lebens unter dem Zeichen: er hat g e l i t t e n ? Man sollte Anderes erwarten, irgend etwas Strahlendes, Triumphierendes, Erfolgreiches, Freudevolles. Und nun hören wir kein Wort davon, sondern beherrschend für das Ganze dieses Lebens die Aussage: er hat gelitten. Ist das wirklich das Letzte? Man wird gewiss nicht übersehen dürfen, wie dieses Ganze endet: am dritten Tage wieder auferstanden von den Toten. Und es ist das Leben Jesu auch sonst nicht ganz ohne Anzeichen der kommenden Freude und des kommenden Sieges. Nicht umsonst ist da so viel von »Seligpreisung» die Rede und nicht umsonst wird das Bild der Hochzeitsfreude so oft erwähnt. Wenn wir auch gewiss nicht ohne Befremden konstatieren, dass wir von Jesus mehrmals hören, dass er geweint, aber niemals dass er gelacht hat, so ist doch zu sagen, dass durch seine Leiden fortwährend etwas durchschimmerte von Freude auch an der ihn umgebenden Natur, an Kindern, und vor allem von Freude an seiner Existenz, seiner Sendung. Wir hören einmal, dass gesagt wird: er jubelte über die Tatsache, dass Gott es den Weisen verborgen, den Unmündigen aber offenbar gemacht hat. Und in den Wundern Jesu ist Triumph und Freude. Heilung und Hilfe bricht da herein in das Leben der Menschen. Es scheint sichtbar zu werden, wer da auf dem Plane ist. In der Geschichte der Verklärung, in der erzählt wird, dass die Jünger Jesus weisser gesehen haben als in irgend einem Weiss, das irdisch möglich ist, wird dieses Andere, wird der Ausgang dieses Lebens vorwegnehmend sichtbar, man könnte auch sagen: sein Anfang und Ursprung.

Bengel hat zweifellos recht gehabt, wenn er von den Evangelien vor der Auferstehung sagt: man könnte von allen diesen Geschichten Jesu sagen: *spirant resurrectionem.* Aber mehr als das kann man in der Tat nicht sagen. Es ist ein Duft vom Anfang und vom Ende her, ein Duft von der siegreichen Gottheit, die da auf dem Plane ist.

Die Gegenwart dieses Lebens aber ist wirklich von Anfang an L e i d e n. Für die Evangelisten Lukas und Matthäus stand ohne Zweifel schon die K i n d h e i t Jesu, seine Geburt im Stall von Bethlehem unter dem Zeichen des Leidens. Dieser Mann bleibt sein Leben lang ein Verfolgter, ein Fremdling in seiner Familie — was für anstössige Worte kann er sagen! — und in seinem Volke, ein Fremdling in den Bereichen des Staates und der Kirche und der Kultur. Und was für einen Weg offenkundigen Misserfolges geht er! Wie gänzlich einsam und angefochten steht er unter den Menschen, den Führern seines Volkes, aber auch den Volksmassen gegenüber und sogar im Kreis seiner Jünger! Er wird in diesem engsten Kreis seinen Verräter finden und in dem Manne, zu dem er sagt: «Du bist der Fels...», den Mann, der ihn dreimal verleugnet. Und endlich sind es die Jünger, von denen es heisst: «da verliessen sie ihn alle». Das Volk aber ruft im Chor: Hinweg mit ihm, kreuzige ihn! — Das ganze Leben Jesu vollzieht sich in dieser Einsamkeit und so bereits im Schatten des Kreuzes. Und wenn das Licht der Auferstehung hie und da einmal aufleuchtet, so ist das die Ausnahme, die die Regel bestätigt. Des Menschen Sohn m u s s hinaufziehen nach Jerusalem, muss dort verurteilt, gegeisselt und gekreuzigt werden — um am dritten Tage zu auferstehen. Aber zunächst ist es dieses beherrschende Muss, das ihn zum Galgen führt.

Was bedeutet das? Ist das nicht das Gegenteil von dem, was man unter der Kunde, dass Gott Mensch ward, erwarten kann? Hier wird gelitten. Beachten Sie, es ist hier zum ersten Mal im Glaubensbekenntnis, dass uns direkt das grosse Problem des Bösen und des Leides, das Problem des Übels begegnet. Wir haben gewiss schon mehrmals Bezug darauf nehmen müssen. Aber nach dem Buchstaben ist hier zum ersten Mal ein Hinweis darauf, dass in der Beziehung zwischen Schöpfer und Geschöpf nicht alles zum besten steht, dass da vielmehr ein Unrecht, eine Vernichtung waltet, dass da Schmerz zugefügt und erlitten wird.

Hier zuerst tritt die Schattenseite des Daseins in unser Blickfeld, und nicht etwa schon im ersten Artikel, wo von Gott dem Schöpfer die Rede ist. Nicht etwa in der Beschreibung des Geschöpfes als Himmel und Erde, sondern hier in der Beschreibung der Existenz des Geschöpf gewordenen Schöpfers erscheint das Böse, hier wird von weitem auch schon der Tod sichtbar. — Dass dem so ist, das bedeutet jedenfalls, dass Zurückhaltung geboten ist mit allen gewissermassen selbständigen Beschreibungen des Bösen und des Übels. Als man das später unternommen hat, hat man mehr oder weniger übersehen, dass dies alles erst im Zusammenhang mit Jesus Christus auf den Plan tritt. Er hat gelitten, Er hat sichtbar gemacht, was es um das Böse ist, um des Menschen Aufruhr gegen Gott. Was wissen wir denn vom Bösen und von der Sünde, was wissen wir, was Leiden heisst und was der Tod bedeutet? H i e r bekommen wir es zu wissen. Hier erscheint diese ganze Finsternis in ihrer Realität und Wahrheit. Hier wird Klage erhoben und gestraft, hier wird real sichtbar, wie es zwischen Gott und dem Menschen steht. Was sind alle unsere Seufzer, was ist alles das, was der Mensch zu wissen meint über seine Torheit und Sündigkeit und über die Verlorenheit der Welt, was ist alle Spekulation über das Leid und den Tod neben dem, was hier sichtbar wird? Er, er hat gelitten, der wahrer Gott und wahrer Mensch ist. Alles selbständige, d. h. von ihm gelöste Reden darüber wird notwendig unzureichend und unvollkommen sein. Es wird immer uneigentlich geredet werden von dieser Sache, wenn nicht von diesem Zentrum aus geredet wird. Dass der Mensch die furchtbarsten Schicksalsschläge erleiden kann und von Allem unberührt wie durch einen Regenschauer hindurchgeht, das steht uns heute vor Augen. Uns trifft eben weder das Leid noch das Böse in seiner eigentlichen Realität, das wissen wir nun. Wir können uns darum der Erkenntnis unserer Schuld und Sünde immer wieder entziehen. Zur eigentlichen Erkenntnis wird es nur dann kommen, wo wir erkennen: Er, der wahrer Gott und wahrer Mensch ist, hat gelitten. Mit anderen Worten: es braucht den Glauben, um zu sehen, was das ist, das Leid. H i e r wurde gelitten. Alles Andere, was wir als Leid kennen ist uneigentliches Leid verglichen mit dem, was hier geschehen ist. Erst von hier aus ist zu erkennen, dass und warum im geschöpflichen Kosmos überall im Verborgenen und im Öffentlichen gelitten wird: in der Teilnahme an dem Leiden, das Er gelitten hat.

Wenn wir dieses «Er hat gelitten» ins Auge fassen, dann wollen wir zunächst davon ausgehen: Es war G o t t, welcher in Jesus Christus Mensch wurde, der nun leiden musste, nicht etwa unter der Unvollkommenheit der Geschöpfwelt, nicht unter irgend einem Naturzusammenhang, sondern unter den Menschen, unter ihrem Verhalten ihm gegenüber. Von Bethlehem bis hin zum Kreuz ist er von der ihn umgebenden Mitwelt her verlassen, verstossen, verfolgt, schliesslich angeklagt, verurteilt und gekreuzigt worden. Das ist der Angriff des Menschen auf ihn, auf Gott selber. Hier kommt es zu einer Enthüllung des Aufruhrs des Menschen gegen Gott. Gottes Sohn wird abgelehnt und verworfen. Mit Gottes Sohn wissen die Menschen nur das anzufangen, was sie nach dem Gleichnis von den bösen Weingärtnern taten: Da kommt der Sohn und Erbe, lasst uns ihn töten und sein Erbe an uns nehmen! So antwortet der Mensch auf die gnadenvolle Gegenwart Gottes. Er hat zu seiner Gnade nur ein hasserfülltes Nein zu sagen. Es ist das Volk Israel, welches in Jesus seinen Messias, seinen König, verwirft. Es weiss das Volk Israel mit dem ihm verheissenen Führer seiner ganzen Geschichte, der dieser Sinn gibt, sie abschliesst und erfüllt, nichts Anderes anzufangen, als ihn schliesslich zur Tötung an die Heiden auszuliefern. Jesus stirbt den Straftod der römischen Justiz als ein von Israel den Heiden Ausgelieferter. So handelt Israel an seinem Heiland. Und die Heidenwelt in Gestalt von Pilatus kann diese Überlieferung ihrerseits nur annehmen. Sie vollstreckt das Urteil, das die Juden gesprochen haben und beteiligt sich damit ebenfalls an diesem Aufruhr gegen Gott. Was Israel hier tut, das ist die Offenbarung eines Sachverhalts, welcher in der ganzen Geschichte Israels vorhanden war: die von Gott gesandten Menschen werden nicht als Helfer, Tröster und Heilende freudig aufgenommen, sondern ihnen wird von Moses an und hier noch einmal abschliessend damit begegnet, dass der Mensch Nein zu ihnen sagt. Dieses Nein trifft direkt Gott selber. Es wird also erst in dieser letzten, intimsten und direkten Gegenwart Gottes die absolute Ferne des Menschen ihm gegenüber offenbar. Hier wird offenbar, was Sünde ist. Sünde heisst: die uns nahegekommene, die uns gegenwärtige Gnade Gottes als solche zurückweisen. Israel meint sich selber helfen zu können. Von hier aus gesehen müssen wir sagen, dass Alles, was wir als Sünde zu kennen meinen, klein und nebensächlich und eine blosse Anwendung dieser Ursünde ist. Genau wie im Alten Testament alle Gebote nur den einen Sinn haben, das Volk Israel hineinzubinden in den Gnadenbund Gottes, genau so ist die Übertretung aller Gebote darum schlimm und böse, weil sich darin der Protest des Menschen gegen Gottes Gnade manifestiert. Dass Jesus, der Sohn Gottes, gelitten hat unter Juden und Heiden, das enthüllt und nur das enthüllt wirklich das Böse. Von hier aus erst kann man begreifen, dass und inwiefern der Mensch unter der Anklage steht, und wessen er angeklagt wird. Hier erst stehen wir vor der Wurzel aller grossen und kleinen Übertretungen. Solange wir in dem, was wir im Grossen und im Kleinen sündigen und aneinander schuldig werden, nicht diese Wurzel erkennen und uns im Leiden Christi angeklagt sehen, uns in dem dort vollzogenen Aufruhr des Menschen gegen Gott selber wieder erkennen, solange werden alle Schulderkenntnisse und Schuldbekenntnisse eitel sein. Denn alle Schulderkenntnis ohne d i e s e Erkenntnis wird man wieder los werden können wie ein nassgewordener Pudel, der sich schüttelt und weitertrabt. Solange man das Böse noch nicht in seiner eigentlichen Natur gesehen hat, ist man nicht verhaftet (auch wenn man mit starken Worten von seiner Schuld redet) zu bekennen: Ich habe gesündigt im Himmel und vor Dir. Dieses «vor Dir» wird hier offenbar, und zwar offenbar als der Kern und Sinn aller einzelnen Schuld, in der wir stehen. Damit wird dieses Einzelne nicht nebensächlich. Was in einzelnen Aktionen von Menschen getan wird, von der Aktion des Pilatus bis zu der des Judas ist die Verwerfung der Gnade Gottes. Aber was da von Menschen getan wird, das bekommt sein ganzes Gewicht erst dadurch, dass es eben Gott angetan wird. Alles wird für unsere Erkenntnis des Bösen darauf ankommen, dass wir d a s erkennen; dass der Mensch unter der Anklage steht, Gottes Beleidiger zu sein. Wir können nur die unendliche Schuld sehen, in der wir Gott gegenüber stehen: aber dem Gott, der M e n s c h geworden ist. Wo wir am Menschen schuldig werden, sind wir automatisch erinnert an d i e s e n Menschen. Denn jeder Mensch, den wir beleidigt und geplagt haben, ist einer von denen, die Jesus Christus seine Brüder ge-

nannt hat. Was wir aber i h m angetan haben, das haben wir
G o t t angetan.

Nun ist es aber gewiss auch so, dass im Leben Jesu und in
seiner Leidensgeschichte auch einfach das Leben eines M e n -
s c h e n sich abspielt. Denken Sie an die grossen Werke der
christlichen Kunst, an die Vision Grünewalds vom Leidenden
am Kreuz bis hin zu weniger begabten Versuchen in den sogenannten Passionswegen katholischer Frömmigkeit: das Alles ist
auch der Mensch in seiner Qual, der von Stufe zu Stufe hinab-
sinkt in die Nöte der Anfechtung des Geschlagenseins und
schliesslich des Todes. Aber auch von dieser Seite gesehen ist es
nicht einfach der Mensch in seiner Unvollkommenheit, der als
sterbliches Wesen dadurch geplagt wäre, dass er nicht Gott ist,
denn die Gestalt des leidenden Jesus ist ja die Gestalt eines Verurteilten und Bestraften. Schon von Anfang an ist das, was das
Leiden Jesu verursacht, eine zuletzt explizit sichtbar werdende
juristische Aktion seines Volkes. Sie sehen in ihm den angeblichen Messias, der anders ist als der von ihnen erwartete, gegen
dessen Anspruch sie darum nur protestieren können. Denken Sie
an das Verhalten der Pharisäer bis hin zum Hohen Rat: da
wird ein Urteil gesprochen. Dieses Urteil wird dem weltlichen
Richter vorgetragen und von Pilatus vollstreckt. Die Evangelien
haben Gewicht gerade auf diesen juristischen Akt gelegt. Jesus
ist der Angeklagte, der Verurteilte und Bestrafte. Hier in dieser
juristischen Aktion enthüllt sich der Aufruhr des Menschen gegen
Gott.

Aber in ihr enthüllt sich auch der Z o r n G o t t e s gegen den
Menschen. Gelitten heisst im Heidelberger Katechismus: Jesus
hat den Zorn Gottes ein Leben lang getragen. Mensch-sein heisst
vor Gott so dran sein, diesen Zorn verdient zu haben. In dieser
Einheit von Gott und Mensch kann es nicht anders sein als dass
der Mensch dieser Verdammte und Geschlagene ist. Der Mensch
Jesus in seiner Einheit mit Gott ist die Gestalt des von Gott ge-
schlagenen Menschen. Auch die weltliche Justiz, die dieses
Urteil ausführt, tut dies nach Gottes Willen. Dazu ist Gottes
Sohn Mensch geworden, dass in ihm der Mensch unter Gottes
Zorn sichtbar wird. Des Menschen Sohn m u s s leiden und
überantwortet und gekreuzigt werden, so sagt das Neue Testa-
ment. Es wird in diesem Leiden der Zusammenhang sichtbar

zwischen der unendlichen Schuld und der dieser Schuld notwendig folgenden Sühne. Es wird sichtbar, dass wo Gottes Gnade verworfen wird, der Mensch in sein Unheil rennt. Es wird hier, wo Gott selber Mensch geworden ist, die tiefste Wahrheit des menschlichen Lebens offenbar: das totale Leid, welches der totalen Sünde entspricht.

Mensch sein heisst vor Gott so dran sein, wie Jesus dran ist: Träger des Zornes Gottes zu sein. Das gehört uns, das Ende am Galgen! Aber das ist nicht das Letzte: nicht der Aufruhr des Menschen und nicht der Zorn Gottes. Sondern das tiefste Geheimnis Gottes ist dies, dass Gott selber in dem Menschen Jesus dem nicht ausweicht, an die Stelle des sündigen Menschen zu treten und das zu sein (er hat ihn zur Sünde gemacht, der von keiner Sünde wusste), was dieser ist, ein Empörer, und das Leid eines solchen zu leiden. Die totale Schuld und die totale Sühne selber zu sein! Das ist es, was Gott in Jesus Christus getan hat. Gewiss ist das das schlechthin Verborgene dieses Lebens, das erst in der Auferstehung Christi an den Tag kommt. Es würde das Leiden Christi aber schlecht interpretiert, wenn wir stehen bleiben wollten in der Klage über den Menschen und sein Los. Wahrhaftig, das Leiden Christi erschöpft sich nicht darin, dass es aufruft zum Protest gegen den Menschen und zum Erschrecken vor dem Grimm Gottes (das ist nur die eine Seite des Leidens und schon das Alte Testament weist darüber hinaus). Der Bund des Friedens steht auch über diesem empörenden und schrecklichen Bild des Menschen. G o t t ist ja der, der hier schuldig wird und sühnt. Und so wird die Grenze sichtbar: die t o t a l e H i l f e gegen die t o t a l e S c h u l d. Das ist das Letzte, was auch das Erste ist: Gott ist gegenwärtig und seine Güte hat noch kein Ende. Aber was das bedeutet, kann uns erst in einem späteren Zusammenhang deutlich werden. Wir müssen nun zu einer Betrachtung übergehen, die sich merkwürdig zwischenhinein schiebt: «unter Pontius Pilatus».

§ 16   Unter Pontius Pilatus

Das Leben und Leiden Jesu Christi ist laut des mit ihm ver-
bundenen Namens des Pontius Pilatus ein Ereignis derselben
Weltgeschichte, in der sich auch unser Leben ereignet. Und es
bekommt durch die Mitwirkung dieses Politikers nach aussen
den Charakter einer Aktion, in welcher sowohl die göttliche
Einsetzung und Gerechtigkeit als auch die menschliche Ver-
kehrung und Ungerechtigkeit der staatlichen Ordnung des Welt-
geschehens wirksam und offenbar wird.

Wie kommt Pontius Pilatus ins *Credo?* Die Antwort könnte
zunächst etwas roh und bissig lauten: wie der Hund in die gute
Stube! Wie die Politik ins menschliche Leben und in irgend
einer Form dann auch in die Kirche! Wer ist Pontius Pilatus?
Wirklich eine unerfreuliche und unansehnliche Gestalt mit
einem ausgesprochen unerquicklichen Charakter. Wer ist Pontius
Pilatus? der höchst subalterne Funktionär, eine Art Platzkommandant der Militärregierung einer fremden Besetzungsmacht
in Jerusalem. Was macht er dort? Die jüdische Lokalgemeinde
hat einen Beschluss gefasst, zu dessen Exekution sie nicht genug
Autorität hatte. Sie hat ein Todesurteil beschlossen und muss
nun die Legalisierung und Exekutive von Pilatus einholen. Und
nach einigem Zögern tut er, was von ihm verlangt ist. Ein sehr
unbedeutender Mann in einer ganz äusserlichen Rolle, denn
alles Wichtige, alles Geistliche spielt sich ab zwischen Israel und
Christus, im Hohen Rat, der ihn anklagt und verwirft. Pilatus
in seiner Uniform steht dabei und wird gebraucht, und seine
Rolle ist nicht rühmlich: er erkennt den Mann als unschuldig
an und überführt ihn doch dem Tode. Er sollte nach strengem
Recht handeln, tut dies aber nicht, sondern lässt sich von
«politischen Erwägungen» bestimmen. Er wagt nicht, zum
Rechtsentscheid zu stehen, sondern gibt dem Geschrei des Volkes
nach und überliefert Jesus. Er lässt durch seine Kohorte die
Kreuzigung vollziehen. Wenn mitten im Glaubensbekenntnis der

christlichen Kirche in dem Augenblick, wo wir den Raum des tiefsten Geheimnisses Gottes zu betreten im Begriffe sind, solche Dinge sichtbar werden, dann möchte man wohl mit Goethe ausrufen: Ein garstig Lied, pfui, ein politisch Lied! — Aber es steht da: «unter Pontius Pilatus...» und darum müssen wir uns fragen, was das bedeuten möchte? Die Schriftstellerin Dorothy L. Sayers hat ein Hörspiel geschrieben für das englische Radio: «The man born to be king» und erklärt darin den Traum der Prokla, der Frau des Pilatus dahin, dass diese Frau im Traum gehört habe wie durch die Jahrhunderte hindurch in allen Zungen eben dies ausgerufen worden sei: «gelitten unter Pontius Pilatus». Wie kommt Pontius Pilatus ins *Credo?*

Dieser Name im Zusammenhang mit dem Leiden Christi macht es unüberhörbar klar: dieses Leiden Jesu Christi, diese Enthüllung des Aufruhrs des Menschen und des Zornes Gottes aber auch seiner Barmherzigkeit geschah nicht im Himmel, nicht auf irgend einem fernen Planeten oder gar in irgend einer Ideenwelt, das geschah i n u n s e r e r Z e i t, mitten in der Weltgeschichte, in der sich unser menschliches Leben abspielt. Wir müssen diesem Leben also nicht entfliehen, wir müssen uns nicht in ein besseres Land oder in irgend eine unbekannte Höhe flüchten, nicht in irgend ein geistiges Wolkenkuckucksheim oder ein christliches Märchenland: Gott ist in unser Leben in seiner ganzen Unschönheit und Schrecklichkeit gekommen. Dass das Wort Fleisch ward, das heisst auch, dass es zeitlich, geschichtlich ward. Es nahm die Gestalt an, die dem menschlichen Geschöpf zukommt, in der es solche Leute gibt, wie eben diesen Pontius Pilatus! zu denen man gehört und die man ein Stück weit auch immer selber ist! Es ist nicht nötig, die Augen davor zu verschliessen, denn Gott hat sie auch nicht verschlossen: er ist in das Alles hineingegangen. Die Fleischwerdung des Wortes ist ein höchst konkretes Geschehen, in dem ein menschlicher Name eine Rolle spielen darf. Gottes Wort hat den Charakter des *hic et nunc.* Es ist nichts mit der Meinung Lessings, als ob Gottes Wort eine «ewige Vernunftwahrheit» und nicht eine «zufällige Geschichtswahrheit» sei. Doch, Gottes Geschichte ist zufällige Geschichtswahrheit wie dieser kleine Platzkommandant. Gott hat sich dessen nicht geschämt in dieser Zufälligkeit zu existieren. Zu den Faktoren, die unsere menschliche Zeit und menschliche Geschichte bestimmten, gehört laut des Namens Pontius Pilatus auch das Leben und Leiden Jesu. Wir sind in dieser ungeheuerlichen Welt nicht allein gelassen. Sondern in diese Fremde ist Gott zu uns gekommen.

Das freilich ist deutlich, dass gerade die Tatsache, dass Jesus Christus unter Pontius Pilatus nur l e i d e n und s t e r b e n kann, diese Weltgeschichte als eine höchst fragwürdige charakterisiert. Hier wird offenbar, dass es sich um die vergehende Welt, um den alten Äon handelt, um die Welt, deren typischer Vertreter Pontius Pilatus in völliger Ohnmacht und Hilflosigkeit Jesus gegenübersteht. So blamiert sich das römische Weltreich, wie sich Pilatus als der Statthalter des grossen Kyrios in Rom blamiert. So sieht das ganze politische Treiben aus im Lichte des nahenden Gottesreiches: alles auf Abbruch und zum vornherein widerlegt. Das ist die eine Seite: diese Welt, in die Christus gekommen ist, wird durch ihn beleuchtet in ihrer ganzen Hinfälligkeit und Torheit.

Aber es wäre nicht richtig, dabei Halt zu machen. Denn die Pilatus-Episode in allen vier Evangelien hat doch zu viel Gewicht, als dass man sich dabei begnügen dürfte festzustellen: Pilatus ist eben der Weltmensch im allgemeinen. Er ist nicht nur das, sondern er ist der S t a a t s m a n n und P o l i t i k e r, es ist also die Begegnung zwischen Welt und Gottesreich hier doch eine besondere. Nicht um die Begegnung zwischen Gottesreich und menschlicher Wissenschaft, menschlicher Gesellschaft, menschlicher Arbeit handelt es sich hier, sondern um die Begegnung von Gottesreich und Polis. Pilatus steht also für die Ordnung, die der anderen Ordnung, die Israel und die Kirche darstellen, gegenübersteht. Er ist der Vertreter des Kaisers Tiberius. Er repräsentiert die Weltgeschichte, sofern sie zu allen Zeiten staatlich geordnet ist. Dass Jesus Christus unter Pontius Pilatus gelitten hat, das heisst also auch dies: er hat sich der staatlichen Ordnung unterstellt: «Du hättest keine Macht über mich, wenn sie dir nicht von oben gegeben wäre.» Jesus Christus macht vollen Ernst mit seinem Wort: «Gebet dem Kaiser, was des Kaisers ist!» Er gibt ihm das Seine, er greift die Autorität des Pilatus nicht an. Er leidet, aber er protestiert nicht etwa dagegen, dass Pilatus über ihn das Urteil zu sprechen hat. Mit anderen Worten: die staatliche Ordnung, die Polis, ist der Raum, in welchem sich auch sein Tun, das Tun des ewigen Wortes Gottes, abspielt. Es ist der Raum, in welchem nach menschlicher Einsicht unter Androhung und Anwendung von physischer Gewalt entschieden wird über Recht und Unrecht im äusseren Leben der Menschen. Das ist der Staat, das ist das, was wir Politik nennen. Alles, was im Bereich des Politischen geschieht, ist irgendwie eine Anwendung dieses Versuchs. Das Weltgeschehen ist immer auch staatlich geordnet, wenn auch zum Glück nicht nur staatlich! Mitten in dieser staatlich geordneten Welt erscheint nun Jesus Christus. Er nimmt, indem er unter Pontius Pilatus leidet, auch teil an dieser Ordnung und darum lohnt es sich zu überlegen, was diese Tatsache zu bedeuten hat, was darin sichtbar wird im Blick auf die äussere Ordnung, was von dem leidenden Herrn aus sichtbar wird im Blick auf die ganze Pontius Pilatus-Wirklichkeit.

Es ist hier nicht der Ort, die christliche Lehre vom Staat zu entwickeln, die nicht von der christlichen Lehre von der Kirche zu trennen ist. Aber ein paar Worte sind hier doch zu sagen, denn es ist doch wohl so, dass in dieser Begegnung von Jesus und Pilatus *in nuce* alles beisammen ist, was vom Evangelium her zum Bereich der Polis zu denken und zu sagen ist.

Die Staatsordnung, die Staatsgewalt, wie sie durch Pontius Pilatus Jesus gegenüber vertreten wird, wird hier zunächst zweifellos in ihrer n e g a t i v e n Gestalt, in ihrer ganzen menschlichen Verkehrung und Ungerechtigkeit sichtbar. Man darf wohl sagen: wenn irgendwo der Staat als Staat des Unrechts sichtbar wird, dann hier und wenn der Staat irgendwo sich blamiert hat und die Politik irgendwo sich als ein Scheusal erwiesen hat, dann wiederum hier. Was tut Pilatus? Er tut das, was die Politiker mehr oder weniger immer getan haben und was zum faktischen Vollzug der Politik wohl zu allen Zeiten gehört hat: er versucht die Ordnung in Jerusalem zu retten und aufrecht zu erhalten und damit zugleich seine eigene Machtposition zu wahren, indem er das klare Recht preisgibt, zu dessen Schützer er ja eigentlich eingesetzt ist. Merkwürdiger Widerspruch! Er soll über Recht und Unrecht entscheiden, das ist seine *raison d'être*, und um in seiner Position bleiben zu können, «aus Angst vor den Juden» verzichtet er darauf, gerade das wirklich zu tun, was er tun müsste: er gibt nach. Er verurteilt Jesus zwar nicht —

er k a n n ihn nicht verurteilen, er befindet ihn als unschuldig — und gibt ihn doch preis. Und indem er Jesus preisgibt, gibt er sich selber preis. Indem er zum Urtyp aller Verfolger der Kirche und indem in ihm schon Nero sichtbar wird, indem also dort der Unrechtsstaat auf den Plan tritt, wird gerade der Staat als solcher geschändet. Der Staat in der Person des Pilatus entzieht sich seinem eigenen Existenzgrund und wird zur Räuberhöhle, zum Gangsterstaat, zur Ordnung einer unverantwortlichen Bande. D a s ist nun Polis, d a s heisst nun Politik. Was Wunder, dass man am liebsten sein Angesicht vor ihm verhüllen möchte? Und wenn der Staat sich Jahre und Jahrzehnte lang nur so gezeigt hat, was Wunder, wenn man dann des ganzen politischen Bereichs müde geworden ist? In der Tat: der Staat so gesehen, der Staat in Gestalt der Pilatusse, ist die Polis in ihrem schlechthinigen Gegensatz zur Kirche und zum Reich Gottes. Das ist der Staat, wie er im Neuen Testament Apoc. 13 beschrieben wird als das Tier aus dem Abgrund mit dem ihn begleitenden anderen Tier mit dem grossen Maul, das das erste Tier dauernd verherrlicht und preist. Das Leiden Christi wird zur Enthüllung, zur Krisis, zur Verurteilung dieses Tieres, das sich Polis nennt.

Aber das ist nicht Alles und man kann dabei nicht stehen bleiben. Wenn Pilatus zunächst einfach die Entartung des Staats und also den Unrechtstaat sichtbar macht, so ist doch auch in diesem Hohlspiegel nicht zu verkennen: die überlegene, die gute Ordnung Gottes, die hier aufgerichtet ist und bleibt und wirksam ist, der r e c h t e Staat, der durch ungerechte menschliche Handlungen wohl geschändet, aber so wenig wie die rechte Kirche gänzlich beseitigt werden kann, weil er auf göttlicher Einsetzung und Anordnung beruht. Die Macht, die Pilatus hat, ist ihm darum nicht weniger von oben gegeben, weil er sie missbraucht. Jesus hat das anerkannt, gerade so wie später Paulus die römischen Christen aufgerufen hat, auch im Staate Neros die göttliche Anordnung und Einsetzung zu anerkennen, sich dieser Anordnung zu fügen und also von allem apolitischen Christentum Abstand zu nehmen, sich vielmehr für die Erhaltung dieses Staats verantwortlich zu wissen. Dass die Staatsordnung als solche eine Gottesordnung ist, das wird ja auch im Falle des Pilatus darin sichtbar, dass er — indem er Jesus als s c h l e c h t e r Staatsmann in den Tod gibt, doch nicht umhin kann, ihm als r e c h t e r Staatsmann in aller Form für unschuldig zu erklären. Und es wird darüber hinaus unheimlich gewaltig darin sichtbar, dass Pilatus, der schlechte Staatsmann, wohl das Gegenteil von dem wollen und tun kann, was er als rechter Staatsmann wollen und tun müsste — Barrabas frei geben und Jesus in den Tod geben und also (anders als 1.Petr. 2, 14 vorgesehen!) «die Bösen belohnen, die Guten bestrafen» — dass er aber auch damit im Ergebnis (das entschuldigt ihn nicht, das rechtfertigt aber die Weisheit Gottes!) das höchste Recht vollstrecken muss. Dass Jesus, der Gerechte, sterbe an Stelle des ungerechten Menschen, dass also dieser — Barrabas! — an Jesu Stelle frei ausgehe, das war ja der Wille Gottes im Leiden Jesu Christi. Und gerade so ist es sein Leiden unter Pontius Pilatus, dem schlechten — dem wider Willen rechten! — Staatsmann. Und das war der Wille Gottes im Leiden Jesu Christi: dass Jesus von den Juden ausgeliefert werde an die Heiden, dass das Wort Gottes aus dem engen Bereich des Volkes Israel hinausgehe in die weite Völkerwelt. Der Heide, der Jesus entgegennimmt — aus den schmutzigen Händen des Judas, der Hohenpriester und des Volkes von Jerusalem, er selber ein Mann mit schmutzigen Händen — dieser Heide ist der schlechte — der wider Willen rechte! — Staatsmann Pontius Pilatus. Er ist auch in dieser Hinsicht wie Hamann ihn genannt hat: der Exekutor des Neuen Testamentes, in gewissem Sinn geradezu der Gründer der Kirche aus Juden und Heiden. So triumphiert Jesus über den, unter dessen Schlechtigkeit er leiden muss. So triumphiert er über die Welt, in der er, indem er sie betritt, leiden muss. So ist er der Herr auch da, wo er von den Menschen verworfen wird. So muss gerade die Staatsordnung, ihrer Entartung durch menschliche Schuld ungeachtet, als Jesus ihr unterworfen wird, offenbar machen, dass sie in Wahrheit ihm unterworfen ist. Darum beten die Christen für ihre Träger. Darum machen sie sich selbst für ihre Erhaltung verantwortlich. Darum ist es eine Aufgabe des Christen, der Stadt Bestes zu suchen, die göttliche Anordnung und Einsetzung des Staates damit zu ehren, dass sie nach bestem Wissen nicht den schlechten, sondern den rechten Staat wählen und wollen: den Staat, der der Tatsache, dass er seine Macht «von oben» hat, nicht wie Pilatus Unehre, sondern Ehre macht.

Und sie haben darüber hinaus die Zuversicht, dass das Recht Gottes im politischen Leben auch da, wo es von den Menschen verkannt und mit Füssen getreten wird, der stärkere Teil ist: um des Leidens Jesu willen — des Jesus, dem a l l e Macht im Himmel und auf Erden gegeben ist. Es ist gesorgt dafür, dass der böse kleine Pilatus zuletzt das Nachsehen haben wird. Wie könnte da ein Christ seine Partei ergreifen?

§ 17 Gekreuzigt, gestorben, begraben, niedergefahren zur Hölle

Im Tode Jesu Christi hat Gott sich selbst dazu erniedrigt und hergegeben, sein Recht gegenüber dem sündigen Menschen in der Weise zu vollstrecken, dass er an seine Stelle tritt und also den Fluch, der ihn trifft, die Strafe, die er verdient, die Vergangenheit, der er entgegeneilt, die Verlassenheit, der er verfallen ist, ein für allemal auf sich und von ihm wegnimmt.

Das Geheimnis der Inkarnation e n t f a l t e t sich zum Geheimnis des K a r f r e i t a g s und der O s t e r n. Und es ist wieder wie so oft in diesem ganzen Geheimnis des Glaubens: man muss immer b e i d e s zusammensehen, man muss immer Eines aus dem Anderen verstehen. Es war freilich in der Geschichte des christlichen Glaubens immer so, dass die Erkenntnis der Christen je mehr nach der einen oder nach der anderen Seite gravitierte. Man kann feststellen, dass die Westkirche, die Kirche des Abendlandes, eine entschiedene Neigung zur *theologia crucis* hat, also zur Hervorhebung und Betonung dessen: Er ist dahingegeben um unserer Übertretungen willen! während die Ostkirche mehr das: Er ist auferweckt um unserer Rechtfertigung willen! in den Vordergrund rückt und darum zur *theologia gloriae* neigt. Es ist nicht sinnvoll in dieser Sache Eines gegen das Andere ausspielen zu wollen. Sie wissen, dass Luther von Anfang an das abendländische Anliegen stark herausgearbeitet hat: Nicht *theologia gloriae*, sondern *theologia crucis!* Was Luther damit meinte, ist richtig. Aber man sollte keinen Gegensatz aufrichten und fixieren, denn es gibt keine *theologia crucis*, die nicht ihr Komplement hätte in der *theologia gloriae*. Gewiss, es gibt kein Ostern ohne Karfreitag, aber ebenso sicher gibt es keinen Karfreitag ohne Ostern! Es wird leicht zu viel Trübsal und dann auch Muffigkeit ins Christentum hineingearbeitet. Wenn aber das Kreuz das Kreuz J e s u C h r i s t i ist und nicht eine Kreuzesspekulation, die im Grunde auch jeder Heide haben könnte, dann kann es keinen Augenblick vergessen und übersehen werden: der Gekreuzigte ist am dritten Tage auferstanden von den Toten! Man wird dann den Karfreitag ganz anders begehen und es wäre vielleicht gut, dann nicht gerade am Karfreitag die schwermütigen, traurigen Passionslieder zu singen, sondern schon Osterlieder anzustimmen. Es ist keine trübe und bejammernswerte Sache, was am Karfreitag geschehen ist, denn Er ist auferstanden. Das wollte ich vorausschicken mit der Bitte, dass wir das, was wir vom Tod und von der Passion Jesu Christi zu sagen haben, doch ja nicht abstrakt verstehen, sondern bereits darüber hinausblicken auf den Ort, wo Seine Herrlichkeit offenbar wird.

Man hat diese Mitte der Christologie in der alten Theologie beschrieben unter den zwei Hauptbegriffen: *exinanitio* und *exaltatio* Christi. Was heisst hier Erniedrigung und was heisst hier Erhöhung?

Die Erniedrigung Christi umschliesst das Ganze, anhebend mit dem «gelitten unter Pontius Pilatus», entscheidend sichtbar in dem «gekreuzigt, gestorben, begraben, niedergefahren zur Hölle». Es ist gewiss zunächst die Erniedrigung dieses Menschen, der da leidet und stirbt und in die äusserste Finsternis geht. Aber was der Erniedrigung und Preisgabe dieses Menschen erst seine Bedeutung gibt, ist dies, dass dieser Mensch Gottes Sohn ist, dass es also kein Anderer als G o t t s e l b e r ist, der sich in ihm demütigt und dahingibt.

Und wenn nun dem als Geheimnis der Ostern die E r h ö - h u n g Jesu Christi gegenübertritt, so ist diese Verherrlichung gewiss eine Selbstverherrlichung Gottes, seine Ehre, die da triumphiert: «Gott fährt auf mit Jauchzen.» Aber das eigentliche Geheimnis der Ostern ist nicht das, dass Gott da verherrlicht wird, sondern dass es hier zu einer Erhöhung des M e n s c h e n kommt, dass er zur Rechten Gottes erhoben wird und triumphieren darf über Sünde, Tod und Teufel.

Wenn wir das zusammenhalten, so ist das Bild, das da vor uns steht, das eines unbegreiflichen Tausches, einer *katalage*, d. h. Vertauschung. Darin geschieht die Versöhnung des Menschen mit Gott, dass Gott sich an die Stelle des Menschen setzt und der Mensch an die Stelle Gottes gesetzt wird, ganz und gar als Gnadenakt. Eben dieses unbegreifliche Wunder ist unsere V e r s ö h n u n g.

Wenn das Glaubensbekenntnis selber dieses «gekreuzigt, gestorben und begraben . . .» schon rein äusserlich durch die Ausführlichkeit und Vollständigkeit der sonst nicht an Worten über-
schwenglichen Aufzählung hervorhebt, wenn auch die Evangelien die Kreuzigungsgeschichte so gewaltig ausbreiten und
wenn zu allen Zeiten das Kreuz Jesu immer wieder hervorge-
treten ist als das eigentliche Zentrum des ganzen christlichen
Glaubens, wenn es in allen Jahrhunderten immer wieder ertönte:
Ave crux unica spes mea!, so haben wir uns klar zu machen: es
geht nicht um die Verherrlichung und Hervorhebung des Mär-
tyrertodes eines Religionsstifters — es gibt zweifellos Märtyrer-
geschichten, die eindrucksvoller sind, aber auf das kommt es
nicht an — aber auch nicht um den Ausdruck des allgemeinen
Weltleides: das Kreuz etwa als Symbol der Grenze der menschlichen Existenz. Damit entfernt man sich von der Erkenntnis
derer, die den gekreuzigten Jesus Christus bezeugt haben. Im
Sinne des apostolischen Zeugnisses ist die Kreuzigung Jesu
Christi die konkrete Handlung und Aktion Gottes selber. Gott
verändert sich selbst, Gott tritt sich selbst zu nahe, Gott hält es
nicht für einen Raub, göttlich zu sein, d. h. er hält die Beute
nicht fest wie ein Räuber, sondern Gott entäussert sich selbst.
Das ist die Herrlichkeit seiner Gottheit, dass er auch «selbstlos»
sein, dass er sich auch etwas vergeben kann. Er bleibt sich selber
wahrhaftig treu, aber eben damit, dass er sich selber nicht be-
schränken muss in seiner Gottheit. Es ist die Tiefe der Gottheit,
die Grösse seiner Herrlichkeit, die sich gerade darin offenbart,
dass sie sich auch gänzlich verbergen kann in ihr völliges Gegenteil, in die tiefste Verwerfung und das grösste Elend des Geschöpfs. Das ist es, was geschieht in der Kreuzigung Christi, dass
Gottes Sohn sich das zueignet, was dem in Aufruhr befindlichen
Geschöpf, das sich aus seiner Geschöpflichkeit lösen und selber
Schöpfer sein will, zukommen muss. Er stellt sich in die Not
dieses Geschöpfes hinein und überlässt es nicht sich selber. Er
hilft ihm auch nicht nur von aussen und grüsst es nur von
ferne, sondern er macht sich das Elend seines Geschöpfs zu
eigen. Wozu? Damit sein Geschöpf frei ausgehen dürfe, damit die
Last, die es sich auferlegt hat, getragen, weggetragen sei. Das
Geschöpf selber müsste daran zugrunde gehen, aber Gott will
das nicht, er will, dass es gerettet werde. So gross ist das Ver-

derben des Geschöpfs, dass weniger als die Selbsthingabe Gottes zu seiner Rettung nicht genügen würde. Aber so gross ist Gott, dass d a s sein Wille ist, sich selber dahinzugeben. Das ist die Versöhnung: Gott, der an die Stelle des Menschen tritt. (Zwischenhinaus gesagt: alle Lehre von diesem zentralen Geheimnis kann dieses nicht erschöpfend und präzis erfassen und aussprechen, inwiefern hier Gott für uns eingetreten ist. Verwechseln Sie nicht meine Theorie von der Versöhnung mit der Sache selber. Alle Versöhnungstheorien können nur Fingerzeige sein. Lassen Sie sich aber auch aufmerksam machen auf dieses «für uns»; an ihm darf nichts abgestrichen werden! Was auch eine Versöhnungslehre ausdrücken will, das m u s s sie sagen!)

Gott hat im Tode Jesu Christi sein R e c h t vollstreckt. Er hat im Tode Jesu Christi als Richter dem Menschen gegenüber gehandelt. Der Mensch hat sich an den Ort begeben, wo ein Urteil Gottes über ihn gesprochen und unvermeidlich zu vollziehen ist. Der Mensch steht vor Gott als Sünder, als ein Wesen, welches sich Gott gegenüber gesondert hat, welches sich aufgelehnt hat dagegen, das zu sein, was es sein dürfte. Es lehnt sich gegen die Gnade auf, sie ist ihm zu wenig, es weicht ab von der Dankbarkeit. Das ist das menschliche Leben, dieses fortwährende Abweichen, dieses grobe und feine Sündigen. Dieses Sündigen führt den Menschen in die unbegreifliche Not hinein: er macht sich unmöglich vor Gott. Er stellt sich dahin, wo Gott ihn nicht sehen kann. Er stellt sich sozusagen auf die Rückseite der Gnade Gottes. Die Rückseite des göttlichen Ja aber ist das göttliche Nein, ist das Gericht. So unwiderstehlich Gottes Gnade ist, so unwiderstehlich ist auch sein Gericht.

Und nun haben wir das, was von Christus ausgesagt wird: «gekreuzigt, gestorben, begraben...» zu verstehen als die Auswirkung des göttlichen Gerichtes am Menschen, als Ausdruck dessen, was sich am Menschen nun faktisch vollzieht.

G e k r e u z i g t : Wenn ein Israelit gekreuzigt wurde, so hiess das verflucht, ausgestossen, nicht nur aus dem Reich der Lebendigen sondern aus dem Bund mit Gott, entfernt aus dem Kreise der Erwählten. Gekreuzigt heisst: verworfen, überliefert dem Galgentode der Heiden. Machen wir uns klar: darum geht es im Gericht Gottes, in dem, was das menschliche Geschöpf von Seiten Gottes als sündiges Geschöpf zu erleiden hat, es geht um Verwerfung, um Fluch. «Verflucht ist, wer am Kreuze stirbt.» Was Christus da widerfährt, das ist das, was uns widerfahren sollte.

G e s t o r b e n : Der Tod ist das Ende aller vorhandenen Lebensmöglichkeiten. Sterben heisst die letzte der uns gegebenen Möglichkeiten ausschöpfen. Wie man auch das Sterben physisch und metaphysisch deuten will, was da auch geschehen mag, das ist sicher: es geschieht da das Letzte, was in der geschöpflichen Existenz an Aktion geschehen kann. Was jenseits des Todes geschehen mag, muss jedenfalls etwas Anderes sein als Fortsetzung dieses Lebens. Tod heisst wirklich S c h l u s s . Das ist das Gericht, unter dem unser Leben steht: es wartet auf den Tod. Geboren werden und heranwachsen, reifen und alt werden ist ein Entgegengehen dem Augenblick, wo es Schluss, definitiv Schluss mit einem Jeden von uns sein wird. Die Sache von dieser Seite gesehen ist eine Sache, die den Tod zu einem Element unseres Lebens macht, an das man lieber nicht denkt.

B e g r a b e n : Das steht so unscheinbar und schier überflüssig da. Es steht aber nicht umsonst da. Wir werden einmal begraben werden. Es wird einmal eine Gesellschaft von Menschen auf einen Friedhof hinausziehen und einen Sarg versenken und alle werden heimgehen, aber einer wird nicht zurückkommen und der werde ich sein. Das wird das Siegel des Todes sein: dass man mich begraben wird, als ein Stück, das im Reich der Lebendigen überflüssig und störend ist. «Begraben», das gibt dem Tod den Charakter des Vergehens und Verwesens und der menschlichen Existenz den Charakter der Vergänglichkeit und Verweslichkeit. Was heisst also Menschenleben? Es heisst dem Grab entgegeneilen. Der Mensch eilt seiner Vergangenheit entgegen. Diese Vergangenheit, in der es keine Zukunft mehr gibt, wird das Letzte sein: Alles, was wir sind, wird gewesen und verwest sein. Vielleicht noch eine Erinnerung, solange es Menschen gibt, die sich an uns erinnern mögen. Aber sie werden auch einmal sterben und damit wird dann auch diese Erinnerung vergehen. Es gibt keinen grossen Namen der menschlichen Geschichte, der nicht irgendeinmal ein vergessener Name geworden sein wird. Das heisst «begraben» und das ist das Gericht über den Menschen, dass er im Grabe der Vergessenheit anheimfällt. Das ist Gottes Antwort auf die Sünde: mit dem sündigen Menschen ist nichts Anderes anzufangen, als dass man ihn verscharrt und vergisst.

«Niedergefahren zur Hölle»: Im Alten und Neuen Testament ist das Bild der Hölle etwas Anderes als das, was in späterer Zeit daraus geworden ist. Die Hölle, der Ort der *inferi,* der Hades im Sinne des Alten Testamentes ist gewiss der Ort der Qual, der Ort des völligen Abgeschiedenseins, wo der Mensch eigentlich nur noch als nicht-seiend existiert, nur noch als Schatten. Die Israeliten haben sich diesen Ort als einen Ort gedacht, wo die Menschen nur noch als flatternde Schatten umherschweben. Und das Schlimme an diesem in der Hölle sein ist im Sinne des Alten Testamentes dies: die Toten können Gott nicht mehr loben, sie können Sein Angesicht nicht mehr sehen, sie können nicht mehr teilnehmen an den Gottesdiensten Israels. Es ist ein Ausgeschlossensein von Gott und das macht den Tod so furchtbar, die Hölle zur Hölle. Dass der Mensch von Gott getrennt ist: das heisst an dem Ort der Qual sein. «Heulen und Zähneklappen»: unsere Vorstellung reicht nicht hin an diese Wirklichkeit, dieses Sein ohne Gott. Der Atheist weiss nicht was Gott-losigkeit ist. Gottlosigkeit ist die Existenz in der Hölle. Was bleibt übrig als Ergebnis der Sünde als das? Hat sich der Mensch nicht mit seiner Tat gesondert von Gott? «Niedergefahren zur Hölle», ist nur die Bestätigung. Gottes Gericht ist gerecht, d. h. es gibt dem Menschen, was er gewollt hat. Gott wäre nicht Gott, der Schöpfer nicht der Schöpfer, das Geschöpf nicht das Geschöpf und der Mensch nicht der Mensch, wenn dieses Urteil und seine Vollstreckung ausbleiben könnte.

Aber nun sagt uns ja das Glaubensbekenntnis, dass die Vollstreckung dieses Urteils in der Weise von Gott vollzogen wird, dass Er, Gott selber, in Jesus Christus seinem Sohn, der wahrer Gott und wahrer Mensch zugleich ist, an die Stelle des verurteilten Menschen tritt. Gottes Urteil wird ausgeführt, Gottes Recht nimmt seinen Lauf, aber es nimmt seinen Lauf in der Weise, dass das, was der Mensch erleiden musste, erlitten wird von diesem Einen, der als Gottes Sohn für alle Anderen steht. Das ist die Herrschaft Jesu Christi, der für uns vor Gott steht, indem er das, was uns zukommt, auf sich selber nimmt. Gott macht in ihm sich selber haftbar, da, wo wir verflucht und schuldig und verloren sind. Er in seinem Sohn ist es, welcher in der Person dieses gekreuzigten Menschen auf Golgatha. Alles trägt, was uns aufgeladen sein müsste. Und so macht er dem Fluch ein Ende. Gott will nicht, dass der Mensch verloren gehe, Gott will nicht, dass der Mensch bezahle, was er bezahlen müsste, mit andern Worten: Gott vertilgt die Sünde. Und Gott tut das nicht trotz seiner Gerechtigkeit, sondern das ist eben Gottes Gerechtigkeit, dass Er, der Heilige, für uns, die Unheiligen, eintritt, dass er uns retten will und rettet. Gerechtigkeit im Sinne des Alten Testamentes ist nicht die Gerechtigkeit des Richters, der den Schuldigen bezahlen lässt, sondern das Handeln eines Richters, der im Angeklagten den Elenden erkennt, dem er helfen will, indem er ihn zurecht bringt. Das heisst Gerechtigkeit. Gerechtigkeit heisst Aufrichten. Und das ist es, was Gott tut. Gewiss nicht ohne dass die Strafe erlitten wird und die ganze Not hereinbricht, aber indem er sich an die Stelle des Schuldigen setzt. Er, der das darf und kann, der gerechtfertigt ist darin, dass er die Rolle seines Geschöpfs übernimmt! Gottes Barmherzigkeit und Gottes Gerechtigkeit liegen nicht im Streit miteinander. «Sein Sohn ist ihm nicht zu teuer, nein, er gibt ihn für mich hin, dass er mich vom ew'gen Feuer durch sein teures Blut gewinn!» Das ist das Geheimnis des Karfreitags.

Wir blicken aber tatsächlich über den Karfreitag hinaus, wenn wir sagen: dass Gott an unsere Stelle tritt und unsere Strafe auf sich nimmt. Er nimmt sie ja damit tatsächlich v o n u n s w e g. Es ist alles Leid, alle Anfechtung, auch unser Sterben nur noch der Schatten des Gerichtes, das Gott zu unseren Gunsten schon vollzogen hat. Es ist das, was uns in Wahrheit hätte treffen müssen und sollen, faktisch in Christi Tod schon von uns abgewendet. Das besagt das Wort Christi am Kreuz: «Es ist vollbracht!» So sind wir also angesichts des Kreuzes Christi eingeladen, einerseits die Grösse und Schwere unserer Sünde daran zu erkennen, was es g e k o s t e t hat, dass wir eine Vergebung haben. Wirkliche Erkenntnis der Sünde gibt es streng genommen nur im Licht des Kreuzes Christi. Denn was Sünde ist, versteht nur der, der weiss, dass ihm seine Sünde vergeben ist. Und andererseits dürfen wir erkennen: dass der Preis für uns b e - z a h l t ist, so dass wir von der Sünde und ihren Folgen freigesprochen sind. Wir sind nicht mehr von Gott angesprochen und angesehen als die Sünder, die für ihre Schuld ins Gericht gehen müssen. Wir haben nichts mehr zu bezahlen. Wir sind gratis, *sola gratia*, durch Gottes eigenes Eintreten für uns, freigesprochen.

§ 18   Am dritten Tage wieder auferstanden von den Toten

In der Auferstehung Jesu Christi ist der Mensch ein für allemal dazu erhöht und bestimmt, bei Gott gegen alle seine Feinde sein Recht zu finden und also befreit ein neues Leben zu leben, in welchem er die Sünde und darum auch den Fluch, den Tod, das Grab und die Hölle nicht mehr vor sich, sondern hinter sich hat.

«Am dritten Tage wieder auferstanden von den Toten» das ist die Osterbotschaft. Sie besagt, dass Gott sich nicht umsonst in seinem Sohn erniedrigt hat, sondern indem er das tat, es gewiss auch zu seiner eigenen Ehre tat und zur Bestätigung seiner Herrlichkeit. Indem seine Barmherzigkeit gerade in seiner Erniedrigung triumphiert, kommt es ja zur E r h ö h u n g Jesu Christi. Und wenn wir vorher sagten, es gehe in der Erniedrigung um den Sohn Gottes und also um G o t t selber, so müssen wir nun betonen: es handelt sich in der Erhöhung um den M e n s c h e n. Der Mensch wird in Jesus Christus erhöht und zu dem Leben bestimmt, für das Gott im Tode Jesu Christi ihn befreit hat. Gott hat sozusagen den Raum der Herrlichkeit verlassen und der Mensch darf nun an diesen Platz treten. Das ist die Osterbotschaft, das Ziel der Versöhnung, des Menschen Erlösung. Es ist das Ziel, das schon am Karfreitag sichtbar wurde. Indem Gott für den Menschen eintritt — die neutestamentlichen Schriftsteller haben sich nicht gescheut den Ausdruck «bezahlt» zu gebrauchen — ist der Mensch ein Losgekaufter. *Apolytrosis* ist ein juristischer Begriff, der den Loskauf eines Sklaven bezeichnete. Das ist das Ziel: der Mensch wird in eine andere Rechtslage versetzt. Er gehört nicht mehr dem, der auf ihn ein Recht hatte, er gehört nicht mehr jenem Bereich von Fluch, Tod, Hölle an, sondern ist versetzt in das Reich seines lieben Sohnes. Das bedeutet: Es ist ihm sein Stand, seine Verfassung, sein juristischer Status als Sünder in aller Form aberkannt. Der Mensch wird als Sünder von Gott nicht mehr ernst genommen.

Was er auch sei, was auch von ihm zu sagen sei, was er auch sich selber vorzuwerfen habe, Gott nimmt ihn als Sünder nicht mehr ernst. Er ist der Sünde gestorben: dort am Kreuz von Golgatha. Er ist für die Sünde nicht mehr vorhanden. Er ist vor Gott anerkannt und festgestellt als ein Gerechter, als einer, der es Gott recht macht. Er hat, so wie er jetzt dasteht, wohl sein Dasein in der Sünde und also seiner Schuld, aber er hat es hinter sich. Die Wendung ist vollzogen, ein für allemal. Nicht darum kann es sich handeln, dass wir sagen könnten: ich habe mich ein für allemal abgewandt, ich habe erfahren, nein, das «ein für allemal» ist das «ein für allemal» Jesu Christi. Aber wenn wir an ihn glauben, dann gilt es für uns. Der Mensch ist in Jesus Christus, der für ihn gestorben ist, laut seiner Auferstehung Gottes liebes Kind, das vom Wohlgefallen und zum Wohlgefallen Gottes leben darf.

Wenn das die Botschaft der Ostern ist, so verstehen Sie: es handelt sich in der Auferstehung Jesu Christi eigentlich einfach um die Offenbarung der noch verborgenen Frucht des Todes Christi. Eben diese W e n d u n g ist es ja, die im Tode Jesu Christi noch verborgen ist, verborgen unter dem Aspekt, in welchem der Mensch dort erscheint, verzehrt vom Zorne Gottes. Und nun bezeugt uns das Neue Testament, dass dieser Aspekt des Menschen nicht der Sinn des Geschehens auf Golgatha ist, sondern dass hinter diesem Aspekt der eigentliche Sinn dieses Geschehens der ist, der am dritten Tage offenbar wird. An diesem dritten Tage beginnt eine neue Geschichte des Menschen, so dass man auch das Leben Jesu in zwei grosse Perioden einteilen könnte: 33 Jahre bis zu seinem Tode und die ganz kurze und entscheidende Periode der 40 Tage zwischen seinem Tode und der Himmelfahrt. Es fängt am dritten Tage ein neues Leben Jesu an. Zugleich aber: es fängt am dritten Tage ein neuer Ä o n an, eine neue Gestalt der Welt, nachdem im Tode Jesu Christi die alte Welt ganz und gar abgetan und erledigt ist. Das ist Ostern: Anbruch einer neuen Zeit und Welt in der Existenz des Menschen Jesus, der nun als ü b e r w i n d e n d e r, als s i e g - r e i c h e r Träger, als der Vernichter der ihm aufgelegten Last der Sünde des Menschen ein neues Leben beginnt. In dieser seiner veränderten Existenz hat die erste Gemeinde nicht nur eine etwa übernatürliche Fortsetzung seines vorherigen Lebens, sondern ein ganz neues Leben, das des e r h ö h t e n Jesus Christus und damit zugleich den Beginn einer neuen W e l t gesehen. (Es sind ohnmächtige Versuche, wenn man Ostern in Beziehung setzen will zu gewissen Erneuerungen, wie sie auch im geschöpflichen Leben sich ereignen, etwa im Frühling oder auch im morgendlichen Erwachen des Menschen u. a. m. Auf den Frühling folgt unaufhaltsam einmal ein Winter und auf das Erwachen ein Einschlafen. Es geht hier um eine zyklische Bewegung von Neu- und Alt-werden. Das Neu-werden an Ostern aber ist ein Neu-werden ein für allemal!) In der Auferstehung Jesu Christi ist nach dem Neuen Testament der Ausspruch ergangen, dass der Sieg Gottes zugunsten des Menschen in der Person seines Sohnes schlechterdings schon g e w o n n e n i s t. Ostern ist gewiss erst das grosse Unterpfand unserer Hoffnung, aber zugleich ist diese Zukunft in der Osterbotschaft schon G e g e n - w a r t. Sie ist die Anzeige eines schon gewonnenen Sieges. Der Krieg ist zu Ende — auch wenn da und dort Truppenteile noch schiessen, weil sie von der Kapitulation noch nichts gehört haben. Das Spiel ist gewonnen, auch wenn der Spieler noch ein paar Züge weiterspielen kann. Praktisch i s t er schon matt! Die Uhr ist abgelaufen, auch wenn das Pendel noch ein paarmal hin und her schwingt. In diesem Zwischenraum leben wir: das Alte i s t vergangen, siehe, es i s t Alles neu geworden. Die Osterbotschaft sagt uns, dass unsere Feinde: Sünde, Fluch und Tod, geschlagen sind. Sie können letztlich nicht mehr Unheil stiften. Sie gebärden sich noch, als sei das Spiel nicht entschieden, die Schlacht nicht geschlagen, wir müssen noch mit ihnen rechnen, aber wir müssen sie im Grunde nicht mehr fürchten. Wer die Osterbotschaft gehört hat, der kann nicht mehr mit tragischem Gesicht umherlaufen und die humorlose Existenz eines Menschen führen, der keine Hoffnung hat. Es gilt nur noch das, und nur dieses Eine ist wirklich ernst: Jesus ist Sieger. Ein Ernst, der daran vorbei zurückblicken wollte wie Lots Weib, ist nicht c h r i s t l i c h e r Ernst. Mag es dahinten brennen — und wahrhaftig, es brennt — aber nicht auf das haben wir zu schauen. sondern auf das Andere: dass wir eingeladen sind und aufgerufen, den Sieg der Herrlichkeit Gottes in diesem Menschen Jesus ernst zu nehmen und uns seiner zu freuen. Dann dürfen wir in der Dankbarkeit leben und nicht in der Furcht.

Die Auferstehung Jesu Christi offenbart, sie vollzieht diese Anzeige des Sieges. Man muss die Auferstehung nicht in einen geistigen Vorgang umdeuten. Man muss es hören und sich erzählen lassen, dass es da ein leeres Grab gegeben hat, dass neues Leben jenseits des Todes sichtbar geworden ist. «Dieser (dem Tode entrückte Mensch) ist mein lieber Sohn, an dem ich Wohlgefallen habe.» Was in der Taufe am Jordan angemeldet wird, das wird jetzt Ereignis und offenbar. Denen, die das wissen, wird damit der Abbruch der alten Welt und der Anbruch der neuen verkündigt. Sie haben noch eine kleine Strecke zu durchlaufen, bis es s i c h t b a r wird, dass Gott in Jesus Christus Alles für sie vollbracht h a t .

§ 19 Aufgefahren gen Himmel, der sitzt zur Rechten Gottes des Vaters, des Allmächtigen

Das Ziel des ein für allemal geschehenen Werkes Jesu Christi ist die Begründung seiner Kirche durch die den Zeugen seiner Auferstehung anvertraute Erkenntnis, dass die Allmacht und die in ihm wirksame und erschienene Gnade Gottes eins und dasselbe sind. Und so ist das Ende dieses Werkes zugleich der Beginn der Endzeit, d. h. der Zeit, in welcher die Kirche die gnädige Allmacht und allmächtige Gnade Gottes in Jesus aller Welt kundzugeben hat.

Der Verlauf des Textes des Glaubensbekenntnisses zeigt uns schon äusserlich, dass wir uns einem Z i e l nähern, dem Ziel des Werkes Jesu Christi, sofern es ein für allemal geschehen ist. Es steht noch etwas aus von diesem Wege, was zukünftig ist und was am Schluss des Glaubensbekenntnisses sichtbar werden wird: «Von dannen er wiederkommen wird ...» Aber was ein für allemal geschehen ist, das steht uns nun abgeschlossen vor Augen in einer ganzen Reihe von Perfekta: gezeugt, empfangen, geboren, gelitten, gekreuzigt, gestorben, begraben, niedergefahren, auferstanden und nun plötzlich ein Präsens: «e r s i t z t zur Rechten Gottes ...» Es ist, wie wenn wir eine Bergbesteigung gemacht und nun den Gipfel des Berges erreicht hätten. Dieses Präsens wird durch ein letztes Perfekt ergänzt: aufgefahren gen Himmel, das seinerseits wiederum das auferstanden von den Toten ergänzt.

Mit diesem «er sitzt zur Rechten Gottes des Vaters» treten wir offenbar in eine n e u e Zeit ein, die unsere gegenwärtige Zeit, die Zeit der Kirche, ist, die Endzeit: eröffnet und begründet durch das Werk Jesu Christi. Im Neuen Testament bildet der Bericht über dieses Geschehen den Abschluss der Berichte über Jesu Christi Auferstehung. Es ist — fast entsprechend dem Weihnachtswunder — eine verhältnismässig dünne Linie im Neuen Testament, die von Christi Auffahrt gen Himmel spricht. Da und dort wird nur die Auferstehung erwähnt und dann direkt das Sitzen zur Rechten des Vaters. Auch im Evangelium wird die Himmelfahrt verhältnismässig nur spärlich erwähnt. Es geht um diesen Übergang, um die Wende von der Offenbarungszeit zu unserer Zeit.

Was heisst Himmelfahrt? Nach dem, was wir seinerzeit über Himmel und Erde feststellten, heisst es auf jeden Fall auch dies: Jesus verlässt den irdischen Raum, den Raum also, der uns begreiflich ist und den er um unseretwillen aufgesucht hat. Er gehört ihm nicht mehr an wie wir ihm angehören. Das will nicht sagen, dass er ihm fremd wird, dass dieser Raum nicht auch sein Raum wäre. Im Gegenteil: indem er ü b e r diesem Raum steht, erfüllt er ihn und wird er ihm gegenwärtig. Aber nun allerdings nicht mehr in der Weise zur Zeit seiner Offenbarung und seines irdischen Wirkens. Himmelfahrt meint nicht etwa, dass Christus in jenen anderen Bereich der geschöpflichen Welt übergegangen ist: in den Bereich des uns Unbegreiflichen. «Zur Rechten Gottes des Vaters» meint nicht nur den Übergang vom Begreiflichen ins Unbegreifliche der Geschöpfwelt. Jesus entfernt sich in der Richtung auf das dem Menschen schlechterdings verborgene Geheimnis des g ö t t l i c h e n Raumes. Nicht der Himmel ist sein Aufenthalt: er ist bei Gott. Der Gekreuzigte und Auferstandene ist dort, wo Gott ist. Das ist das Ziel seines Wirkens auf Erden und in der Geschichte, dass er d o r t h i n geht. — Es geht in der Inkarnation und in der Kreuzigung um die Erniedrigung Gottes. Es geht aber in der Auferstehung Jesu Christi um die Erhöhung des Menschen. Christus ist nun als Träger der Menschheit, als unser Vertreter, dort, wo Gott ist und so, wie Gott ist. Unser Fleisch, unser menschliches Wesen ist in ihm zu Gott erhoben. Das ist das Ende seines Werkes: Wir mit Ihm droben! Wir mit Ihm bei Gott!

Von da aus haben wir zurück und vorwärts zu blicken. Verstehen wir das Neue Testament mit seinem Zeugnis von diesem Ausgang des Lebens und Wirkens Jesu Christi recht, so ist dieser Ausgang durch ein Doppeltes charakterisiert:

1. Es geht von diesem Letzten ein Licht auf, das von seinen Aposteln gesehen wird. Es wird den Zeugen seiner Auferstehung abschliessend eine E r k e n n t n i s a n v e r t r a u t. Im Matthäusevangelium stehen die Worte Christi: «Mir ist gegeben alle Gewalt im Himmel und auf Erden» (28, 18). Es ist sinnvoll und

notwendig, diese Worte in Zusammenhang zu bringen mit dem Sitzen zur Rechten Gottes des Vaters, des Allmächtigen. Der Begriff der Allmacht tritt hier gemeinsam hervor. Eph. 4, 10 wird die gleiche Erkenntnis ausgesprochen: «Er ist aufgefahren gen Himmel, auf dass er Alles erfülle ...», erfülle mit seinem Willen und seinem Wort. Er ist nun in der Höhe, er ist nun der Herr und offenbart als solcher. Wir kommen an dieser Stelle auf Dinge zurück, die wir seinerzeit schon bei der Auslegung des ersten Glaubensartikels berührt haben. Wenn wir recht reden von Gott dem Allmächtigen, der über alle Dinge ist, so sind wir aufgefordert, unter Allmacht Gottes nun eben auf keinen Fall und in keinem Sinn etwas Anderes zu verstehen als die Wirklichkeit, von der der zweite Glaubensartikel redet. Die Erkenntnis, welche die Apostel auf Grund der Auferstehung Christi bekommen haben und deren Abschluss die Himmelfahrt Christi bildet, ist wesentlich diese grundlegende Erkenntnis, dass einerseits die Versöhnung, welche in Jesus Christus geschehen ist, nicht irgend eine beiläufige Geschichte ist, sondern dass wir es in diesem Werk der Gnade Gottes zu tun haben mit dem Werk der A l l m a c h t G o t t e s , dass also hier ein Letztes und Höchstes auf dem Plane ist, hinter dem es keine andere Wirklichkeit gibt. Es gibt kein Hinausgehen über dieses Geschehen, von dem der 2. und 3. Glaubensartikel redet. Christus ist der, der a l l e Gewalt hat, und mit ihm haben wir es zu tun, wenn wir glauben. Und umgekehrt: die Allmacht Gottes offenbart und betätigt sich ganz und gar in der Gnade der Versöhnung Jesu Christi. Gnade Gottes und Allmacht Gottes sind identisch. Wir dürfen nie das Eine ohne das Andere verstehen. Wir haben es hier noch einmal mit der Offenbarung des Geheimnisses der Inkarnation zu tun: D i e s e r Mensch ist Gottes Sohn und G o t t e s S o h n ist dieser Mensch. Jesus Christus hat uns gegenüber und hat in letzter Wirklichkeit diesen Ort, diese Funktion. Er steht im Verhältnis zu Gott als der, dem schlechterdings die Gewalt Gottes anvertraut ist, wie ein Statthalter, wie ein erster Minister, dem sein König seine ganze Gewalt übertragen hat. Jesus Christus redet wie Gott und handelt wie Gott und umgekehrt: wenn wir Gottes Reden und Handeln erkennen wollen, brauchen wir nur auf diesen Mann zu sehen. Diese Identität Gottes und des Menschen in Jesus Christus, das ist die

Erkenntnis, die Offenbarung der Erkenntnis, mit welcher das ein für allemal geschehene Werk Jesu Christi seinen Abschluss gefunden hat.

2. «Er sitzt zur Rechten Gottes des Vaters»: die Höhe ist erreicht, die Perfecta liegen hinter uns und wir treten ein in den Bereich der Gegenwart. Das ist es, was von unserer Zeit zu sagen ist: das ist das Erste und das Letzte, was von unserem Sein in der Zeit gilt. Ihm liegt zugrunde dieses Sein Jesu Christi: er sitzt zur Rechten Gottes des Vaters. Was auch geschehen mag in unserem Raum an Aufstieg und Niederlage, was da werden und vergehen mag, da ist eine Konstante, ein Bleibendes und Durchgängiges: dieses sein Sitzen zur Rechten Gottes des Vaters. Es gibt keine geschichtliche Wendung, die an diese Sache heranreicht. Da ist das Geheimnis dessen, was wir Weltgeschichte, Kirchengeschichte, Kulturgeschichte nennen, da ist das Allem Zugrundeliegende. — Das bedeutet zunächst sehr schlicht das, was wiederum am Ende des Matthäusevangeliums ausgesprochen ist mit dem sog. M i s s i o n s b e f e h l ! «Gehet hin in alle Welt und machet zu Jüngern alle Völker, indem ihr sie tauft und sie halten lehrt Alles, was ich euch befohlen habe.» Also jene Erkenntnis: «Gottes Allmacht ist Gottes Gnade» ist nicht eine müssige Erkenntnis. Und der Abschluss der Offenbarungszeit ist nicht das Ende eines Schauspiels, wo der Vorhang fällt und die Zuschauer nach Hause gehen können, sondern sie endet mit einem Aufruf, mit einem Befehl. Das H e i l s geschehen wird nun zu einem Stück W e l t geschehen. Es entspricht dem, was nun den Aposteln sichtbar wird, die Tatsache, dass es nun auch hier auf Erden als eine menschliche Geschichte, als ein Handeln der Jünger, einen jenem himmlischen Ort entsprechenden irdischen Ort gibt, ein Sein und Handeln der Z e u g e n s e i n e r A u f e r s t e h u n g. Mit dem Hingang Jesu Christi zum Vater findet eine Begründung auf Erden statt. Sein Abschied bedeutet nicht nur ein Ende, sondern auch einen Anfang, wenn auch gewiss nicht als Fortsetzung seines Kommens. Man sollte nämlich nicht sagen, dass das Werk Jesu Christi einfach weitergeht im Leben der Christen und der Existenz der Kirche. Das Leben der Heiligen ist nicht eine Prolongatur der Offenbarung Jesu Christi auf Erden. Das würde dem «Es ist vollbracht» widersprechen. Was in Jesus Christus geschehen ist, bedarf keiner Fortsetzung.

Aber allerdings: jenes ein für allemal Geschehene hat in dem, was nun auf Erden geschieht, eine Entsprechung, ein Gegenbild, nicht eine Wiederholung, aber ein Gleichnis. Und Alles, was christliches Leben ist im Glauben an Christus, was G e m e i n d e heisst, das ist dieses Gleichnis, diese Abschattung des Seins Jesu Christi als des Hauptes seines Leibes. Christus begründet s e i n e K i r c h e, indem er zum Vater geht, damit, dass er sich seinen Aposteln zu erkennen gibt. Diese Erkenntnis als solche bedeutet den Aufruf: «Gehet hin in alle Welt und verkündiget das Evangelium a l l e r Kreatur!» Christus ist der Herr! Das ist es, was alle Kreatur, was alle Völker wissen sollen. Der Abschluss des Werkes Christi ist darum nicht eine den Aposteln gegebene Gelegenheit zum Müssiggang, sondern ihre Aussendung in die Welt. Da ist kein Ruhen möglich, da ist vielmehr ein Laufen und Rennen, da beginnt die M i s s i o n, die Sendung der Kirche in die Welt und für die Welt.

Diese Zeit, die nun anbricht, die Zeit der K i r c h e, ist zugleich die E n d z e i t, die letzte Zeit, die Zeit, in welcher die Existenz oder der Sinn der Existenz der geschöpflichen Welt zu ihrem Ziele kommt. Wir hörten, als wir von Christi Kreuz und Auferstehung sprachen: die Schlacht ist gewonnen, die Uhr ist abgelaufen, aber noch hat Gott G e d u l d, noch wartet Gott. Er hat für diese Zeit seiner Geduld die Kirche hineingestellt in die Welt, und das ist der Sinn dieser letzten Zeit, dass sie ausgefüllt wird durch die Botschaft des Evangeliums und dass die Welt dieses Angebot hat, diese Botschaft zu hören. Man kann diese Zeit, die mit der Himmelfahrt Jesu Christi angebrochen ist, die Z e i t d e s W o r t e s nennen, vielleicht auch die Zeit der Verlassenheit und in gewisser Hinsicht der Einsamkeit der Kirche auf Erden. Die Zeit, in der die Kirche mit Christus nun eben schlechterdings nur im Glauben und durch den Heiligen Geist verbunden ist, die Zwischenzeit zwischen seinem einmaligen irdischen Dasein und seiner Wiederkunft in Herrlichkeit: die Zeit der grossen Gelegenheit, der Aufgabe der Kirche der Welt gegenüber, die Zeit der Mission. Es ist, wie wir sagten, die Zeit der Geduld Gottes, in der er auf die Kirche und mit der Kirche auf die Welt wartet. Denn was in Jesus Christus abschliessend geschehen ist, als Erfüllung der Zeit, das will nun doch offenbar nicht vollendet werden ohne menschliche Beteiligung, ohne das Lob Gottes aus ihrem Mund, ohne ihre Ohren, die das Wort hören sollen, ohne ihre Füsse und Hände, kraft deren sie zu Boten des Evangeliums werden sollen. Dass Gott und Mensch eins geworden sind in Jesus Christus, das soll nun zunächst darin sichtbar werden, dass es auf Erden Gottesmenschen gibt, welche seine Zeugen sein dürfen. Kirchenzeit, Endzeit, letzte Zeit: was sie wichtig und gross macht, ist nicht, dass sie letzte Zeit ist, sondern dass sie Raum lässt zum Hören, Glauben und Busse tun, zum Verkündigen und Begreifen der Botschaft. Es ist die Zeit, die zu Jesus Christus in dem Verhältnis steht: «Siehe, ich stehe vor der Tür und klopfe an.» Er ist in unmittelbarster Nähe, er will eintreten, schon ganz nah und noch draussen, noch v o r der Tür, und schon dürfen wir drinnen ihn hören und seines Eintritts gewärtig sein. — In diese Zwischenzeit, Endzeit, in diese Zeit des Wartens und der göttlichen Geduld fällt nun jene doppelte Ordnung der göttlichen Vorsehung: fallen die Zusammenhänge von Kirche und Staat, des inneren und des äusseren Bereiches in ihrem Gegensatz und doch auch in ihrer Zuordnung. Sie sind keine letzte Ordnung und kein letztes Wort, sie sind aber, richtig verstanden, die gute, der Gnade Gottes entsprechende Ordnung auf das Ziel hin. Himmelfahrt ist der Beginn dieser u n s e r e r Zeit.

§ 20 Die Zukunft Jesu Christi des Richters

Die Erinnerung der Kirche ist auch ihre Erwartung, und ihre Botschaft an die Welt ist auch deren Hoffnung. Denn eben Jesus Christus, von dessen Wort und Werk die Kirche wissend, die Welt noch unwissend herkommt, ist derselbe, der der Kirche und der Welt als das Ziel der zu Ende gehenden Zeit entgegenkommt, um die in ihm geschehene Entscheidung endgültig und für Alle sichtbar zu machen: Gottes Gnade und Reich als das Mass, an dem die ganze Menschheit und jede einzelne menschliche Existenz gemessen ist.

«...von dannen er kommen wird, zu richten die Lebendigen und die Toten!» Nach den vielen Perfekta und dem Präsens folgt nun das Futurum: er w i r d k o m m e n. Man könnte das Ganze des zweiten Glaubensartikels zusammenfassen in die drei Bestimmungen: der g e k o m m e n ist, der s i t z t zur Rechten des Vaters, und der k o m m e n w i r d.

Lassen Sie mich etwas vorausschicken über den c h r i s t - l i c h e n Z e i t b e g r i f f. Es ist nicht zu verkennen, dass hier ein ganz eigentümliches Licht auf das fällt, was im echten und eigentlichen Sinne wirkliche Zeit heisst: die Zeit im Lichte der Zeit Gottes, der Ewigkeit.

Dass Jesus Christus g e k o m m e n ist, also jene Perfekta, würde dem entsprechen, was wir V e r g a n g e n h e i t nennen. Aber wie unangemessen wäre es, von jenem Geschehen zu sagen, dass es vergangen sei. Vergangen ist ja gerade nicht, was Jesus Christus gelitten und getan hat, vergangen ist vielmehr das Alte: die Welt des Menschen, die Welt des Ungehorsams und der Unordnung, die Welt des Elends, der Sünde und des Todes. Die Sünde ist durchgestrichen, der Tod ist überwunden. Sünde und Tod w a r e n und die ganze Weltgeschichte, auch die, die *post Christum* weiterlief, bis in unsere Tage hinein, w a r. Das Alles ist in Christus vergangen, an das Alles kann man nur noch zurückdenken.

151

Jesus Christus aber s i t z t als der, der gelitten hat und vom Tode auferstanden ist, neben dem Vater. Das ist die G e g e n - w a r t . Indem er so gegenwärtig ist, wie Gott gegenwärtig ist, lässt sich bereits sagen: als der Gewesene wird er wiederkommen. Der heute ist wie er gestern war, der wird auch morgen d e r s e l b e sein: Jesus Christus gestern, heute und derselbe in Ewigkeit! Indem Jesus Christus als der, der er war, i s t , ist er offenbar der Anfang einer neuen, einer anderen Zeit als der, die wir kennen, einer Zeit, in der es kein Vergehen gibt, aber w i r k l i c h e Zeit, die ein Gestern, ein Heute und ein Morgen hat. Aber das Gestern Jesu Christi ist auch sein Heute und sein Morgen. Nicht Zeitlosigkeit, nicht leere Ewigkeit tritt an die Stelle seiner Zeit. Seine Zeit ist nicht zu Ende, sondern sie geht weiter in der Bewegung vom Gestern ins Heute, ins Morgen hinein. Sie hat nicht die furchtbare Flüchtigkeit unserer Gegenwart. Wenn Jesus Christus zur Rechten des Vaters sitzt, so hat dieses sein Sein bei Gott, sein Sein als Inhaber und Vertreter der göttlichen Gnade und Macht uns Menschen gegenüber nichts zu tun mit dem, was wir uns törichter Weise unter Ewigkeit vorzustellen pflegen: ein Sein ohne Zeit. Wenn dieses Sein Jesu Christi zur Rechten des Vaters w i r k l i c h e s S e i n ist und als solches das Mass alles Seins, dann ist es auch Sein in der Z e i t , wenn auch in einer anderen als der, die wir kennen. Wenn die Herrschaft und Regierung Jesu Christi zur Rechten des Vaters der Sinn dessen ist, was wir als Sein unserer Welt- und Lebensgeschichte vor Augen haben, dann ist dieses Sein Jesu Christi kein zeitloses Sein, dann ist Ewigkeit nicht zeitlose Ewigkeit. Zeitlos ist der Tod, ist das Nichts. Zeitlos sind wir Menschen dann, wenn wir ohne Gott und ohne Christus sind. Dann haben wir keine Zeit. Diese Zeitlosigkeit aber hat er überwunden. Christus hat Zeit, die Fülle der Zeit. Er sitzt zur Rechten Gottes als der, der gekommen ist, der gehandelt und gelitten und im Tode triumphiert hat. Sein Sitzen zur Rechten Gottes ist nicht etwa nur der Extrakt dieser Geschichte, sondern das Ewige i n dieser Geschichte.

Und entsprechend diesem ewigen Sein Christi ist nun auch sein Sein w e r d e n . Was war, das kommt; was geschehen ist, das wird geschehen. Er ist das A und das O, die Mitte der wirklichen Zeit, der Zeit Gottes, welche nicht nichtige, vergehende

Zeit ist. Nicht Gegenwart, wie wir sie kennen, in der jedes «Jetzt» nur der Sprung ist von einem Nicht-mehr in ein Nochnicht! Das soll Gegenwart sein, dieses Flattern im Schatten des Hades? Im Leben Jesu Christi begegnet uns eine andere Gegenwart, die ihre eigene Vergangenheit i s t, also nicht eine Zeitlosigkeit, die ins Nichts führt. Und wenn es heisst, dass Jesus Christus w i e d e r k o m m t, so ist dieses Wiederkommen nicht ein Ziel, das im Unendlichen liegt. «Unendlichkeit» ist eine trostlose Sache und nicht ein göttliches Prädikat, sondern eines, das der gefallenen Geschöpflichkeit zugehört. Dieses Ende ohne Ende ist furchtbar. Es ist ein Abbild der menschlichen Verlorenheit. So ist der Mensch dran: er stürzt in die Ziel- und Endlosigkeit. Mit Gott hat dieses Ideal des Unendlichen nichts zu tun. Dieser Zeit ist vielmehr eine G r e n z e gesetzt. Jesus Christus ist und bringt die wirkliche Zeit. Gottes Zeit aber hat wie einen Anfang und wie eine Mitte so auch ein Ziel. Der Mensch ist umgeben und gehalten von allen Seiten. Das heisst Leben. So wird die menschliche Existenz sichtbar im zweiten Artikel: Jesus Christus mit seiner Vergangenheit, Gegenwart und Zukunft.

Wenn die christliche Gemeinde zurückblickt auf das Geschehen in Christus, auf seine erste Parusie, sein Leben, Sterben und Auferstehen, wenn sie in dieser E r i n n e r u n g lebt, dann ist das nicht blosse Erinnerung, nicht das, was wir Historie nennen. Das ein für allemal Geschehene hat vielmehr die Kraft göttlicher G e g e n w a r t. Was geschehen ist, das geschieht noch, und als solches wird es auch geschehen. Der Ort, von dem die christliche Gemeinde mit ihrem Bekenntnis zu Jesus Christus herkommt, ist derselbe, dem sie entgegengeht. Ihre Erinnerung ist auch ihre Erwartung. Und wenn die christliche Gemeinde an die Welt herantritt, dann hat ihre Botschaft auf den ersten Blick gewiss immer den Charakter einer historischen Erzählung, dann wird von Jesus von Nazareth die Rede sein, der unter Pontius Pilatus gelitten hat, nachdem er unter Kaiser Augustus geboren wurde. Aber wehe, wenn die christliche Botschaft an die Welt in diesem Geschehen stecken bleiben wollte! Unvermeidlich würde dann der Inhalt und Gegenstand dieser Erzählung ein Mensch, der einmal gelebt hat oder eine Sagengestalt, auf die manche Völker in ähnlicher Weise zurückblicken, ein Religionsstifter unter anderen! Wie würde damit die Welt getäuscht über das, was in Wahrheit war und ist, über die frohe Botschaft: «Christ ist erschienen, uns zu versühnen, freue dich, o Christenheit!» Dieses Perfekt «Christ ist erschienen» muss auch der Welt gegenüber in seiner Aktualität verkündigt werden als das, was auch die Welt hoffen darf, dem auch die Weltgeschichte entgegengeht.

Und wiederum könnte es sein, dass der christliche Glaube als E r w a r t u n g und Hoffnung verstanden wird, aber diese Erwartung könnte einen leeren und allgemeinen Charakter haben. Man hofft auf bessere Zeiten, bessere Zustände im «Diesseits» oder in Gestalt eines anderen Lebens im sog. «Jenseits». So leicht zerfliesst die christliche Hoffnung in ein unbestimmtes Erwarten irgend einer geträumten Herrlichkeit. Man vergisst den eigentlichen Inhalt und Gegenstand der christlichen Erwartung: dass der, der da kommt, der ist, der da war. Wir gehen dem entgegen, von dem wir kommen. Das muss auch im Verhältnis der Kirche zur Welt die Substanz ihrer Botschaft sein: sie weist nicht ins Leere, wenn sie den Menschen Mut und Hoffnung macht, sondern sie darf Mut und Hoffnung machen im Blick auf das, was g e s c h e h e n ist. Das «Es ist vollbracht!» steht in voller Geltung. Das christliche Perfekt ist nicht ein Imperfekt, sondern das recht verstandene Perfekt hat die Kraft des Futurum. «Meine Zeit steht in deinen Händen!» So wandert man wie Elia in der Kraft dieser Speise 40 Tage und 40 Nächte bis an den Berg Gottes, der da heisst Horeb. Noch ist es Wanderung, noch ist es nicht das Ziel, aber Wanderung vom Ziele her! So müssten wir Christen zu den Nicht-Christen reden. Nicht als Trauereulen dürften wir unter ihnen sitzen, sondern in einer Gewissheit unseres Zieles, die alle andere Gewissheit übertrifft. Aber wie oft stehen wir beschämt neben den Kindern der Welt und wie müssen wir sie dann begreifen, wenn unsere Botschaft ihnen nicht genügen will! Wer weiss «Unsere Zeit steht in deinen Händen», der wird nicht hochmütig auf die Weltmenschen blicken, die in einer bestimmten, uns oft beschämenden Hoffnung ihres Weges ziehen, sondern der wird sie besser verstehen, als sie sich selber verstehen. Er wird ihre Hoffnung als ein Gleichnis sehen, ein Zeichen, dass die Welt nicht verlassen ist, sondern einen Anfang und ein Ziel hat. Wir Christen müssen in dieses säkulare Denken und Hoffen hinein das rechte A und O setzen. Das können wir aber nur, wenn wir die Welt an Zuversicht ü b e r t r e f f e n.

Es steht doch so: die Welt kommt u n w i s s e n d, die Kirche aber w i s s e n d v o n J e s u s C h r i s t u s h e r, von seinem Werk. Das Objektive ist dies, dass Jesus Christus gekommen ist und dass er sein Wort gesprochen und sein Werk getan hat. Das i s t, ganz unabhängig davon, ob wir Menschen es glauben oder nicht. Das gilt für A l l e, für die Christen und für die Nicht-Christen. Dass Christus gekommen ist, davon kommen wir her und daraufhin sollten wir die Welt ansehen. Dass die Welt «weltlich» ist, ist eine Selbstverständlichkeit. Aber sie ist die Welt, in deren Mitte Jesus Christus gekreuzigt und auferstanden ist. Die Kirche kommt auch von daher und ist nicht anders dran als die Welt. Aber die Kirche ist der Ort, wo man das w e i s s, und das ist allerdings ein ungeheurer Unterschied zwischen Kirche und Welt. Wir Christen dürfen es wissen, wir dürfen mit offenen Augen das Licht sehen, das aufgebrochen ist: das Licht der Parusie. Darin liegt eine besondere Gnade, über die man jeden Morgen froh sein darf. Man hat diese Gnade wahrhaftig nicht verdient, die Christen sind nicht besser als die Weltkinder. Es kann sich nur darum handeln, dass sie von ihrem Wissen den Anderen, denen, die nicht wissen, etwas zeigen. Sie sollen das kleine Licht, das ihnen gegeben ist, leuchten lassen.

Und Kirche und Welt haben beide v o r s i c h Den, von dem sie herkommen. Und für beide ist das Wunder dies, dass dieses Hoffnungsziel nicht irgendwo steht und wir uns mühsam den Weg dorthin bahnen müssen, sondern dass es im Glaubensbekenntnis heisst: *venturus est!* Nicht wir müssen kommen: Er kommt. Wo sollten und wollten wir schon hinkommen mit unserem Laufen und Wandern? Die Weltgeschichte mit ihrem Betrieb, mit ihren Kriegen und ihren Waffenstillständen, die Kulturgeschichte mit ihren Illusionen und Unwahrscheinlichkeiten: ein W e g? Wir müssen lächeln. Wenn aber E r kommt, Er, der der Handelnde ist, dann wird von da aus Alles, was so kümmerlich ist an unserer «Progressivität», in ein anderes Licht gerückt. Die schreckliche Torheit und Schwachheit der Kirche und die der Welt werden von ihm beleuchtet. «Christ ist geboren». Es ist wieder Advent. Die Wiederkunft Christi ist die Wiederkunft dessen, der da war. Damit wird die Torheit der Heiden und die Schwachheit der Kirche nicht entschuldigt, aber sie tritt in das Licht des Ostertages: «Welt ging verloren, Christ ward geboren». Christus aber ist nicht nur für uns eingetreten, er w i r d auch für uns eintreten. So ist die menschliche und christliche Existenz gehalten von ihrem Anfang und von ihrem Ende her. Christus hat sich nicht geschämt und wird sich nicht schämen, unser Bruder zu heissen.

«... von dannen er kommen wird». In diesem «von dannen» liegt vor allem dies: er wird aus der Verborgenheit, in der er jetzt noch für uns ist, wo er von der Kirche verkündigt und geglaubt wird, wo er uns nur in seinem Wort gegenwärtig ist, heraustreten. Es heisst im Neuen Testament von diesem zukünftigen Kommen: «Er wird kommen auf den Wolken des Himmels in grosser Kraft und Herrlichkeit» und «wie der Blitz ausgeht von Osten nach Westen, so wird die Parusie des Menschen-Sohnes sein». Das sind Bilder, aber Bilder von letzten Wirklichkeiten, die jedenfalls anzeigen: das geschieht nicht mehr in der Verborgenheit, sondern als schlechthin Offenbares. Niemand mehr wird sich darüber täuschen können, dass dies Wirklichkeit ist. S o wird er kommen. Er wird den Himmel zerreissen und vor uns stehen als der, der er ist, sitzend zur Rechten des Vaters. Er kommt im Besitz und in der Ausübung der göttlichen Allmacht. Er kommt als der, in dessen Händen unsere ganze Existenz beschlossen ist. Ihn erwarten wir, er kommt und er wird offenbar als der, den wir jetzt schon kennen. Es ist Alles geschehen, es geht nur noch darum, dass die Decke weggezogen wird und alle es sehen können. Er hat es schon vollbracht und er hat die Macht, es offenbar zu machen. In seiner Hand steht die wirkliche und nicht jene endlose Zeit, in der man nie Zeit hat. Jetzt schon darf diese Fülle da sein. Unser Leben hat eine Erfüllung und sie wird offenbar werden. Das ist unsere Zukunft, dass uns gezeigt wird: es war in unserer Existenz und in dieser üblen Weltgeschichte und — Wunder über Wunder! — in der noch übleren Kirchengeschichte Alles recht und gut. Wir sehen es nicht: was im Heussi steht, das ist nicht gut und was in der Zeitung steht, auch nicht. Und doch wird es einmal offenbar sein, dass es richtig war, weil Christus in der Mitte war. Er regiert, sitzend zur Rechten des Vaters. Das wird an den Tag kommen und alle Tränen werden abgewischt werden. Das ist das

Wunder, dem wir entgegengehen dürfen und das in Jesus Christus uns g e z e i g t werden wird als das, was schon i s t, wenn er kommen wird in seiner Herrlichkeit, wie ein Blitz, der leuchtet vom Osten bis in den Westen.

«... zu richten die Lebendigen und die Toten!» Wenn man hier recht verstehen will, so muss man wohl zum vornherein gewisse Bilder des Weltgerichts, so gut das geht, einmal zurückdrängen und sich Mühe geben, zunächst nicht an das zu denken, was sie beschreiben. Alle die Visionen, wie die grossen Maler sie wiedergeben vom Weltgericht (Michelangelo in der Sixtinischen Kapelle): Christus, der mit geballter Faust hervortritt und die zur Rechten von denen zur Linken scheidet, wobei der Blick an denen zur Linken hängen bleibt! Die Maler haben z. T. mit Wollust sich vorgestellt, wie diese Verdammten im Höllenpfuhl versinken. Es handelt sich aber entscheidend nicht um das. Im Heidelberger Katechismus Fr. 52 heisst es: «Was tröstet dich die Wiederkunft Christi, zu richten die Lebendigen und die Toten?» Antwort: «Dass ich in aller Trübsal und Verfolgung mit aufgerichtetem Haupt eben des Richters, der sich zuvor dem Gerichte Gottes für mich dargestellt und alle Vermaledeiung von mir hinweggenommen hat, aus dem Himmel gewärtig bin...» Hier wird ein anderer Ton angeschlagen. Die Wiederkunft Jesu Christi, zu richten die Lebendigen und die Toten, ist eine Freudenbotschaft. «Mit aufgerichtetem Haupte» darf und soll der Christ, die Kirche, dieser Zukunft entgegenblicken. Denn der da kommt, ist derselbe, der sich zuvor dem Gericht Gottes dargeboten hat. S e i n e r Wiederkunft sind wir gewärtig. Wäre es doch Michelangelo und den anderen Künstlern vergönnt gewesen, d a s zu hören und zu sehen!

Die Wiederkunft Jesu Christi zum Gericht, sein endgültiges und allgemeines Sichtbarwerden wird im Neuen Testament oft als d i e Offenbarung bezeichnet. Er wird nicht nur der Gemeinde offenbar werden, sondern Allen, als der, der er ist. Er wird nicht erst der Richter sein, er ist es schon, aber erst dann wird es sichtbar werden dass es nicht um unser Ja und Nein, Glauben und Nicht-Glauben geht. In voller Klarheit und Öffentlichkeit wird das «Es ist vollbracht» an den Tag kommen. Darauf wartet die Kirche und wartet, ohne es zu wissen, auch die Welt. Diesem Offenbarsein dessen, was ist, gehen wir alle entgegen. Noch scheint es nicht so zu sein, dass Gottes Gnade und Recht wirklich gilt als das Mass, an dem die ganze Menschheit und jeder Einzelne gemessen ist. Noch hat man Zweifel und Sorgen, ob es wirklich gelte. Noch ist Raum für die Werkgerechtigkeit und Prahlerei der Frommen und der Gottlosen. Noch kann es scheinen, dass dem nicht so ist. Die Gemeinde verkündigt Christus und die in ihm gefallene Entscheidung. Aber auch sie lebt noch in dieser zu Ende gehenden Zeit und trägt alle Merkmale grosser Schwachheit an sich. Was bringt die Zukunft? Nicht noch einmal eine Geschichtswende, sondern die Offenbarung dessen, was i s t. Sie ist Zukunft, aber die Zukunft dessen, dessen die Kirche sich e r i n n e r t : dessen, was ein für allemal schon geschehen ist. Das A und das O sind dasselbe. Die Wiederkunft Jesu Christi wird Goethe recht geben: «Gottes ist der Orient, Gottes ist der Okzident, nord und südliches Gelände ruh'n im Frieden seiner Hände.»

Der Richter ist in der biblischen Gedankenwelt nicht in erster Linie der, der die Einen belohnt und die Anderen bestraft, sondern der Mann, der Ordnung schafft und das Zerstörte wiederherstellt. Diesem Richter, dieser Wiederherstellung oder besser der Offenbarung dieser Wiederherstellung dürfen wir entgegengehen in unbedingter Zuversicht, weil e r der Richter ist. Darum unbedingt zuversichtlich, weil wir ja von seiner Offenbarung schon herkommen. Die Gegenwart scheint so klein und kümmerlich und will uns nicht genügen, auch nicht die Gegenwart der Kirche und Christenheit! Aber nun darf und soll gerade die Christenheit sich immer wieder rufen lassen, zurückrufen lassen auf ihren Anfang und zugleich der Zukunft Christi entgegen, der strahlenden und herrlichen Zukunft Gottes selbst, der gestern und heute und darum auch morgen derselbe sein wird. Dem Ernst des Gerichtsgedankens wird kein Abbruch getan, denn da wird offenbar werden, dass Gottes Gnade und Gottes Recht das Mass ist, an dem die ganze Menschheit und jeder Mensch gemessen wird. *Venturus iudicare:* Gott weiss alles, was da ist und geschieht. Da kann man wohl erschrecken, und insofern sind jene Visionen des Jüngsten Gerichtes nicht einfach gegenstandslos. Was nicht aus Gottes Gnade und Recht ist, das kann nicht bestehen. Unendlich viel menschliche, auch christliche «Grösse» stürzt da vielleicht in die äusserste Finsternis.

Dass es ein solches göttliches Nein gibt, das liegt allerdings auch in diesem *iudicare*. Aber sobald wir das zugeben, müssen wir zurückkehren zu der Wahrheit: der R i c h t e r , der die Einen zur Linken und die Anderen zur Rechten stellt, ist ja der, der f ü r m i c h sich dem Gerichte Gottes dargeboten und alle Vermaledeiung von mir genommen hat. Es ist der, der am Kreuz starb und an Ostern auferstand. Die Furcht Gottes in Jesus Christus kann keine andere sein als die, die in der Freude und Zuversicht steht: «Was tröstet dich die Wiederkunft Christi?» Das führt nicht zur Apokatastasis. Es gibt eine Entscheidung und eine Scheidung, aber a n d e m , der für uns eingetreten ist. Gibt es eine schärfere Scheidung und einen dringenderen Aufruf schon heute, als gerade die Botschaft von diesem Richter?

§ 21   Ich glaube an den Heiligen Geist

Wenn Menschen mit Jesus Christus in der Weise zusammengehören, dass sie die Freiheit haben, sein Wort als auch zu ihnen gesagt, sein Werk als auch für sie getan, die Botschaft von ihm auch als ihre Aufgabe zu erkennen, und dann ihrerseits auch für alle anderen Menschen das Beste zu hoffen, so geschieht das wohl als ihre menschliche Erfahrung und Tat und nun doch nicht in der Kraft ihrer menschlichen Fähigkeit, Entschliessung und Anstrengung, sondern allein auf Grund der freien Gabe Gottes, in der das Alles gerade ihnen zugewendet wird. Gott in dieser Zuwendung und Gabe ist der Heilige Geist.

Das Credo wiederholt an dieser Stelle noch einmal die Worte «Ich glaube». Das hat nicht nur stilistische Bedeutung, sondern wir werden hier dringend darauf aufmerksam gemacht, dass der Inhalt des christlichen Glaubensbekenntnisses jetzt noch einmal in ein neues Licht gerückt wird und dass das nun Folgende sich nicht selbstverständlich anschliesst an das Vorhergehende. Es ist wie ein Atemholen, es ist die merkwürdige Pause zwischen Himmelfahrt und Pfingsten.

Die Aussagen des dritten Artikels zielen auf den M e n s c h e n. Redet der erste Artikel von Gott, der zweite vom Gottmenschen, so jetzt der dritte vom Menschen. Man darf hier freilich nicht trennen, sondern muss die drei Artikel in ihrer Einheit verstehen. Es geht um den Menschen, welcher an der Tat Gottes beteiligt, und zwar aktiv beteiligt ist. Der Mensch gehört ins Credo. Das ist das unerhörte Geheimnis, an das wir jetzt herantreten. Es gibt einen Glauben an den Menschen, sofern dieser Mensch frei und aktiv am Werk Gottes beteiligt ist. Dass dies Ereignis wird, das ist das Werk des Heiligen Geistes, das Werk Gottes auf Erden, das seine Entsprechung hat in jenem verborgenen Werk Gottes, im Ausgang des Geistes aus dem Vater und dem Sohne.

Was ist es mit dieser Beteiligung des Menschen am Werk Gottes, mit seinem freien aktiven Dabeisein? Es wäre trostlos, wenn alles im Objektiven bliebe. Es gibt auch ein S u b j e k - t i v e s und man kann die moderne Überwucherung dieses Subjektiven, die schon in der Mitte des 17. Jahrhunderts eingesetzt hat und von Schleiermacher in systematische Ordnung gebracht wurde, als einen krampfhaften Versuch verstehen, die Wahrheit des dritten Artikels in Geltung zu bringen.

Es gibt einen allgemeinen Zusammenhang a l l e r Menschen mit Christus, und jeder Mensch ist sein Bruder. Er ist für alle Menschen gestorben und für alle Menschen auferstanden. so ist jeder Mensch der Adressat des Werkes Jesu Christi. Dass dem so ist, das ist eine Verheissung für die ganze Menschheit. Und es ist die wichtigste und allein durchgreifende Begründung für das, was wir H u m a n i t ä t nennen. Wer das einmal realisiert hat: Gott ward Mensch, der kann nicht unmenschlich reden und handeln.

Aber zunächst blicken wir, wenn wir vom Heiligen Geist reden, nicht auf alle Menschen, sondern auf die b e s o n d e r e Z u g e h ö r i g k e i t besonderer Menschen zu Jesus Christus. Es geht, wenn wir vom Heiligen Geist reden, um solche Menschen, welche mit Jesus Christus in der besonderen Weise zusammengehören, dass sie die F r e i h e i t haben, sein Wort, sein Werk, seine Botschaft in einer bestimmten Weise zu erkennen und darunter ihrerseits das Beste für a l l e Menschen zu hoffen.

Als wir vom Glauben sprachen, haben wir den Begriff der F r e i h e i t bereits betont. Wo der Geist des Herrn ist, da ist Freiheit. Will man das Geheimnis des Heiligen Geistes umschreiben, so wählt man am besten diesen Begriff. Den Geist empfangen, den Geist haben, im Geist leben, das heisst b e - f r e i t sein und in der Freiheit leben dürfen. Nicht alle Menschen sind frei. Freiheit versteht sich nicht von selbst und ist nicht einfach ein Prädikat des Menschseins. Alle Menschen sind zur Freiheit bestimmt, aber nicht alle stehen in dieser Freiheit. Es ist uns Menschen verborgen, wo die Trennungslinie läuft. Der Geist weht, wo er will. Es ist ja nicht ein Naturzustand des Menschen, dass er den Geist hat, sondern das wird immer eine Auszeichnung, eine G a b e G o t t e s sein. Es geht in dieser

Sache ganz schlicht um die Zugehörigkeit zu Jesus Christus. Es geht im Heiligen Geist nicht um etwas von Ihm Verschiedenes und Neues. Es war immer die irrige Auffassung vom Heiligen Geist, die ihn so verstand. Der Heilige Geist ist der Geist Jesu Christi: «Vom Meinen wird er es nehmen und euch geben.» Der Heilige Geist ist nichts Anderes als eine b e s t i m m t e B e - z i e h u n g d e s W o r t e s z u m M e n s c h e n. Es geht in der Ausgiessung des Heiligen Geistes an Pfingsten um eine Bewegung — *pneuma* heisst Wind — von Christus zum Menschen hin. Er hauchte sie an: «Nehmt hin den Heiligen Geist!» Christen sind solche von Christus Angehauchte. Man kann also in einer Hinsicht nicht n ü c h t e r n genug vom Heiligen Geist reden. Es geht um die Beteiligung des Menschen am Wort und Werk Christi.

Aber dieses Einfache ist zugleich etwas höchst Unbegreifliches. Denn diese Beteiligung des Menschen bedeutet a k t i v e Beteiligung. Bedenken wir auch, was das in seiner letzten Spitze bedeutet: In die grosse Hoffnung Jesu Christi, die allen Menschen gilt, aktiv hineingenommen sein, das ist wahrhaftig keine Selbstverständlichkeit. Es ist die Beantwortung einer Frage, die jeden Morgen neu an uns gestellt ist. Es geht um die Botschaft der christlichen Kirche, und indem ich diese Botschaft höre, wird sie meine eigene Aufgabe. Als einem Christen ist diese Botschaft nun auch mir übergeben, bin auch ich zu ihrem Träger geworden. Damit aber bin ich in die Situation versetzt, dass ich meinerseits die Menschen, a l l e Menschen, ganz anders ansehen muss als vorher: ich kann nun nicht mehr anders, als für alle das Beste hoffen.

I n n e r e O h r e n haben für das Wort Christi, d a n k b a r werden für sein Werk und zugleich v e r a n t w o r t l i c h für die Botschaft von Ihm und endlich eben Z u v e r s i c h t fassen zu den Menschen um Christi willen: das ist die Freiheit, die wir bekommen, wenn Christus uns anhaucht, wenn er uns seinen Heiligen Geist schickt. Wenn Er nicht mehr in einer historischen oder himmlischen, theologischen oder kirchlichen Ferne von mir lebt, wenn Er auf mich zukommt und von mir Besitz ergreift, so wird das zur Folge haben, dass ich höre, dass ich dankbar bin und verantwortlich werde und dass ich endlich hoffen darf, für mich und für alle Anderen, m. a. W. dass ich c h r i s t l i c h

l e b e n darf. Es ist etwas ungeheuer Grosses und gar nichts
Selbstverständliches, diese F r e i h e i t zu bekommen. Man
muss darum jeden Tag, jede Stunde b e t e n : *Veni creator Spiri-*
tus! im Hören auf das Wort Christi und in der Dankbarkeit. Das
ist ein geschlossener Kreis. Wir «haben» diese Freiheit nicht, sie
wird uns immer wieder von Gott zugesprochen.

Ich sagte bei der Erklärung des ersten Glaubensartikels: die
Schöpfung ist kein geringeres Wunder als die Geburt Christi
aus der Jungfrau. Und ich möchte nun als Drittes sagen: die
Tatsache, dass es Christen gibt, Menschen, die diese Freiheit
haben, das ist kein geringeres Wunder als die Geburt Jesu
Christi aus dem Heiligen Geist und der Jungfrau Maria, als die
Erschaffung der Welt aus dem Nichts. Denn wenn wir bedenken, was und wer und wie wir sind, dann möchten wir schreien:
«Herr, erbarm dich unser!» Auf dieses Wunder warten die
Jünger zehn Tage nach der Himmelfahrt des Herrn. Erst nach
dieser Pause geschieht die Ausgiessung des Heiligen Geistes und
entsteht mit ihr die neue Gemeinde. Es ereignet sich also eine
neue Gottestat, die aber wie alle Taten Gottes nur eine Bestätigung der vorangehenden ist. Der Geist lässt sich nicht von
Jesus Christus trennen. «Der Herr ist der Geist», sagt Paulus.

Wo Menschen den Heiligen Geist empfangen und haben dürfen, da geht es wohl um eine menschliche Erfahrung und eine
menschliche Tat. Es ist durchaus a u c h eine Sache des Verstandes, des Willens und ich möchte sogar sagen: der Phantasie.
Auch das gehört zum Christ-sein. Der g a n z e Mensch, bis
in die hintersten Räume des sog. «Unbewussten» ist in Anspruch genommen. Die Beziehung Gottes zum Menschen umfasst
seine Totalität. Aber damit darf nun eben nicht das Missverständnis aufkommen, als sei der Heilige Geist eine Gestalt des
menschlichen Geistes. Die Theologie wird herkömmlicherweise
zu den «Geisteswissenschaften» gezählt. Das kann sie sich mit
Humor gefallen lassen. Der Heilige Geist ist aber nicht identisch
mit dem menschlichen Geist, sondern er begegnet diesem. Wir
wollen gewiss den menschlichen Geist nicht herabwürdigen —
gerade im neuen Deutschland tut es not, ihn ein bisschen zu pflegen! – und auch die Theologen sollten sich da nicht pfäffisch
und hochmütig abwenden. Aber jene Freiheit des christlichen
Lebens kommt nicht aus dem m e n s c h l i c h e n Geist. Irgend-

welche menschlichen Fähigkeiten oder Möglichkeiten oder Anstrengungen können diese Freiheit nicht erlangen.

Wenn es sich ereignet, dass der Mensch jene Freiheit bekommt, dass er ein Hörender, ein Verantwortlicher, ein Dankbarer und ein Hoffender wird, so ereignet sich das nicht auf Grund einer Tat des menschlichen Geistes, sondern allein auf Grund der Tat des Heiligen Geistes. So ist das m. a. W. eine G a b e   G o t t e s. Es geht hier um eine   n e u e   G e b u r t, um den   H e i l i g e n   G e i s t.

§ 22 Die Gemeinde, ihre Einheit, Heiligkeit und Allgemeinheit

Indem Menschen da und dort durch den Heiligen Geist mit Jesus Christus und so auch untereinander zusammenkommen, entsteht und besteht da und dort sichtbar christliche Gemeinde. Sie ist darin eine Gestalt des einen, heiligen, allgemeinen Volkes Gottes und darin eine Gemeinschaft heiliger Menschen und Werke, dass sie sich allein von Jesus Christus, in dem sie begründet ist, auch regieren lässt, allein in Erfüllung ihres Heroldsdienstes auch leben will, allein in ihrer Hoffnung, die ihre Grenze ist, auch ihr Ziel erkennt.

Wir müssen uns kurz fassen in diesem Abschnitt, der von Rechts wegen sehr eingehend behandelt werden sollte. Unsere Stunden sind gezählt. Aber vielleicht schadet das nichts. Es wird heute eher zu viel als zu wenig über die Kirche geredet. Es gibt etwas Besseres: Lassen Sie uns Kirche s e i n !

Es wäre viel gewonnen, wenn das dringende Anliegen Luthers sich durchgesetzt hätte und an die Stelle des Wortes Kirche das Wort G e m e i n d e getreten wäre. Man kann gewiss auch im Wort K i r c h e Gutes und Wahres finden: Kirche, *kyriake oikia*, Haus des Herrn, oder abgeleitet von *circa*: ein rund geschlossener Raum. Beide Erklärungen sind möglich. *ekklesia* aber heisst sicher Gemeinde, Z u s a m m e n k u n f t, entstanden durch einen Aufruf: die Volksversammlung, die zusammenkommt auf das Rufen des Boten hin oder auch auf den Klang der Trompete des Herolds.

Gemeinde ist die Zusammenkunft derer, die durch den Heiligen Geist mit Jesus Christus zusammengehören. Wir hörten: es gibt eine b e s o n d e r e Z u g e h ö r i g k e i t besonderer Menschen mit Jesus Christus. Sie wird da Ereignis, wo Menschen durch den Heiligen Geist aufgerufen sind zur Teilnahme an Christi Wort und Werk. Diese besondere Zugehörigkeit hat ihre Entsprechung auf der horizontalen Ebene in einer Z u - s a m m e n g e h ö r i g k e i t d i e s e r M e n s c h e n untereinander. Die Ausgiessung des Heiligen Geistes bewirkt unmittelbar die Zusammenkunft dieser Menschen. Man kann vom Heiligen Geist nicht sprechen — und darum erscheint hier unmittelbar die Gemeinde — ohne fortzufahren: *credo ecclesiam,* ich glaube die Existenz der Kirche. Und umgekehrt: Wehe, wo man von Kirche meint reden zu können, ohne sie ganz und gar auf das Werk des Heiligen Geistes zu begründen. *Credo in Spiritum Sanctum,* aber nicht *credo in ecclesiam:* Ich glaube an den Heiligen Geist, aber nicht an die Kirche! Vielmehr glaube ich daraufhin, dass ich an den Heiligen Geist glaube, auch die Existenz der Kirche, der Gemeinde. Man muss also alle Vorstellungen über sonstige menschliche Versammlungen und Gesellschaften ausschalten, die teils von Natur, teils durch die Geschichte auf Grund von Verträgen und Übereinkünften geworden sind. Die christliche Gemeinde entsteht und besteht weder von Natur noch durch geschichtliche Entscheidung von Menschen, sondern als göttliche *convocatio.* Die durch das Werk des Heiligen Geistes Zusammengerufenen versammeln sich als Aufgebot ihres Königs. Wo Kirche zusammenfällt mit der natürlichen Lebensgemeinschaft, also z. B. der des Volkes, da droht immer die Gefahr eines Missverständnisses. Sie kann nicht von Menschenhänden gemacht werden, darum ist das eifrige, schnelle Kirchengründen, wie es in Amerika und zeitweise auch in Holland vorgekommen ist, eine bedenkliche Sache. Calvin hat für die Kirche gern einen militärischen Begriff verwendet: *la compagnie des fidèles.* Eine Kompagnie pflegt auf Grund eines Kommandos und nicht auf Grund freier Vereinbarung zusammenzutreten.

Indem Menschen da und dort im Heiligen Geist sich sammeln, entsteht da und dort s i c h t b a r e c h r i s t l i c h e G e m e i n d e . Man wendet den Begriff des Unsichtbaren am besten nicht auf die Kirche an; wir haben alle Neigung, damit abzugleiten in der Richtung einer *civitas platonica* oder irgend eines Wolkenkuckucksheims, in dem die Christen innerlich und unsichtbar vereinigt sind, während die sichtbare Kirche abgeschätzt wird. Im apostolischen Glaubensbekenntnis ist nicht ein unsichtbares Gebilde gemeint, sondern eine sehr sichtbare Zusammenkunft, die ihren Anfang nimmt bei den zwölf Aposteln. Die erste Gemeinde war eine sichtbare Schar, die einen sichtbaren, öffentlichen Aufruhr erregte. Wenn die Kirche nicht diese Sichtbarkeit hat, dann ist sie keine Kirche. Wenn ich Gemeinde sage, so denke ich zunächst an die konkrete Gestalt der Gemeinde an einem bestimmten Ort. Selbstverständlich hat jede dieser Gemeinden ihre Probleme, so die Gemeinde von Rom, von Jerusalem usw. Das Neue Testament stellt die Kirche nie ohne diese Probleme dar. Sofort taucht das Problem der Verschiedenheiten der einzelnen Gemeinden auf, die bis zu Trennungen führen können. Das Alles gehört zur Sichtbarkeit der Kirche, von der im dritten Glaubensartikel die Rede ist. Wir glauben die Existenz der Kirche — das bedeutet: wir glauben j e d i e s e Gemeinde als Gemeinde Christi. Merken Sie sich wohl: Ein Pfarrer, der nicht glauben würde, dass in d i e s e r seiner Gemeinde mit diesen Männern und Frauen, alten Weiblein und Kindern die Gemeinde Christi existiert, der glaubt überhaupt nicht an die Existenz der Kirche. *Credo ecclesiam* heisst: ich glaube, dass hier, an diesem Ort, in dieser sichtbaren Zusammenkunft das Werk des Heiligen Geistes geschieht. Damit ist nicht eine Kreaturvergottung gemeint, die Kirche ist nicht der Gegenstand des Glaubens, man glaubt nicht a n die Kirche, aber man glaubt, dass in dieser Gemeinde das Werk des Heiligen Geistes Ereignis wird. Das ist das Mysterium der Kirche, dass es dem Heiligen Geist nicht zu gering ist, solche G e s t a l t e n zu haben. Es gibt in Wahrheit darum nicht viele Kirchen, sondern e i n e Kirche, je diese k o n k r e t e , die sich als die eine dann auch in allen anderen wiedererkennen sollte.

Credo unam ecclesiam: ich glaube eine Gestalt des einen Volkes Gottes, das die Stimme des Herrn gehört hat. Es gibt auch gefährliche Verschiedenheiten wie etwa die zwischen unserer und der römisch-katholischen Kirche, in der die eine wiederzuerkennen nicht einfach ist. Aber mehr oder weniger ist auch da noch Kirche zu erkennen. Zunächst aber sind die Christen schlicht dazu aufgerufen, an Gott zu glauben als an den gemeinsamen Ursprung, das gemeinsame Ziel der Kirche, zu der sie nun eben berufen sind. Wir sind nicht auf einen Turm gestellt, von dem aus wir alle verschiedenen Kirchen überblicken könnten, sondern wir stehen schlicht auf der Erde an einem bestimmten Ort: D a ist die Kirche, die eine Kirche. Man glaubt die Einheit der Kirche, die Einheit der Gemeinden, wenn man je an die Existenz seiner konkreten Kirche glaubt. Glaubt man an den Heiligen Geist in d i e s e r Kirche, dann ist man von den anderen Gemeinden auch im schlimmsten Fall nicht ganz getrennt. Nicht das sind die wahrhaft ökumenischen Christen, die die Verschiedenheiten verharmlosen und über ihnen flattern, sondern die sind es, die je in ihrer Kirche ganz konkret Kirche sind. «Wo zwei oder drei versammelt sind in meinem Namen, da bin Ich mitten unter ihnen»: da ist Kirche. In ihm werden wir trotz aller Verschiedenheiten der einzelnen Gemeinden irgendwie miteinander verbunden sein.

«Ich glaube eine h e i l i g e... Kirche.» Was heisst *sancta ecclesia?* Nach biblischem Gebrauch des Wortes heisst es «abgesondert». Und wir denken an die Entstehung der Kirche, an die Herausgerufenen. Kirche wird immer eine Absonderung bedeuten. Wir hörten: es gibt auch natürliche und geschichtliche Gesellschaften, *ecclesia sancta* aber ist nur die christliche Gemeinde. Sie unterscheidet sich von allen solchen Gesellschaften auf Grund ihres Auftrags, ihrer Begründung und ihres Zieles.

«Ich glaube eine heilige, a l l g e m e i n e... Kirche»: *ecclesiam catholicam*. Der Begriff der Katholizität ist für uns belastet, weil wir dabei an die römischen Katholiken denken. Die Reformatoren aber haben diesen Begriff durchaus noch für sich in Anspruch genommen. Es geht um das eine, heilige und allgemeine Volk Gottes. Die drei Begriffe sagen im Grunde dasselbe: *ecclesia catholica* meint: die christliche Kirche bleibt durch die ganze Geschichte hindurch mit s i c h s e l b e r i d e n t i s c h. Sie kann sich in ihrem Wesen nicht ändern. Es gibt wohl verschiedene Formen in den vielen Kirchen. Es gibt auch Schwachheiten, Verkehrtheiten, Irrtümer aller Kirchen. Es gibt aber nicht substantiell verschiedene Kirchen. Ihr Gegensatz könnte nur der von wahren und falschen Kirchen sein. Man wird gut tun, diesen Gegensatz nicht zu schnell und nicht zu oft in die Diskussion zu werfen.

Die Kirche ist die Gemeinschaft der Heiligen, *communio sanctorum*. Es besteht hier ein Auslegungsproblem: heisst der Nominativ *sancti* oder *sancta?* Ich möchte den Streit nicht entscheiden, sondern geradezu fragen, ob hier nicht eine in tieferem Sinn beachtliche Zweideutigkeit gemeint ist? Denn erst, wenn man beide Verständnisse nebeneinander hält, erhält die Sache ihren vollen guten Sinn. *Sancti* meint nicht besonders feine Leute, sondern z. B. Leute wie die «Heiligen von Korinth», die sehr wunderliche Heilige waren. Aber diese wunderlichen Leute, zu denen wir auch gehören dürfen, sind *sancti*, d. h. Abgesonderte: zu den heiligen Gaben und Werken, zu den *sancta*. Die Gemeinde ist der Ort, wo Gottes Wort verkündiget wird und die Sakramente gefeiert werden und die Gemeinschaft des Gebetes sich ereignet, um die inneren Gaben und Werke, die der Sinn dieser äusseren sind, nicht zu erwähnen. So gehören die *sancti* zu den *sancta* und umgekehrt.

Lassen Sie mich zusammenfassen: *Credo ecclesiam* heisst: ich glaube, dass die Gemeinde, der ich angehöre, in der ich zum Glauben berufen und für meinen Glauben verantwortlich bin, in der ich meinen Dienst habe, d i e eine heilige allgemeine Kirche ist. Wenn ich es hier nicht glaube, so glaube ich es gar nicht. Keine Unschönheit, keine «Runzeln und Flecken» dieser Gemeinde dürfen mich daran irre machen. Es geht hier um einen G l a u b e n s a r t i k e l. Es hat keinen Sinn, auf der Suche nach der «wahren» Gemeinde seine konkrete Gemeinde zu verlassen. Es «menschelt» überall und immer wieder. Gewiss kann ein Schisma nicht ausgeschlossen, sondern sachlich notwendig werden, aber kein Schisma wird dazu führen, dass es in der neu abgesonderten Gemeinde des Heiligen Geistes etwa nicht mehr «menschelt». Als die Reformatoren kamen und die römische Kirche hinter der reformatorischen Kirche zurückblieb und sich von ihr trennte, da war in der evangelischen Kirche auch keine makellose Kirche auf dem Plan, sondern auch sie war und ist voll «Runzeln und Flecken» bis auf den heutigen Tag. Im Glauben bezeuge ich, dass die konkrete Gemeinde, der ich angehöre und für deren Leben ich verantwortlich bin, dazu bestimmt ist, an diesem Ort, in dieser Gestalt die eine heilige allgemeine Kirche sichtbar zu machen. Indem ich zu ihr Ja sage als zu einer, die mit den anderen Gemeinden durch den Heiligen Geist zusammengehört, hoffe und erwarte ich, dass der eine Heilige Geist Jesu Christi sich nun eben in ihr und durch sie auch andern bezeugen und bewähren, dass in ihr das eine allgemeine, heilige Wesen der Kirche sichtbar werden wird.

Im nicaenischen Glaubensbekenntnis wird diesen drei Prädikaten der Kirche noch ein viertes hinzugefügt: ich glaube eine heilige allgemeine a p o s t o l i s c h e Kirche. Diese vierte steht aber nicht einfach in einer Reihe mit den drei anderen Aussagen, sondern erklärt sie. Was heisst Einheit, Allgemeinheit, Heiligkeit? Was unterscheidet die Gemeinde von allen anderen Gemeinschaften natürlicher oder auch geschichtlicher Art? Man wird wohl sagen dürfen: dies, dass sie *ecclesia cpostolica* ist, d. h. Kirche, die auf das Zeugnis der Apostel begründet ist, die dieses Zeugnis weitergibt, und die dadurch konstituiert wurde und immer neu konstituiert wird, dass sie dieses Zeugnis der Apostel hört. Wir stehen hier vor der ganzen Fülle der Existenz der Kirche und zugleich vor einer Fülle von Problemen, auf die genau einzugehen wir nicht mehr Zeit und Raum haben. Ich will aber versuchen, auf d r e i L i n i e n sichtbar zu machen, was Apostolizität der Kirche besagt.

In unserem Leitsatz heisst es: die christliche Gemeinde ist... «darin eine Gemeinschaft heiliger Menschen und Werke, dass sie s i c h a l l e i n v o n J e s u s C h r i s t u s, in dem sie begründet ist, auch regieren lässt, a l l e i n i n E r f ü l l u n g i h r e s H e r o l d s d i e n s t e s auch leben will, a l l e i n i n i h r e r H o f f n u n g, die ihre Grenze ist, auch ihr Ziel erkennt». Hier sehen Sie die drei Linien, um die es geht.

1. Wo christliche Kirche ist, da bezieht man sich selbstverständlich in irgend einer Form auf J e s u s C h r i s t u s. Dieser Name weist hin auf die Einheit, Heiligkeit und Allgemeinheit der Kirche. Ob diese Begründung und Berufung auf ihn *de iure* geschieht, das ist die Frage, die an jede Gemeinde an jedem Ort zu stellen ist. Wo apostolische Kirche ist, Kirche, die das Zeugnis der Apostel hört und weitergibt, wird ein bestimmtes Merkmal lebendig sein, eine *nota ecclesiae:* dass Jesus Christus nicht nur der ist, von dem die Kirche herkommt, sondern dass Christus der ist, der die Gemeinde r e g i e r t. Er und Er allein! Kirche ist zu keiner Zeit und an keinem Ort eine Instanz, die sich aus sich selber erhält, sondern — und hier folgt ein wichtiger Grundsatz im Blick auf die Kirchenregierungen — die Kirche kann grundsätzlich weder monarchisch noch demokratisch regiert werden. Hier regiert allein Jesus Christus, und alles Regieren von Menschen kann nur diese seine Regierung darstellen. Es wird sich an ihr messen lassen müssen. Jesus Christus aber regiert in seinem Wort durch den Heiligen Geist. Das Kirchen-

regiment ist also identisch mit der Heiligen Schrift, denn sie zeugt von Ihm. So muss die Kirche fortwährend im Akt der Auslegung und Anwendung der Schrift begriffen sein. Wo die Bibel zu einem toten Buch wird mit einem Kreuz auf dem Deckel und Goldschnitt, da schlummert das Kirchenregiment Jesu Christi. Da ist die Kirche nicht mehr die eine heilige allgemeine Kirche, sondern da droht der Einbruch des Unheiligen und Trennenden. Sicher wird auch diese «Kirche» auftreten unter Anrufung des Namens Jesu Christi, aber es kommt nicht auf Worte an, sondern auf die Realität, und eben Realität wird eine solche Kirche auf den Plan zu stellen nicht in der Lage sein.

2. Das Leben der einen heiligen allgemeinen Kirche ist bestimmt dadurch, dass es Erfüllung des ihr aufgetragenen H e - r o l d s d i e n s t e s ist. Die Kirche lebt, wie andere Gemeinschaften leben, in ihrem Gottesdienst aber tritt ihr Wesen in Erscheinung: Verkündigung des Wortes Gottes, Verteilung der Sakramente, mehr oder weniger entfaltete Liturgie, Anwendung eines Kirchenrechtes (die These von R. Sohm ist sicher eine phantastische Angelegenheit, denn mindestens eine kirchenrechtliche Ordnung hatte schon die erste Gemeinde: Apostel und Gemeinde!) und endlich die Theologie. Das grosse Problem, auf das die Kirche immer wieder zu antworten hat, ist dies: Was geschieht mit und in allen diesen Funktionen? Handelt es sich um Erbauung? Geht es um die Seligkeit Einzelner oder Aller, geht es um die Pflege religiösen Lebens oder geht es streng sachlich um eine Ordnung (nach einem ontologischen Verständnis der Kirche), die als *opus Dei* einfach vollzogen werden muss? Wo das Leben der Kirche sich darin erschöpft, dass sie sich selber dient, da schmeckt es nach dem Tode, da ist das Entscheidende vergessen, dass dieses ganze Leben ja nur in der Ausübung dessen lebt, was wir den Heroldsdienst der Kirche nannten, die V e r k ü n d i g u n g, das *kerygma*. Eine Kirche, die ihren Auftrag erkennt, wird in keiner ihrer Funktionen dabei verharren wollen und können, Kirche um ihrer selbst willen zu sein. Es gibt die «christgläub'ge Schar», aber diese Schar ist a u s g e s a n d t : «Gehet hin und verkündiget das Evangelium!» Es heisst nicht: «Gehet hin und feiert Gottesdienste!» «Gehet hin und erbaut euch an der Predigt!» «Gehet hin und zelebriert die Sakramente!» «Gehet hin und stellt euch dar in einer Liturgie,

die vielleicht die himmlische Liturgie wiederholt!» «Gehet hin und ersinnt eine Theologie, die sich in Herrlichkeit entfalten mag wie die Summa des hl. Thomas!» Gewiss, es besteht kein Verbot, es kann sogar sehr viel Anlass bestehen, das Alles zu tun, aber nichts, gar nichts um seiner selbst willen! Sondern in dem allem muss das Eine gelten: «Verkündiget das Evangelium aller Kreatur!» Die Kirche läuft wie ein Herold, um die Botschaft auszurichten. Sie ist nicht eine Schnecke, die ihr Häuslein auf dem Rücken hat und der so wohl darin ist, dass sie nur dann und wann ihre Fühler ausstreckt und dann meint, nun sei dem «Öffentlichkeitsanspruch» Genüge getan! Nein, die Kirche l e b t von ihrem Heroldsauftrag, sie ist *la compagnie de Dieu!* Wo Kirche l e b t, muss sie sich fragen lassen, ob sie diesem Auftrag dient oder ob sie Selbstzweck ist? Ist das Zweite der Fall, dann fängt es in der Regel an, «sakral» zu schmecken, zu frömmeln, zu pfäffeln und zu muffeln. Wer eine feine Nase hat, der wird das riechen und schrecklich finden! Das Christentum ist nicht «sakral», sondern in ihm weht die frische Luft des Geistes. Sonst ist es nicht Christentum. Es ist eine ganz und gar « w e l t l i c h e » Sache: offen zur Menschheit hin: «Gehet hin in alle Welt und v e r k ü n d i g t das E v a n g e l i u m aller Kreatur!»

3. Und nun noch das Letzte: Wo Kirche ist, da hat sie ein Z i e l : das R e i c h G o t t e s. Wie könnte es anders sein, als dass dieses Ziel der Kirche eine dauernde Beunruhigung bildet für die Menschen in der Kirche, deren Tun in keinem Verhältnis steht zur Grösse dieses Ziels? Es darf nun nicht geschehen, dass man sich dadurch die christliche, d. h. die kirchliche und auch die theologische Existenz verleiden lässt. Es kann wohl geschehen, dass man die Hand, die an den Pflug gelegt ist, sinken lassen möchte, wenn man die Kirche mit ihrem Ziel vergleicht. Man kann wohl oft einen Ekel bekommen vor dem ganzen kirchlichen Wesen. Wer diese Beklemmung nicht kennt, wer sich einfach wohl fühlt in den Kirchenmauern, der hat die eigentliche Dynamik dieser Sache bestimmt noch nicht gesehen. Man kann in der Kirche nur wie ein Vogel im Käfig sein, der immer wieder gegen die Gitter stösst. Es geht um etwas Grösseres als um unser bisschen Predigt und Liturgie! A b e r : wo die apostolische Kirche lebt, da weiss man zwar um diese Sehn-

sucht, da sehnt man sich zwar nach dem Hause, das uns bereitet ist, aber da brennt man nicht durch, da läuft man nicht einfach davon. Da lässt man sich nicht durch die Hoffnung auf das Reich verwehren, als einfacher Soldat in der *compagnie de Dieu* zu stehen und so dem Ziel entgegenzuwandern. Die Grenze ist uns gesetzt durch das Ziel. Wenn wir wirklich auf das Reich Gottes hoffen, dann können wir auch der Kirche in ihrer Kümmerlichkeit standhalten. Dann werden wir uns nicht schämen, in dieser konkreten Gemeinde die eine heilige allgemeine Kirche zu finden, und dann wird auch ein Jeder sich seiner besonderen Konfession nicht schämen. Die christliche Hoffnung, die das Revolutionärste ist, was man sich denken kann und neben der alle anderen Revolutionen nur Platz-Patrönchen sind, ist eine d i s z i p l i n i e r t e H o f f n u n g. Sie weist den Menschen in seine Schranken: du d a r f s t jetzt da aushalten. Das Reich Gottes k o m m t, so musst du nicht den Flug nach dem Reiche Gottes antreten! Stell dich an deinen Ort und sei an deinem Ort ein treuer *minister verbi divini*. Du kannst revolutionär sein, kannst aber auch konservativ sein. Wo dieser Kontrast von Revolutionärem und Konservativem im Menschen vereinigt ist, wo er ganz unruhig und auch wieder ganz ruhig zugleich sein darf, wo er mit den anderen so in der Gemeinde sein darf, in der sich die Glieder wiedererkennen in der Sehnsucht und in der Demut im Lichte des göttlichen Humors, wird er tun, was er zu tun hat. In diesem Licht ist alles unser kirchliches Tun erlaubt und sogar g e b o t e n. So geht die Kirche wartend und eilend der Zukunft des Herrn entgegen.

§ 23   Die Vergebung der Sünden

Ein Christenmensch blickt zurück und empfängt seiner Sünde
zum Trotz das Zeugnis des Heiligen Geistes und der heiligen
Taufe vom Tode Jesu Christi und also von seiner eigenen
Lebensrechtfertigung. Sein Glaube an diese ist darin begründet,
dass Gott selbst, indem er in Jesus Christus an des Menschen
Stelle trat, die unbedingte Verantwortlichkeit für dessen Weg
übernommen hat.

Das ist der Weg des Christenmenschen, der konstituiert wird
durch Gottes Gnade und der seinen Ort in der Gemeinde hat.
Wir dürfen also unter allen Umständen das, was nun noch zu
hören ist: Vergebung der Sünden, Auferstehung des Fleisches
und ewiges Leben nicht davon trennen, dass Gott durch den
Heiligen Geist es schafft, dass es Menschen gibt, die hören und
dass Gemeinde entsteht. Der Weg des Christen kommt her von
der Vergebung der Sünden und führt hin zur Auferstehung des
Fleisches und dem ewigen Leben. Dieses Woher und Wohin
des Christenmenschen ist r e a l und substantiell beschlossen an
einem einzigen Ort. Dieser Ort ist die Mitte des zweiten Artikels: das Leiden und Handeln Jesu Christi. Mit ihm gehören
wir zusammen im Heiligen Geist. Wir sind seine Gemeinde und
alles, was unser ist, ist ursprünglich und eigentlich sein. Wir
leben von dem, was sein ist. Wir dürfen ja nicht herausfallen
aus dieser Zentrierung aller Wahrheit. Vergebung der Sünden,
Auferstehung, ewiges Leben ist nicht etwas ausserhalb Christi,
sondern ist das Handeln Gottes in ihm. Er, der Eine, leuchtet
und der Christenmensch wandert in seinem Licht. Das zeichnet
den Christenmenschen aus, dass er in diesem Lichtkegel steht,
der von Christus ausgeht. Aber nicht ein Selbstzweck ist diese
seine Existenz im Licht, sondern der Christ wandert in diesem
Licht, um selber ein Licht zu sein. Also hat Gott die W e l t geliebt, dass er seinen eingeborenen Sohn gab. Die Christen sind
Botschafter an Christi Statt. Aber hier in der Gemeinde wird es er-

kannt, wird es gesehen und erfahren, was Christus für den Menschen, für alle Menschen ist, damit es von hier aus bezeugt werde.

Ich glaube an die Vergebung der Sünden: hier blickt der Christenmensch offenbar z u r ü c k auf den Weg, von dem er herkommt. Nicht etwa im Augenblick seiner «Bekehrung», sondern immer ist es so, dass der Christ, wenn er zurückblickt, auf die Vergebung der Sünden blickt. Das ist das Ereignis, das ihn tröstet und aufrichtet, das und nichts Anderes. Es ist nichts hinzugetreten, etwa Vergebung der Sünden u n d meine Erfahrung oder Vergebung der Sünden u n d meine Leistung! Was wir rückblickend von uns wissen, kann immer nur dies sein: wir leben von Vergebung. Wir sind Bettler, das ist wahr.

Wenn die Vergebung der Sünde Alles ist, was hinter uns liegt, dann ergeht darin ein U r t e i l über unser Leben. Da ist auf alle Fälle kein Verdienst, etwa aus der Dankbarkeit, in der ich dem lieben Gott allerhand dargeboten habe! ich bin ein Kämpfer gewesen! ich bin ein Theologe gewesen! habe vielleicht sogar Bücher geschrieben! Nein, so geht es nicht. Alles, was wir waren und taten, wird unter dem Urteil stehen: es war S ü n d e. Und Sünde heisst Ü b e r t r e t u n g, Abweichung. Und wenn etwas Anderes da war, so war es immer das, das von oben kam, dessen uns zu rühmen wir keinen Anlass haben, es sei denn die Barmherzigkeit Gottes. Jeden Tag sollen und dürfen wir beginnen mit dem Bekenntnis: «Ich glaube an die Vergebung der Sünden». Noch im Stündlein unseres Todes werden wir nichts anderes zu sagen haben. Vielleicht kann man den Begriff der Vergebung, *remissio,* am besten so verdeutlichen: Es steht etwas geschrieben und das ist unser Leben, und nun wird ein grosser Strich durch das Ganze gemacht. Es verdient durchgestrichen zu werden und — Gott sei Dank! — es wird durchgestrichen. Meiner Sünde zum Trotz darf ich jetzt ein Zeugnis empfangen, dass meine Sünde mir n i c h t a n g e r e c h n e t wird. Das kann ich mir nicht selber nehmen. Sünde bedeutet ja ewige Verlorenheit des Menschen. Wie kämen wir dazu, diese selber aufzuheben? Dass ich gesündigt habe, das heisst ja, dass i c h e i n S ü n d e r bin.

Dem gegenüber und dem zum Trotz ergeht das Z e u g n i s d e s H e i l i g e n G e i s t e s, das Zeugnis des gehörten Wortes

Gottes, und das Zeugnis der T a u f e . Hierher gehört nämlich die heilige Taufe: wir dürfen unser ganzes Leben daran denken, dass wir getauft sind, so wie Luther in der Anfechtung eine Kreide nahm und auf den Tisch schrieb: *baptizatus sum*. Die Taufe geht mich ganz an, ganz unabhängig davon, ob ich das Zeugnis des Heiligen Geistes immer gleich lebendig vernehme. Mit unserem Vernehmen hapert es. Da geht es auf und ab, da gibt es Zeiten, wo das W o r t mir nicht lebendig ist, und gerade da darf das eingreifen: ich bin getauft. In meinem Leben ist einmal ein Z e i c h e n befestigt worden, an das ich mich halten darf, auch dann, wenn das Zeugnis des Heiligen Geistes mich nicht erreicht. Genau so, wie ich geboren bin, bin ich einmal getauft worden. Als Getaufter werde ich mir selber zum Z e u - g e n . Die Taufe kann nichts Anderes bezeugen, als was der Heilige Geist bezeugt, aber ich selber darf mir als Getaufter Zeuge des Heiligen Geistes sein und mich an diesem Zeugnis wieder aufrichten. Die Taufe ruft mich wieder zum Zeugendienst, indem sie mich an die tägliche Busse erinnert. Sie ist ein in unserem Leben aufgerichtetes Signal. Wie einem ins Wasser Gefallenen die Schwimmbewegung wieder einfällt, so erinnert sie uns an das Zeugnis.

Dieses Zeugnis aber ist das Wort Gottes an uns: du Mensch mit deiner Sünde gehörst ganz und gar als Jesu Christi Eigentum in den Bereich der unbegreiflichen Barmherzigkeit Gottes, der uns nicht ansehen will als die so leben w i e sie leben und so handeln w i e sie handeln, sondern uns zusagt: du bist gerechtfertigt. Du bist für mich nicht mehr der Sünder, sondern da, wo du bist, steht ein Anderer. Ich sehe diesen Anderen an. Und wenn du sorgst, wie du Busse tun könntest, so lass dir sagen: für dich ist Busse getan. Und wenn du fragst: was könnte ich leisten, wie könnte ich mein Leben gestalten in der Gemeinschaft mit Gott? so lass dir antworten: die Sühne für dein Leben ist schon geleistet und deine Gemeinschaft mit Gott ist vollzogen. Dein Tun, o Menschenkind, kann nur darin bestehen, dass du diese Situation a n n i m m s t , dass Gott dich als das Geschöpf, das du bist, in seinem Lichte neu sieht und neu aufnimmt. «Wir sind mit Christus begraben durch die Taufe in seinen Tod» (Röm. 6, 4). Die Taufe ist eine Darstellung des Todes Christi mitten in unserem Leben. Sie sagt uns, dass d o r t , als

Christus gestorben und begraben worden ist, auch wir gestorben und begraben worden sind, wir, die Übertreter und Sünder. Als Getaufter darfst du dich als Gestorbenen sehen. Darauf beruht die Vergebung der Sünden, dass dieses Sterben stattgefunden hat damals auf Golgatha. Die Taufe sagt es dir: jener Tod war auch d e i n Tod.

Gott selber ist in Jesus Christus an des Menschen Stelle getreten. Wir denken noch einmal an unsere Erklärung der Versöhnung als V e r t a u s c h u n g. Gott übernimmt nun die V e r a n t w o r t u n g für uns. Wir sind jetzt sein Eigentum und er verfügt über uns. Die eigene Unwürdigkeit geht uns nichts mehr an. Wir dürfen nun leben davon, dass Er es macht. Das bedeutet nicht eine passive, sondern eine höchst aktive Existenz. Wenn wir ein Bild brauchen wollen, so können wir an ein Kind denken, das einen Gegenstand zeichnet. Es gelingt ihm nicht. Da setzt sich der Lehrer an den Platz des Kindes und zeichnet denselben Gegenstand. Das Kind steht daneben und schaut nur noch zu, wie der Lehrer in sein eigenes Heft hinein die schöne Zeichnung macht. Das ist die Rechtfertigung: Gott, der an unserer Stelle vollbringt, was wir nicht können. Ich bin aus dem Bänklein hinausgeschoben, und wenn jetzt noch etwas gegen mich zu sagen ist: es trifft mich nicht mehr, sondern den, der an meiner Stelle sitzt. Und die gegen mich zu klagen haben, der Teufel und seine ganze Kohorte und die lieben Mitmenschen, sollen es wagen, gegen mich aufzutreten, nun Er an meiner Stelle steht. Das ist meine Situation. So bin ich freigesprochen und darf ganz fröhlich sein, weil die Klagen mich nichts mehr angehen. Die Gerechtigkeit Jesu Christi ist jetzt meine Gerechtigkeit. Das heisst Vergebung der Sünden. «Wie bist du gerecht vor Gott? Allein durch wahren Glauben in Jesum Christum» (Fr. 60 des HK.). So hat die Reformation die Sache gesehen und gesagt. Gebe uns Gott, dass wir es auch wieder lernen, die Fülle von Wahrheit und Leben, die sich daraus ergibt, wieder zu erlangen.

Und nun soll man ja nicht sagen, « n u r » von der Vergebung zu leben, das sei doch nicht genügend. Dieser Einwand ist schon gegen das Credo erhoben worden und verstärkt gegen die Reformatoren. Was für eine Torheit! Als ob nicht gerade das, die Vergebung der Sünden, das Einzige ist, von dem wir leben, die Kraft aller Kräfte. Als ob damit nicht A l l e s gesagt wäre! Gerade wenn wir wissen: Gott ist für mich, dann sind wir im wahren Sinne v e r a n t w o r t l i c h. Denn von da aus und nur von da aus gibt es wirkliche Ethik, hat man ein Kriterium von Gut und Böse. Von der Vergebung leben bedeutet also auf keinen Fall Passivität, sondern christliches Leben in voller Aktivität. Ob man es als grosse Freiheit beschreiben will oder als strenge Disziplin, als Frömmigkeit oder als wahre Weltlichkeit, als Privatmoral oder Sozialmoral, ob man dieses Leben unter dem Zeichen der grossen Hoffnung oder unter dem Zeichen der täglichen Geduld verstehen will, es lebt in jedem Falle allein von der Vergebung. H i e r unterscheiden sich der Christ und der Heide, der Christ und der Jude. Was nicht über diesen scharfen Grat geht: Vergebung der Sünden, Gnade, das ist n i c h t christlich. Danach werden wir beurteilt, danach wird uns der Richter einst fragen: Hast du von der Gnade gelebt oder hast du dir Götter errichtet und vielleicht selber einer werden wollen? Bist du ein treuer Knecht gewesen, der nichts zu rühmen hat? Dann bist du angenommen, denn dann bist du gewiss auch b a r m - h e r z i g gewesen und hast deinen Schuldnern vergeben, dann hast du gewiss auch Andere getröstet und bist ein Licht gewesen, dann sind deine Werke gewiss gute Werke gewesen, Werke, die aus der Vergebung der Sünden fliessen. Die Frage nach diesen Werken ist die Frage des Richters, der wir entgegengehen.

§ 24   Die Auferstehung des Fleisches
und das ewige Leben

Ein Christenmensch blickt vorwärts und empfängt seinem Tode zum Trotz das Zeugnis des Heiligen Geistes und des Heiligen Abendmahls von der Auferstehung Jesu Christi und also von seiner eigenen Lebensvollendung. Sein Glaube an diese ist darin begründet, dass dem Menschen, indem er in Jesus Christus an die Stelle Gottes treten durfte, die unbedingte Teilnahme an der Herrlichkeit Gottes verliehen ist.

Ein Christenmensch blickt zurück, haben wir im vorhergehenden Leitsatz gesagt. Ein Christenmensch b l i c k t   v o r w ä r t s, heisst es nun. Dieses Zurück- und dieses Vorwärtsblicken konstituiert das Leben eines Christen, die *vita humana christiana*, das Leben eines Menschen, der den Heiligen Geist empfangen hat, der in der Gemeinde leben darf und berufen ist, in ihr ein Licht der Welt zu sein.

Ein Mensch blickt vorwärts. Wir nehmen nun sozusagen eine Wendung um 180 Grad: hinter uns liegt unsere Sünde und vor uns der   T o d, das Sterben, der Sarg, das Grab, das Ende. Wer das nicht ganz ernst nimmt, dass wir dem entgegensehen, wer nicht realisiert, was das heisst: Sterben, wer da nicht erschrickt, wer vielleicht nicht genug Freude am Leben hat und darum die Angst vor dem Ende nicht kennt, wer es noch nicht verstanden hat, dass dieses Leben eine Gabe Gottes ist, wer nichts ahnt von dem Neid auf die Lebenslänge der Patriarchen, die nicht nur 100, sondern 300 und 400 und mehr Jahre alt wurden, wer mit anderen Worten die Schönheit dieses Lebens nicht erfasst, der kann nicht erfassen, was «Auferstehung» bedeutet. Denn dieses Wort antwortet auf den Schrecken des Todes, auf den Schrecken, dass dieses Leben einmal ein Ende hat und dass dieses Ende der Horizont unserer Existenz ist. «Mitten wir im Leben sind von dem Tod umfangen...» Das menschliche Dasein ist ein Dasein unter dieser Drohung, gekennzeichnet von diesem Ende her, von diesem fortwährend gegen unsere Existenz erhobenen Widerspruch: Du kannst nicht leben! Du glaubst an Jesus Christus und kannst doch nur glauben und nicht schauen. Du stehst da vor Gott und möchtest dich freuen und darfst dich freuen und musst doch jeden Tag erfahren, wie deine Sünde jeden Morgen neu ist. Da ist Friede und doch nur der Friede, der sich nur im Streit bewähren kann. Da verstehen wir und verstehen doch zugleich so überwältigend wenig. Da ist Leben und doch nur Leben im Schatten des Todes. Da sind wir beieinander und müssen doch einmal scheiden voneinander. Der Tod setzt sein Siegel auf das Ganze, er ist der Sünde Sold. Die Rechnung wird abgeschlossen, Sarg und Verwesung sind das letzte Wort. Der Streit wird entschieden, und zwar gegen uns. Das heisst Tod.

Und nun blickt der C h r i s t e n mensch vorwärts. Was bedeutet die christliche H o f f n u n g in diesem Leben? Ein Leben nach dem Tode? Ein Ereignis abseits vom Tode? Ein Seelchen, das wie ein Schmetterling über dem Grab davonflattert und noch irgendwo aufbewahrt wird, um unsterblich weiter zu leben? So haben sich die Heiden das Leben nach dem Tode vorgestellt. Das ist aber nicht die christliche Hoffnung. «Ich glaube an die A u f e r s t e h u n g d e s F l e i s c h e s». Das Fleisch ist in der Bibel ganz schlicht der Mensch, und zwar unter dem Zeichen der Sünde, der geschlagene Mensch. Und diesem Menschen wird zugesagt: du wirst auferstehen. Auferstehung heisst nicht Fortsetzung dieses Lebens, sondern Lebens v o l l e n d u n g. Zu diesem Menschen ist ein Ja gesprochen, dem der Schatten des Todes nicht gewachsen ist. Es geht in der Auferstehung um unser Leben, um uns Menschen, wie wir sind und dran sind. W i r auferstehen, es tritt kein anderer an unsere Stelle. «Wir werden verwandelt werden» (1. Kor. 15), das heisst nicht, es beginnt nun ein ganz anderes Leben, sondern « d i e s e s Vergängliche wird anziehen die Unvergänglichkeit und dieses Sterbliche die Unsterblichkeit». Dann wird es offenbar werden: «Der Tod ist verschlungen in den Sieg.» Die christliche Hoffnung geht also unser ganzes Leben an: d i e s e s unser Leben wird vollendet sein. Was gesät wird in Unehre und Schwachheit wird auferstehen in Herrlichkeit und Kraft. Die christliche Hoffnung führt uns nicht weg von diesem Leben, sie ist vielmehr die Aufdeckung der Wahrheit, in der Gott unser Leben sieht. Sie ist die Überwindung des Todes, aber nicht eine Flucht ins Jenseits. Es geht um die R e a l i t ä t dieses Lebens. Gerade die Eschatologie ist recht verstanden das ungemein P r a k t i s c h s t e, was man sich denken kann. Im Eschaton fällt das Licht von oben in unser Leben hinein. Wir warten dieses Lichtes. «Wir heissen euch hoffen», hat Goethe gedichtet. Vielleicht hat doch auch er um dieses Licht gewusst. Die christliche Botschaft jedenfalls verkündigt zuversichtlich und tröstlich die Hoffnung auf dieses Licht.

Die Hoffnung, dass u n s e r L e b e n v o l l e n d e t wird, können wir uns freilich nicht selber geben, nicht einreden. Sie muss g e g l a u b t werden, dem Tode zum Trotz. Wer nicht weiss, was der Tod ist, der weiss auch nicht, was Auferstehung ist. Es braucht das Zeugnis des Heiligen Geistes, das Zeugnis des uns in der Schrift verkündigten und gehörten Wortes Gottes, das Zeugnis des auferstandenen Jesus Christus, um zu glauben, dass es Licht werden und dass dieses Licht unser unvollendetes Leben vollenden wird. Der Heilige Geist, der in der Schrift zu uns redet, er sagt uns, dass wir in dieser grossen Hoffnung leben dürfen.

Das h e i l i g e A b e n d m a h l sollte stärker, als dies im allgemeinen der Fall ist, von O s t e r n aus verstanden werden. Es ist nicht in erster Linie ein Trauer- und Leichenmahl, sondern die Vorwegnahme des Hochzeitsmahles des Lammes. Das Abendmahl ist ein F r e u d e n m a h l : das Essen seines, Jesu Christi, Fleisch und das Trinken seines Blutes, das ist mitten in unserem Leben die Speise und der Trank zum ewigen Leben. Wir sind Gäste an seinem Tisch und also nicht mehr getrennt von ihm selbst. So vereinigt sich in diesem Zeichen das Zeugnis seines Mahles mit dem Zeugnis des Heiligen Geistes. Es sagt uns real: Du wirst nicht sterben, sondern leben und des Herrn Werke verkündigen! D u ! Wir sind Gäste am Tische des Herrn, das ist nicht nur ein Abbild, sondern das ist ein Ereignis. «Wer an mich glaubt, der hat das ewige Leben.» Dein Tod ist getötet. Du bist ja schon gestorben. Du hast den Schrecken, dem du entgegengehst, schon ganz und gar hinter dir. Du darfst leben als Gast an diesem Tische. Du darfst wandern in der Kraft dieser Speise, 40 Tage und 40 Nächte. In dieser Kraft wird es gehen. Lass es gelten, dass du getrunken und gegessen hast, lass all das Tödliche um dich her überwunden sein. Gehe ja nicht zärtlich um mit deinem Leid, pflanz dir kein Gärtlein daraus mit einer überhängenden Trauerweide! «Wir machen unser Kreuz und Leid nur grösser durch die Traurigkeit.» Wir sind aufgerufen in eine ganz andere Situation. «Sind wir mit Christus gestorben, so g l a u b e n wir, dass wir auch mit ihm leben werden» (Röm. 68). Wer das glaubt, der beginnt schon hier und jetzt das vollendete Leben zu leben.

Die christliche Hoffnung i s t schon der Same des ewigen Lebens. In Jesus Christus bin ich nicht mehr dort, wo ich sterben kann, in ihm ist unser Fleisch schon im Himmel (Fr. 49 des HK). Indem wir das Zeugnis des heiligen Abendmahls empfangen dürfen, leben wir jetzt und hier schon in der V o r w e g - n a h m e d e s E s c h a t o n, da Gott Alles in Allem sein wird.

Dreißig Jahre später

Nachwort zur Neuauflage 1977
von Hinrich Stoevesandt

Jener anonyme Rezensent der 1. Auflage dieses Buches hat wohl nicht eben einer tiefen Einsicht Ausdruck gegeben, als er Barths «Dogmatik im Grundriß» Adolf Harnacks «Wesen des Christentums» von 1900 an die Seite stellte. Gemeint war: Hier wie dort zieht ein Theologe von herausragender und für eine Epoche signifikanter Bedeutung vor einer weit über die Fachwelt und auch über die Kirche hinausgehenden Öffentlichkeit eine Summe seines Denkens. Der erhebliche inhaltliche Gegensatz, der schon in den beiden Buchtiteln sich ausspricht, hindert zwar nicht die Feststellung gewisser Parallelen; bis hin zum Technischen: beide Bücher gehen auf stenographische Nachschriften einer ohne Manuskript gehaltenen Vorlesung zurück, deren Hörerschaft sich zu beträchtlichen Teilen von außerhalb der theologischen Fakultät her rekrutierte. Fraglich ist an dem Einfall des Rezensenten vor allem dies, ob er den besonderen Charakter von Barths Buch und die Absicht des Verfassers durch diesen Vergleich zutreffend beleuchtet hat. Die Wirkungsgeschichte hat ihm jedenfalls nicht recht gegeben. Die Rolle, die in Barths Einfluß auf die Theologie sein «Grundriß» gespielt hat, ist wesentlich bescheidener als in Harnacks Einfluß die Rolle seiner programmatisch im Winter der Jahrhundertwende gehaltenen Vorlesung – schon in der zahlenmäßigen Verbreitung. Harnacks Buch hatte bereits nach drei Jahren das 50. Tausend erreicht, dasjenige Barths kam – nachdem es freilich zuerst, 1947, den außergewöhnlichen Bedingungen seiner Entstehungszeit gemäß in vier parallelen Ausgaben verschiedener Verlage erschienen war – 1964 in die dritte Auflage, deren Vorrat erst kürzlich erschöpft worden ist. Seine stille Wirkung wird es wohl unterdessen stets ausgeübt haben. Die Kontinuität der Nachfrage, die jetzt, dreißig Jahre nach der Erstausgabe, einen Wiederabdruck erforderlich macht, spricht für diese Vermutung.

Spricht sie auch dafür, daß der Leser, der dieses Buch zu finden weiß, die seit seiner Entstehung verflossenen drei Jahrzehnte nicht als einen den Zugang hemmenden Abstand empfindet. Das ist sicher: Bei aller dem Verfasser bewußten und gleich zu Anfang (S.10ff.) nachdrücklich ausgesprochenen Relativität – gerade auch geschichtlichen Relativität – der christlichen Gotteserkenntnis kann das Buch schwerlich angemessen verstanden werden, wenn es, sei es auch mit größtem Wohlwollen, lediglich als historisches Dokument gewürdigt wird. «In jeder wirklich christlichen Rede», heißt es an zentraler Stelle (S.101), ist «etwas von Absolutheit, wie es keiner anderen nicht christlichen Rede eignen kann.» In dieser Vorlesung findet das seinen Ausdruck in der großartigen Unbefangenheit, mit der Barth ohne Umschweife entfaltet, was oder vielmehr *an wen* der Christ glaubt – glauben *darf!* (S.22) –, und zu der er seine Hörer auch im Umgang mit fernen historischen Dokumenten dieses Glaubens (z.B. S.100 und S.114f.) ermuntert. Mit dieser fröhlichen Unbefangenheit möchte der «Grundriß» – die Trockenheit, an die dieser Titel denken läßt, wird auch ein kopfschüttelnder Leser nicht darin finden – *anstecken,* und er kann es, ohne daß die dreißig Jahre ins Gewicht fallen. Sonst wäre diese Neuauflage unnötig.

Gleichwohl, wie der Gegenstand dieses Buches, so muß, auf *seiner* Ebene, auch das Buch sich jeweils erst *erschließen;* und unter den Faktoren, die sich dem entgegenstellen können, ist die Zeit, die uns von seinem Entstehen trennt, gewiß nicht der unerheblichste. Das veranlaßte den Verleger zu der Meinung, es könne vielleicht von Nutzen sein, wenn vor dem Autor noch ein anderer, Jüngerer zu Wort käme. Und eigentlich war es dieser Auftrag, der mich den Vergleich mit Harnack trotz seiner Schwäche doch nicht völlig von der Hand weisen ließ. Als dessen «Wesen des Christentums» 1950 «zum fünfzigsten Jahrestag des ersten Erscheinens» wieder aufgelegt wurde, steuerte *Rudolf Bultmann* ein Geleitwort bei. Stehen, wenn schon Harnacks und Barths Texte sich nicht parallelisieren lassen, die Geleitworte in einer Analogie der Funktion zueinander? Auch Bultmann verwahrt sich, übrigens unter Berufung auf Barth, dagegen, Harnacks Text nur als historisches Dokument vorzulegen. Er will ihn als «Beitrag zur aktuellen theologischen Diskussion» einführen und tut dies, indem er zunächst in einigen Punkten von Harnack abrückt, um alsdann in anderen sich zu dessen Ansicht als der, mit einigen Zurechtrükkungen, gültigen zu bekennen. Und Bultmann konnte wohl mit Recht glauben, mit der Distanzierung wie mit der Identifizierung mehr als eine Privatmeinung auszusprechen, sich auf einen nicht ganz schmalen Konsens im Jahre 1950 zu stützen. Ob er mit solcher nach beiden Seiten wohldifferenzierten Distanznahme und Zustimmung Harnacks Werk nicht doch mehr, als er zugeben wollte, als historisches Dokument gelesen hat?

Wie dem auch sei, ich meine nicht, daß die Theologie im Jahre 1977 zu Barths «Grundriß» ein ähnlich abwägendes Verhältnis – in gewissen Punkten sich absetzend, in anderen mitgehend, weil sich selbst wiedererkennend – einnehmen kann. Ob das nur daran liegt, daß der zeitliche Abstand noch um zwanzig Jahre kürzer ist als der, aus dem Bultmann über Harnack schrieb (oder gar an dem Verleger, der es versäumt hat, mit dem Vorwort einen Autor zu beauftragen, der auch nur von ferne der Größenordnung Bultmanns angehört)? Nun, die Theologiegeschichte der letzten dreißig Jahre, namentlich ihre zweite Hälfte, hat eine Kluft zwischen die Jahre 1947 und 1977 gelegt, die in dem Autoritätsschwund, der mit so vielem anderen zusammen auch dem Namen Karl Barth widerfahren ist, nur erst eines seiner leichteren Symptome hat. Fern genug scheint die Dogmatik von 1947 inzwischen gerückt. Doch fände sich einer, der ähnlich abgewogen zu ihr Position beziehen wollte wie Bultmann zu Harnack: er vermöchte es allenfalls subjektiv, schwerlich auf einen breiten Konsens gestützt, zu tun. In dem theologischen Denken, das sich in dieser Dogmatik exemplarisch niedergeschlagen hat, und in der theologischen Atmosphäre der Gegenwart stehen sich nicht zwei Positionen gegenüber, die in Minus und Plus ruhig gegeneinander aufgerechnet werden könnten. Eher wird, so vermuten wir, das Buch *als Ganzes* – so oder so – beeindrucken: Irritieren oder faszinieren (oder beides zugleich) wird jene wissende und doch heitere Unbefangenheit, in der da einer, gewiß mit den persönlichen Denkmitteln, die er sich im Lauf einer teilweise stürmischen Entwicklung erarbeitet hat, schlicht das apostolische Glaubensbekenntnis gleichsam von innen heraus zum Sprechen bringt: dazu bringt, daß es den Namen des dreieinigen Gottes in seiner Einheit und Mannigfaltigkeit, in seiner Unterschiedenheit von allem, worüber

Menschen von sich aus Bescheid geben können, buchstabiert – unbeirrt durch die Frage, ob und inwiefern wir das eigentlich können, die unableitbare «Freiheit» (S.19 u.ö.), deren es dazu bedarf, einfach betätigend, getragen von der durch nichts überschatteten Zuversicht, auf diesem «Weg der Partikularität» (S.87) des einen Namens Jesus Christus unmittelbar «*die* Wahrheit, die universelle, alle Wahrheit schaffende Wahrheit» (S.30) vor Augen zu haben – wiederum unbeirrt durch das selbstverständliche Wissen, daß der damit erhobene Anspruch weder vom Dogmatiker noch überhaupt vom Christen eingelöst werden kann, daß auch das lebensmäßige, keinen Bereich auslassende Stehen zu dieser Wahrheit, zu dem in der Tat (so schon einleitend in § 4 und dann immer wieder) energisch aufgerufen wird, doch immer nur partielle, zeichenhafte, gebrechliche, verworrene, mehrdeutige Einlösung dieses Anspruches wird sein können. Wird aller Voraussicht nach der – sowohl sieghafte als auch freundliche – *Ton,* in dem hier *im* Glauben *vom* Glauben gesprochen, ja *der* Glaube der Christenheit ausgesprochen wird, einer auch von ihrer gegenwärtigen Theologie an andere Klänge gewöhnten Christenheit erstaunlich in den Ohren klingen, so darf man annehmen, daß sie dem ihr in diesem Buch begegnenden Denken anders – fremder und zugleich in einer viel offeneren Situation – gegenübersteht, als Bultmann Harnack gegenüberstand.

Um so merkwürdiger ist es, daß Bultmanns Schlußmahnung an die neuzugewinnenden Leser Harnacks unter Vertauschung der Vorzeichen aufs genaueste auch für Barths «Grundriß» paßt. Bultmann schreibt: «Erwacht als verständliche Reaktion gegen eine Neu-Orthodoxie – sei es eine solche des repristinierenden Konfessionalismus, sei es die eines vulgären ‹Barthianismus› – heute wieder ein ‹Liberalismus› in der Kirche, so hüte sich dieser, gleichfalls eine Repristinierung zu werden. Er würde sonst das Erbe Harnacks schlecht verwalten. Denn wenn ihm jetzt Harnacks ‹Wesen des Christentums› gleichsam als Kompendium der reinen Lehre gelten würde, so würde er gegen seinen Geist handeln.» Mindestens ebensosehr gegen den Geist Karl Barths würde handeln, wer bei der Lektüre seines «Grundrisses» – sei es mitgehend, sei es, und diese Möglichkeit liegt vielleicht näher, sich abwendend – den Eindruck gewänne, es hier mit einem Kompendium der reinen Lehre zu tun zu haben. Das muß nachdrücklich gesagt werden, gerade weil Barth, anders als Harnack und Bultmann, der *Begriff* der «reinen Lehre» keineswegs suspekt war. Aber er hat sie (KD I/2, § 22,2) als einen, menschliches Bemühen wohl fordernden, aber nicht daraus resultierenden, *Vorgang* beschrieben, als das Gegenteil dessen, was in einem Kompendium niedergelegt und daraus angeeignet werden kann. Der einfache, alles entscheidende Grund dafür ist, daß Gott *lebt.* Dogmatik, und so auch ein Kompendium, ein Grundriß der Dogmatik hat insofern mit «reiner Lehre» zu tun, als sie unumwundener Hinweis auf deren *Quelle* ist, auf die heilige Schrift und den in ihr bezeugten Namen Jesu Christi als den Namen des souveränen und barmherzigen Gottes. Sie *dient* der «reinen Lehre», sie bietet sie nicht dar, geschweige denn, daß sie sie kodifizierte. Dogmatik in Barths Verständnis ist Bemühung um ein Nachzeichnen der *Bewegung,* die dort stattfindet, wo «reine Lehre» Ereignis ist.

«Wissenschaftlich ist die Dogmatik», so definiert Barth einmal (KD I/1, S.299), «nicht als *Darbietung* von allerlei Stoff, obwohl sie das auch sein muß, sondern als *Bewegung* dieses Stoffes oder als dieser *bewegte* Stoff.» «Wichtig können wirklich nicht die Ergebnisse – wirklich keine Ergebnisse! – der Dogmatik sein. Wichtig ist allein die durch die jeweiligen Ergebnisse zu bezeichnende *Bewegung* der um die Reinheit der Lehre bemühten Kirche» (KD I/2, S.860). Die Größe des Theologen Karl Barth – man übertreibt nicht, wenn man das so kategorisch sagt – besteht darin, daß er den Mut gehabt hat, in diese Bewegung einzutreten, die notwendig die Bewegung jenes *Ganzen* ist, welches mit dem Namen – dem Namen als Inbegriff der Offenbarung, des Handelns – des in Jesus Christus konkret nennbaren Gottes angezeigt und in diesem Namen umschlossen ist. *Mut:* auf Überraschungen gefaßt (die dann, gerade auch für den Autor selbst, auf Schritt und Tritt sich in der Tat einstellten), sich auf die Bewegung dieses Ganzen einzulassen. Die approximative Bewegung des nachzeichnenden Denkens fand in der beispiellosen Breite der bei zwölf vollendeten stattlichen Bänden insgesamt unvollendet gebliebenen «Kirchlichen Dogmatik» die ihr angemessene, ihr notwendige Form. Welch ein Mut gehörte dazu, jahrzehntelang unermüdlich und mit ungewöhnlicher Kraft an dieser einmal gefundenen, einmal gestellten Lebensaufgabe zu bleiben!

Nur von diesem Hintergrund aus ist die «Dogmatik im Grundriß» zu verstehen. Wer sie liest, muß sich vor Augen halten: Es war für diesen Mann nichts Einfaches, auch «einfach» zu reden; es bedurfte sozusagen eines noch einmal erhöhten Mutes, dieses Ganze, mit dem er ein langes, intensives Arbeitsleben lang auch äußerlich nicht zu Ende kam, nun noch einmal wieder auch *kurz* zu sagen und zu Menschen, von denen er nicht wie von seinen dem Werden der Kirchlichen Dogmatik beiwohnenden Basler Kolleghörern erwarten konnte, daß sie sich in die «eigentliche» dogmatische Denkbewegung so rasch mit würden hineinnehmen lassen. Gleichwohl: als er für den Sommer 1946 um ein Gastsemester in Bonn als Beitrag zum «geistigen Wiederaufbau» im von Nationalsozialismus und Krieg verwüsteten Deutschland (und also um eine Unterbrechung seiner Hauptarbeit) gebeten wurde, scheint er keinen Augenblick erwogen zu haben, ob dieser Beitrag nicht auch in weniger als diesem Ganzen, etwa in der Abhandlung eines partiellen, eines mehr propädeutischen, eines die brennende Aktualität unmittelbarer berücksichtigenden Themas bestehen könnte. Er war um solche Themen nicht verlegen, er war leidenschaftlich in sie verwickelt. Er war um erstaunlich dezidierte Antworten auf Fragen nach der Deutung der damaligen weltgeschichtlichen Stunde und was ethisch, politisch, kirchenpolitisch aus ihr folge, auch dann nicht verlegen, wenn er die Antworten öfters zugunsten geduldigen Zuhörens und Umsichschauens zurückhielt: vielseitige Aktivität neben der Vorlesung gerade während dieses Bonner Semesters zeugt davon. Gelegentliche knappe, aber deutlich mahnende Hinweise der Vorlesung in dieser Richtung konnten die Hörer tagtäglich gedeckt sehen durch die Existenz ihres Professors, der sich studentische Nahrungssorgen ebenso zu Herzen gehen ließ wie die von ihm kritisch gesehene alliierte Besatzungspolitik oder die durch ihre Art und Weise ihn beunruhigende Neukonsolidierung der evangelischen Kirche.

Das eigentlich Aufbauende und seinem Wunsche nach Hilfreiche, zu dem er sich gerufen fand, konnte nur – um der bedrängenden Gegenwartsfragen willen einige Schritte von ihnen zurücktretend, auf einen ihnen himmelweit überlegenen, sie tröstlich und stimulierend von vornherein überwölbenden Ort hinweisend – in dem Versuch bestehen, in der von den Umständen diktierten Knappheit und gewissen Leichtgeschürztheit *jenes Ganze* sprechen zu lassen. Ich sprach – und es wird später noch einmal darauf zurückzukommen sein – von dem besonderen Mut, dessen es gerade zu diesem Unternehmen bedurfte. Es war aber kein seiner selbst als eines sonderlichen Dinges bewußter Mut. Im Gegenteil. Mut, meint Barth, mehr Mut, als er aufgebracht hätte, wäre für sein Kommen in die deutsche Trümmerlandschaft nötig gewesen, wenn er dort etwas anderes zu tun gehabt hätte. Das in aufgewühlter Zeit Nötige ist das nicht aus ihr Stammende und erweist sich in ihr erneut als das Tragende. Einen authentischen Kommentar zu dem das Apostolicum auslegenden Tun des Professors auf dem Katheder, in genauem sachlichem Einklang mit der 1933 von ihm ausgegebenen Parole, die evangelische Theologie habe (gerade um der Welt willen) an der Arbeit zu bleiben, «als wäre nichts geschehen», gab Barth zu Beginn des Semesters im Mai 1946 in einer Radioansprache: «Und nun bin ich froh und dankbar, daß der besondere Auftrag, der mich hieher geführt hat, gerade der eines evangelischen Theologen ist. Ich weiß nicht, ob ich den Mut gehabt hätte, mich in irgend einer anderen Eigenschaft in das heutige Deutschland zu begeben. Ich habe das aber darum sehr guten Mutes getan, weil ich auch hier für die Sache eintreten darf, die zu allen Zeiten, an allen Orten, für alle Menschen und unter allen Umständen bestimmt hilfreich, erleuchtend und tröstlich ist. Was ich vertreten darf, ist heute, wo ich es inmitten der Ruinen der Bonner Universität vorzutragen habe, so wahr wie einst in den Tagen ihrer Herrlichkeit. Zum täglichen Brot, das jetzt in Deutschland so rar und begehrt geworden ist, gehört auch das Gebet um das tägliche Brot, und zu diesem Gebet gehört auch dies, daß der Mensch begreife und wisse: er lebt nicht vom Brot allein, sondern von dem Wort, das aus Gottes Munde geht. In diesem Wort ist die letzte Lösung auch für die großen und kleinen, die politischen und sozialen Rätsel und Fragen der deutschen Gegenwart.»

Versuchte Barth, an Lösungen jener «Rätsel und Fragen» beherzt mitzuarbeiten und seinen Hörern deutlich zu machen, wie das Hören jenes «Wortes» dazu führt, daß man sie sich angelegen sein läßt, so geschah das gerade daraufhin, daß «die *letzte* Lösung» «in diesem Wort ist» und auch nicht in die Hände von dessen Hörern übergeht, so wahr der Inhalt dieses «Wortes» *Gottes* Handeln ist: ein «Sachverhalt», eine «objektive Ordnung», der gegenüber «das Moralische und Religiöse», also das Sichverhalten der Menschen, «cura posterior» ist (S.107). Die cura prior nun auch dessen, der als Helfer zu den von Not und brennenden Fragen Bedrängten herbeigekommen war, bestand darin, vor Menschen, denen schon die rein wissensmäßigen Voraussetzungen weitestgehend fehlten, und in einem einzigen Semester, von dem man 14 Tage nach seinem verspäteten Anfang noch nicht einmal wußte, wie lange es dauern würde, nun einfach jenes Wort als Ganzes nachzusprechen.

«Nun einfach» – ja, was heißt da «einfach»? Nochmals: eben dazu bedurfte es besonderen Mutes, handelte es sich doch mindestens streckenweise darum, nun eben doch «Ergebnisse» darzubieten, ohne daß der Hörer und dann der Leser an dem Weg, der zu ihnen geführt hat, an den unterwegs geführten Gesprächen mit den verschiedensten älteren und neueren Mitdenkern und vor allem an jener grandiosen «Bewegung» der Sache selbst beteiligt werden kann. Der erforderte Mut ist der, in Kauf zu nehmen, daß Hörer und Leser nun doch, befremdet oder gar (noch schlimmer!) erfreut, den Eindruck gewinnen könnten, in dem «Grundriß» ein «Kompendium der reinen Lehre» (was nach Barths Verständnis ein Widerspruch in sich selbst ist) vor sich zu haben. Die «Schwächen» des Buches, deren Barth sich laut seines Vorworts bewußt war, dürften wesentlich eben darin liegen, daß es, indem und sofern es Dogmatik als Darbietung von «Ergebnissen» treibt, diesem irreführenden Eindruck Vorschub leistet.

Nun ist der «Grundriß» freilich, wie mir scheint, nicht in allen Teilen gleichmäßig Darbietung von «Ergebnissen». Am meisten herrscht dieser Charakter wohl in den Paragraphen vor, die den ersten Artikel des Glaubensbekenntnisses erläutern. Später, beim zweiten und auch, trotz der dort besonders gedrängten Kürze, beim dritten Artikel ist die Darstellung freier, bewegter. Mag sein, daß der Vortragende zuerst eine gewisse Befangenheit in der ihn mit Eindrücken überschüttenden Umgebung überwinden mußte. Eher denke ich, es wirke sich hier aus, daß Barth mit der Auslegung des zweiten Artikels thematisch in einen Bereich eintrat, der damals in seinem Hauptwerk noch nicht ausgeführt war. Der erste

Teil des Buches liest sich ein wenig wie ein Extrakt aus den betreffenden Bänden der Kirchlichen Dogmatik, ein Extrakt, der die Lebenswärme des Denkens nicht recht in sich aufzunehmen und dann an den Leser weiterzuvermitteln vermag. Wird das vom zweiten Artikel an anders, so könnte das doch auch noch einen tieferen Grund haben. Hier eben schlägt, nicht nur der Beteuerung nach, sondern direkt spürbar, das Herz dieser Dogmatik. Wer Gott der Vater ist, wird im Sohne offenbar. So gewinnen etwa die in sich etwas kahlen und apodiktischen Ausführungen des § 7 über Gottes Allmacht neue Leuchtkraft, wenn man sie, bei § 19 angelangt, wo das Thema im christologischen Zusammenhang wiederkehrt, noch einmal liest.

(Über das materiale Verhältnis des «Grundrisses» zur Kirchlichen Dogmatik noch ein kurzes Wort. Bietet Barth auch in der Kurzform «das Ganze», so doch nicht mit der Prätention der Vollständigkeit, sondern in einer eben durch das Apostolikum vorgegebenen Auswahl. Ein so wichtiges Lehrstück wie das von Gottes Gnadenwahl (Prädestinationslehre) ist zwar als Voraussetzung gegenwärtig, aber nicht als Thema. Die Lehre von der Vorsehung klingt nur eben an – und daß Barth sich in ihr wenige Jahre später den *Engeln* besonders aufmerksam zugewendet hat, davon ist im «Grundriß» noch nichts zu spüren. Eine Anthropologie – diejenige der KD war eben im Entstehen, als Barth für das Bonner Gastsemester die Arbeit unterbrach – findet sich nur in knapper Andeutung unter dem überraschenden Titel «Himmel und Erde» (§ 9); ihr fehlen die entscheidenden Merkmale der in dem großen Werk ausgeführten Fassung. Auch fehlt zwar nicht ein deutlicher Bescheid darüber, daß die Dogmatik ethische Konsequenzen hat, wohl aber eine ausdrückliche Ethik, die Barth in seinem Hauptwerk, zum Vorteil beider Disziplinen, als integrierenden Bestandteil der Dogmatik behandelt hat. – Wo der «Grundriß» über den damals erreichten Stand der KD hinausgreift, namentlich in der Christologie, nimmt er doch, besonders mit den Stichworten «Erniedrigung Gottes» – «Erhöhung des Menschen» (§ 17f.) Entscheidendes vorweg, was später geradezu zum dominierenden Strukturprinzip der Versöhnungslehre wurde. Nicht materialiter neu, aber doch neu durch ihr proportionales Gewicht (wohl nicht zufällig der längste Paragraph des Bandes) und durch ihre zentrale

Stellung in der Christologie sind die in ihrer dialektischen Zweiseitigkeit wohl zu beachtenden Ausführungen zum Thema «Israel» (§ 11). Sie gehören zu den dichtesten, die Barth darüber geschrieben hat, ohne sich zu einer eigentlichen «Israel-Lehre» (der Terminus hat wohl in der späteren Barth-Diskussion nicht nur erhellend gewirkt) zu verselbständigen. Mit dem Licht *und* dem Schatten, von dem sie handeln, bilden sie – und das ist *mehr* als «Israel-Lehre» – ein fundamentales Stück der Christologie. – Eine beachtliche Diskrepanz zur KD findet sich im «Grundriß» nur bei der knappen Erörterung von Taufe und Abendmahl (S. 176f. und 181f.). Hier ist noch nicht zu ahnen, daß Barth sie später in den Zusammenhang der Ethik der Versöhnungslehre stellen und dabei erheblich umdenken sollte.)

Die Neuauflage von 1977 möchte dem Buch neue Leser gewinnen. Welche? Wer ein historisches Dokument aus der ersten Nachkriegszeit sucht, ist nicht betrogen; es ist eines von nicht geringer Bedeutung. Wer sich rasch über die Eigentümlichkeit der Barthschen Theologie unterrichten möchte, greift nicht fehl; doch höre er den gerade für solche Leser gegebenen Hinweis mit: die im «Grundriß» zusammengetragenen Ergebnisse weisen zurück oder vorwärts auf die Orte, an denen man erfährt, wie sie zustandegekommen sind, und an denen sie sich darum zugleich auch «barthischer» präsentieren; dieser Leser (etwa ein Theologiestudent) lasse sich von irgendeinem Punkt des «Grundrisses» zu dem entsprechenden Abschnitt der KD führen, wenn er – *Barth* kennenlernen will. Aber das Buch ist nicht geschrieben für Leute, die das wollen. Vielmehr, zu *wollen* braucht man nicht mehr als das, eher weniger als das. Warum sollte nicht als Motiv des Lesens ein wenig Neugier genügen? Vielleicht, daß – zuerst von der christologischen Mitte des Buches aus, und dann auch wohl von diesem und jenem Punkt des Umkreises – ein Funke überspringt. Springt er, so springt er auch über dreißig und mehr Jahre hinweg. Das Buch hat seine ihm zugedachte Wirkung nicht dann getan, wenn man es Punkt für Punkt sich angeeignet und bejaht oder den Schlüssel für eine Auswahl der Aneignung und Bejahung gefunden hat, sondern wenn man zu merken beginnt, daß es sich lohnt, von der dort bezeichneten Mitte aus theologisch – zunächst einmal zu *denken*.

Karl Barth hat dasselbe gemeint, aber noch einfacher und

anspruchsloser gesagt. Der Text des Buches war, als Vorlesung, zuerst bestimmt für die Bonner Studenten von 1946 «mit ihren ernsten Gesichtern, die das Lächeln erst wieder lernen mußten» (S.5). Einige unwiederholbare Eigenschaften von Barths Menschlichkeit sind ihnen dabei bestimmt zu Hilfe gekommen. Aber primär war es doch der Gegenstand der Vorlesung, der sie das Lächeln lehren sollte. Ernste Gesichter, denen befreites Lächeln fremd ist: sind sie nicht – mögen auch die Gründe sich seit damals verschoben haben – auch jetzt wieder kennzeichnend für die Kirche und den Zustand ihrer Theologie? Nicht alles, was lächeln lehrt, ist bessere Theologie. Aber Theologie, die ihrer christologischen Mitte gewiß ist, lehrt lächeln, auch wenn sie auf mancherlei drängende Fragen keine Antwort parat hat.

Vor seiner Rückkehr nach Basel, im August 1946, schrieb Barth für die Bonner Universitäts-Zeitung einen Abschiedsgruß an seine Studenten, in dem er die Radiorede vom Mai folgendermaßen variiert: «Nun hatte ich freilich den unermeßlichen Vorzug, daß das Fach, das ich hier zu vertreten hatte, gerade eine solche Lebenswissenschaft wie die Theologie und unter den theologischen Disziplinen gerade die Dogmatik – sie ist wahrscheinlich die schönste von allen an der Universität vorgetragenen Wissenschaften – sein durfte. Es gibt Worte, die auch mitten in den Ruinen standhalten und deren man auch in einer solchen Zeit der Erschöpfung aller Worte nicht müde werden kann.»

Basel, im Dezember 1976